KÖNIGS FURT

Zu diesem Buch

Mit *Tarot durch's Jahr* ist ein Wegbegleiter, der Sie täglich inspiriert, berät, erinnert und vorausschauen läßt. Sie erleben die einzelnen Abschnitte des Jahreskreises und erfahren Tag für Tag, was diese symbolisch bedeuten. Ihre persönlichen Chancen und Möglichkeiten treten Ihnen damit deutlich vor's Auge und lassen sich umso leichter nutzen.

Mit *Tarot durch's Jahr* ist ein Lese- und Tagebuch, das auch Platz für Ihre persönlichen Erlebnisse und Ereignisse läßt. Wenn Sie wünschen, können Sie jeden Tag eine Tageskarte ziehen; hier steht, wie's gemacht wird.

Mit *Tarot durch's Jahr* bietet Ihnen eine kompetente Einführung in die Zusammenhänge von Tarot und Astrologie. Johannes Fiebig ist ein bekannter Experte auf diesem Gebiet.

Einführung

Jahrhundertelang hat der Jahreskreis mit seinen Festen und Gebräuchen, mit seinen Riten und Geschichten das Leben der Menschen unmittelbar beeinflußt. Ältere Monatsnamen wie Taumond und Narrenmond für den Februar, wie Weide- und Wonnemonat für den Mai oder wie Wolfsmond und Heiligmond für den Dezember legen davon Zeugnis ab. Ebenso viele unserer Feiertage, die aus alten Zeiten übriggeblieben sind.

Nun erscheint es zunächst sehr wichtig, sich aus einer gewissen Befangenheit zu lösen. Jedes Jahr den gleichen Rhythmus, die gleichen Feste und möglicherweise die gleichen Worte zu hören und zu erleben, kann auch für Langeweile und eine qualvolle Enge sorgen. Gut, wenn wir uns aus unnötigen Abhängigkeiten und einem Wiederholungszwang befreien können. Schön, wenn eine/r sagt: „Für mich ist immer Feiertag" oder „Ich bemühe mich, meinen Rhythmus besser zu spüren und mehr nach der inneren Uhr zu leben; das kann mit der offiziellen Uhrzeit und dem Kalender übereinstimmen, aber es muß es nicht".

Wenn wir uns heute wieder auf den Jahreskreis beziehen und das Erleben seiner verschiedenen Stationen und Etappen sogar noch verstärken wollen, so geht es nicht um Nostalgie und falsche Romantik.

Es gibt ja wenig Verlogeneres als eine angebliche Rückkehr zu früheren Zeiten. Kennen Sie diese Art von Fernsehwerbung, wo eine Firma, die tatsächlich in einer großen Fabrik, vielleicht noch an einer Autobahn, am Fließband Kekse backen oder Joghurt herstellen läßt, im Fernsehen eine Person auftreten läßt, die auf einem irrealen Nostalgie-Bauernhof gerade diese Kekse zubereitet oder jede Erdbeere quasi einzeln streichelt, um sie mit Andacht in den Joghurt zu rühren?! Schlimm ist, daß es solche Werbung gibt. Noch schlimmer, daß wir sie irgendwie auch mögen, obwohl wir wissen, daß es Schwindel ist.

Es gibt eine große Sehnsucht danach, daß eigene Leben natürlicher und sinnvoller zu gestalten. Das Problem ist nur, daß wir das nicht erreichen, solange wir Wunschträumen anhängen und uns mit vorgetäuschten Wunscherfüllungen, wie u.a. denen aus der TV-Werbung, zufrieden geben. Wer vom Glück immer nur träumt, muß sehen, daß er oder sie es nicht verpaßt.

Inhalt

Mit Tarot durch's Jahr

1.
nach Monaten

2.
nach Tierkreiszeichen

Für Rückfragen, weitere Informationen und Seminare erreichen Sie den Autor unter folgender Adresse:
Johannes Fiebig, D-24796 Post Bredenbek.

Originalausgabe
Königsförde 1995
Copyright © Königsfurt Verlag
Königsfurt 6
D-24796 Klein Königsförde
am Nord-Ostsee-Kanal (Post Bredenbek)

Umschlagmotiv & Druckvorlagen: Martin Brandner, Kiel
Schreibarbeiten: Sigrid und Ralf Meisner, Krummwisch

ISBN 3-927808-37-7

Johannes Fiebig

Mit Tarot durch's Jahr

Tarot und Astrologie · für jeden Tag

Königsfurt

Glück bedeutet, daß uns etwas glückt - nicht in der Fantasie, sondern wirklich. Wir tragen bestimmte Wünsche in uns, die zu wesentlich sind, als daß sie einfach untergehen dürfen. Und wohl jede/r besitzt gewisse Ängste, die zu dringend sind, als daß er oder sie sie ewig mit sich schleppen möchte. Diese wesentlichen Wünsche und Ängste zu erfüllen bzw. zu erledigen, ist entscheidend für unser Glück. Wenn Sie auf dem Weg dahin in eine fremde Stadt reisen müssen, brauchen Sie eine Landkarte oder einen Stadtplan. Wenn Sie auf dem Weg des Glücks neue seelische Räume betreten und neue geistige Horizonte abstecken müssen oder wollen, so helfen Ihnen die Symbolsprachen wie ein Wegweiser oder eine Wanderkarte für Herz und Verstand.

Tarot und Astrologie als Symbolsprachen

Wie die Nachtträume (und die Lebensträume) dürfen Tierkreiszeichen und Tarot-Bilder nicht unbedingt für „bare Münze" genommen, sondern müssen symbolisch verstanden werden. Diesen Zusammenhang erläuterte der Sozialpsychologe Erich Fromm schon vor vielen Jahren mit den folgenden Worten: „Während des Schlafs weist die seelische Tätigkeit eine andere Logik auf als im wachen Dasein. Im Schlaf brauche ich mich nicht um Dinge zu kümmern, die nur im Umgang mit der Wirklichkeit von Bedeutung sind. Wenn ich z.B. von einem Menschen das Gefühl habe, daß er ein Feigling ist, dann kann ich von ihm träumen, er habe sich von einem Menschen in ein Huhn verwandelt. Diese Verwandlung ist in bezug auf mein Gefühl gegenüber der Person sinnvoll, unsinnig ist sie nur in bezug auf meine Orientierung zur Außenwelt (in bezug darauf, was ich realistisch mit dem Betreffenden tun könnte). Dem Schlaferlebnis fehlt nicht die Logik, aber es handelt sich um andere logische Gesetze, die jedoch in diesem Erlebniszustand vollständig gültig sind."

In derselben Weise ist es nun sinnvoll und logisch, zum Beispiel von einem skorpion- oder stierhaften Menschen zu sprechen sowie von stierischen oder skorpionischen Verhaltenszügen oder Anteilen bei einem Menschen, wenn dies der gefühlten, seelischen Realität gerecht wird. Zugleich können Traumsymbole, Tierkreiszeichen und Tarot-Bilder uns auch Hinweise geben, so daß wir Gefahren und Chancen, Erlebnismöglichkeiten und Lebensqualitäten, die uns bisher noch fremd waren, kennenlernen und berücksichtigen. Das A und O ist dabei ein Verständnis der Symbole, das sich weder in Vordergründigkeiten aufhält noch in abstrakten „esoterischen" Gefilden schwebt.

Eine Jungfrau kann z.B. auch ein alter Mann sein, der „unschuldig" ist, weil er endlich seine Schulden oder Schuldgefühle losgeworden ist. Auch eine Frau, die auf dem Trockenen sitzt, kann ein Wassermann sein. Und wenn ein Tarot-Bild überfließende Kelche zeigt, kann dies die Warnung vor einem Wasserschaden oder vor Trunkenheit ebenso darstellen wie die Ermunterung, Gefühle nicht zu verstecken und „es" fließen zu lassen. Überfließende Kelche stellen eine seelische „Fassungslosigkeit" dar - als Haltlosigkeit oder als die Fähigkeit, sich freizuschwimmen, und dies alles jeweils auf verschiedenen Ebenen, z.B. in Liebesdingen und in Glaubensfragen.

Ansatz des vorliegenden Buches ist es, zu einem praktischen Verständnis beizutragen und die alte Symbolik des Jahreskreises für die heutige Zeit nutzbar zu machen. Damit wird zugleich eine Einführung in die Symbolsprachen Tarot und Astrologie vermittelt. Aus dem vergleichsweise riesigen Gebiet der Symbolik von Tarot und Astrologie wurde ein bestimmter Ausschnitt gewählt, nämlich die 36 Dekaden. Dies sind Abschnitte auf dem Jahreskreis von zumeist 10 Tagen. Ursprungsland ist das alte Ägypten, das eine Zehntagewoche kannte. Seit der hellenistischen Zeit vor fast zweieinhalbtausend Jahren bestimmen diese Dekaden jeweils 10 Grad des Jahreskreises.

Die Dekaden und der Jahreskreis

Jedes Tierkreiszeichen besitzt demnach drei Dekaden. Und jede Dekade hat eine Dekadenherrscherin oder einen Dekadenherrscher, der in älteren Schriften auch Dekan genannt wird. Im Tierkreiszeichen Schütze zum Beispiel „regiert" Merkur die erste Dekade, die zweite wird vom Mond bestimmt, und im dritten Abschnitt ist Saturn der Dekan.

Diese Zuordnungen sind, wie erwähnt, keine neuen Erfindungen, sondern gehören seit langem zum astrologischen Handwerkszeug. Sie waren auch dem Golden-Dawn-Orden bekannt, als dieser daranging, eine systematische Verbindung zwischen Tarot und Astrologie zu knüpfen. Dieser in der Tarot-Literatur vielzitierte Rosenkreuz-Orden schuf vor 100 Jahren ein großangelegtes „Magisches System", das nebenbei für die Kombination von Tarot und Astrologie sorgte, die heute allgemein verbreitet ist.

Im vorliegenden Buch werden die beiden zur Zeit bekanntesten Tarot-Sorten abgebildet: Die Tarot-Karten von Arthur E. Waite und Pamela C. Smith sowie die Karten von Aleister Crowley und Lady Frieda Harris. Alle diese vier Personen waren, schon bevor sie ihre jeweilige Tarot-Version schufen, Mitglied im erwähnten Golden-

Dawn-Orden gewesen. So ist es kein Zufall, sondern nur Fortsetzung der dort gefundenen Erkenntnisse, wenn die Tarot-Karten von Waite/ Smith sowie die von Crowley/ Harris die jeweiligen Dekadenherrscher bereits beinhalten und bildhaft-anschaulich machen. In den Crowley-Tarotkarten sind die jeweiligen Dekadenherrscher mit den betreffenden astrologischen Zeichen direkt angegeben. In den Bildern des Waite-Tarot sind sie manchmal versteckt und manchmal offensichtlich enthalten.

Tägliche Übung

Im Umgang mit den Symbolsprachen, gleichgültig, ob Tarot, Astrologie, Traumdeutung oder anderes, setzt sich immer mehr die Gewohnheit durch, kontinuierlich mit dem betreffenden Erfahrungsgebiet sich zu beschäftigen. In der wissenschaftlichen Traumdeutung gilt ohnehin die Regel, daß die Beobachtung von Traumserien wichtiger als die Deutung von Einzelträumen ist. Und für religiös oder spirituell orientierte Menschen ist es ebenso selbstverständlich, den Alltag als Übung zu verstehen und zu gestalten. Diesem Bedürfnis kommt das vorliegende Buch nach, indem hier für jeden Tag Texte und Themen angegeben werden, die zum Verständnis der Tarot- und Astrologie-Symbole anregen, gleichzeitig aber auch zur persönlichen Besinnung und Meditation. Erkenntnisse und Einsichten werden hier ebenso angeboten wie Hinweise auf die jeweilige Qualität der Zeit und die damit verbundenen Handlungsmöglichkeiten, emotionalen Stimmungslagen und praktischen Aufgaben.

Verabreden Sie sich täglich mit sich selber, und nehmen Sie sich die Zeit, die jeweiligen Ereignisse und Tagesthemen nachzuvollziehen. Allein schon diese Zuwendung zum eigenen Befinden ist wichtig und in vielen Fällen bereits heilsam. Wünsche und Ängste, Sorgen und Jubel können sich so wesentlich besser ausdrücken. Wenn Sie Tag für Tag die Texte lesen und Ihre eigenen Eindrücke festhalten, tun Sie sich selbst einen großen Gefallen: Sie wirken einen roten Faden, Sie bleiben am eigenen Thema jeweils „dran". Kontinuierlich zu meditieren und die Ereignisse bewußt wahrzunehmen, ist eine der lohnendsten spirituellen und psychologischen Übungen. Sie wird durch dieses Buch, das Sie - wenn sie möchten - über viele Jahre begleiten kann, leicht gemacht.

Die tägliche Lektüre des Textes für den betreffenden Tag und die möglichst tägliche Notiz Ihrer persönlichen Erlebnisse sowie der Ereignisse in Ihrem Umkreis sind die beiden hauptsächlichen Anliegen dieses Buches. Zusätzlich ist auch noch Platz für die persönliche Tarot-Tageskarte. Das ist, wenn Sie so möchten, ein Zusatzspiel. Der Nutzen dieses Buches besteht für Sie auch dann, wenn Sie nicht selber Tarot-Karten legen.

Für alle, die sich zusätzlich für das Legen von Tages- und Jahreskarten interessieren, folgen dazu jetzt einige praktische Hinweise und Legemuster. Wenn Sie daran nicht interessiert sind, benutzen Sie einfach das Kalendarium mit den angebotenen Deutungen Tag für Tag. Schlagen Sie z.b. den heutigen Tag auf - oder Ihren Geburtstag, oder bestimmte Erinnerungstage und anderes mehr.

Die Erfahrung zeigt, daß die Beschäftigung mit den jeweiligen Tagesthemen noch spannender und lebhafter wird, wenn Sie sich bestimmte Merksätze einprägen oder z.b. an Ihrer Arbeitsstelle an eine Pinwand hängen. Und wenn Sie andererseits Ihre Einfälle, Ideen und Vorstellungen zum betreffenden Tag in das vorliegende Buch eintragen, vielleicht mit kleinen Skizzen oder Zeichnungen versehen, vielleicht mit einem Bild aus der Tagespresse oder einem persönlichen Erinnerungsstück geschmückt.

Tarot-Tageskarte

Sich regelmäßig eine Tageskarte zu ziehen, ist eine der wichtigsten und schönsten Übungen mit dem Tarot. Die Tageskarte wird morgens oder abends gezogen, in der Regel ohne eine bestimmte Fragestellung. Sie soll eine Station des Tarot zum Tagesthema machen, ein Motiv für den jeweiligen Tagesablauf wie durch eine Lupe besonders hervorheben.

Wenn Sie es einrichten können, plazieren Sie Ihre Tageskarte so, daß es Ihnen möglich ist, im Laufe des Tages öfters einmal daraufzuschauen. Es ist interessant, wie die Bedeutung der Tageskarte dadurch wächst, lebendig bleibt und mit Ihnen zu „sprechen" beginnt. Die Bedeutungen der Tageskarte sollen zunächst individuell und intuitiv erfaßt werden. Später können zusätzliche Interpretationen aus der Tarot-Literatur zu Rate gezogen werden (Literaturhinweise auf S. 396 f).

Als Anfänger/in kommen Sie auf diese Art Stück für Stück in die Bilderwelt des Tarot hinein, nicht bloß theoretisch, sondern immer verbunden Ihrem persönlichen und praktischen Erleben. Für Fortgeschrittene ist die Tagekarte erst recht von entscheidender Bedeutung. Die Arbeit mit dem „Zufall" und der Dialog zwischen Bild und Betrachter/in werden sich gerade dann entfalten, wenn die spannende Frage beim Kartenlegen nicht nur lautet „Welche Karte ziehe ich?'", sondern auch "Wie sehe ich die Karte, die ich ziehe?'".

Außerdem erlaubt die Tageskarte eine Unterstützung der kontinuierlichen Beschäftigung mit dem jeweiligen persönlichen Thema. Jeden Tag einige Minuten bringen wesentlich mehr, als nur gelegentliche Auslagen, selbst wenn diese einen größeren Umfang einnehmen. Der „rote Faden" und der eigene Weg treten deutlicher hervor.

Zum praktischen Vorgehen

• Benutzen Sie alle 78 Karten eines Tarot-Spiels. Die Sitte, nur 22 Karten (die Großen Arkana) zu verwenden, ist heute überholt.

• Die Karten wirken u.a. wie ein Spiegel. Jede Bildgestalt - ob Mann oder Frau, Kind oder Erwachsener, Mensch, Tier, Ding, Form, Farbe u.a.m. - kann Sie und/oder einen bestimmten Teil von Ihnen darstellen.

• Mischen Sie die Karten, wie Sie es gewohnt sind. Alle verpflichtenden Vorschriften (Kartenziehen mit links; Mischen durch Rühren auf dem Tisch usw.) sind Humbug.

• Achten Sie darauf, aus welcher Perspektive Sie das betreffende Bild wahrnehmen. Identifizieren Sie sich mit der Bildfigur? Wenn mehrere Gestalten im Bild enthalten sind, finden Sie sich dann in allen wieder, oder wo sehen Sie Ihren Anteil?

• Ohne Ausnahme jede Karte besitzt „positive" und „negative" Bedeutungen. Entscheidend ist zunächst, was Sie erleben und empfinden, in dem Moment, wenn Sie ein Bild aufdecken. Im Wechselspiel zwischen Bild und Betrachter/in konkretisiert sich die persönliche und aktuelle Bedeutung einer Karte. Das heißt auch: Ein´ und dieselbe Karte kann für unterschiedliche Menschen im Rahmen des Bedeutungsspektrums ihrer Symbole unterschiedliche Aussagen und Konsequenzen haben. Auch für Sie kann dieselbe Karte an verschiedenen Tagen unterschiedliche Botschaften bereithalten (das bestimmt u.a. den Reiz der täglich gezogenen Tageskarte für Fortgeschrittene).

• Für die selbständige Deutung von Symbolen ist es sehr hilfreich, wenn Sie Ihre volle Aufmerksamkeit auf die Symbole richten; und wenn Sie gleichzeitig Ihre eigenen Reaktionen und Gefühle dabei beobachten.

• Nehmen Sie die Karten in die Hand. Lassen Sie sich darauf ein. Entspannen Sie sich. Atmen Sie tief und konzentrieren Sie sich auf Ihre innere Fragestellung.

„Tageskarte"

1 - Tagesthema, täglich zu ziehen

„Tageskarten-Variante"

Die Karten werden gemischt. Die oberste aller Karten wird aufgedeckt: das ist die Tageskarte. Die unterste der Karten wird aufgedeckt: das ist der Hintergrund oder die Basis für die Tageskarte.

„Tageskarte mit Erläuterungen"

1 - Tagesthema
2 - Was Sie innerlich bewegt
3 - Der Hintergrund des Tagesgeschehens

„Tagesverlauf"

1 - Darum geht es/darauf kommt es heute an
2 - So entwickelt es sich
3 - So fangen Sie an/das bringen Sie mit

„Die Geschichte meiner Tageskarte"

> 1

Ziehen Sie eine Tageskarte. Nehmen Sie sich zwei Minuten Zeit, und notieren Sie alles, was Ihnen zu Ihrer Tageskarte einfällt - ohne Bewertung und ohne fertige Deutung.

Es kommt dabei ganz auf die spontanen Assoziationen an. Schreiben Sie Ihre Empfindungen und Gedanken direkt auf. Die Zeit von zwei Minuten sollte für diese Übung nicht überschritten werden. Sodann nehmen Sie sich abends (jedenfalls zu einem späteren Zeitpunkt desselben Tages) noch einmal die Karte und Ihre Notizen vor. Betrachten Sie die Karte und Ihre Einfälle dazu ein weiteres Mal, und legen Sie jetzt eine oder zwei praktische Konsequenz(en) zu Ihrer Tageskarte fest.

Monats- und Jahreskarten

Wie für jeden Tag, so können Sie für jeden anderen von Ihnen ausgesuchten Zeitabschnitt sich eine oder mehrere Karte/n ziehen. Das praktische Vorgehen ändert sich dadurch nicht. Nur der Zeitraum, für den Sie die betreffende Karte ziehen, fällt dabei entsprechend länger aus.

In diesem Buch wird jedesmal, wenn ein neues Tierkreiszeichen beginnt, ein Legemuster für den betreffenden Monat empfohlen (vgl. S. 37, 68, 99, 131 usw.). Man kann diese Auslagen so verstehen, daß sie für den betreffenden Monat gelten sollen. Sie werden aber hauptsächlich deshalb empfohlen, weil die betreffenden Auslagen die Thematik des jeweiligen Tierkreiszeichens in irgendeiner Weise aufgreifen. Wenn Sie also z.B. im Monat des Widders einmal oder mehrfach die Auslage „Mut zur Lücke" (S. 99) legen, wird Ihr persönliches Erleben der Widder-Zeit davon sehr profitieren.

Beliebt ist schließlich auch die Auslage von Jahreskarten. Beim Frühlingsanfang, am jeweiligen Geburtstag oder - meistens - in den „Tagen zwischen den Jahren" (zwischen Weihnachten und

Neujahr/Dreikönigsfest) wird eine Auslage von Jahreskarten gezogen. Es gibt dafür mehrere Möglichkeiten:

• Sie ziehen eine oder mehrere Jahreskarte/n. Das ist meistens der spannendste Weg zu persönlichen Jahreskarten. Sie können dabei jedes Legemuster verwenden. Eine Auslage, die ausdrücklich nach den 12 Monaten bzw. Tierkreiszeichen fragt, ist hier unten abgebildet.

• Sie können eine Jahreskarte berechnen. Dabei gibt es eine allgemeine Jahreskarte, die aus der Jahreszahl errechnet wird. Beispiel: 1999 ergibt als Quersumme: 1+9+9+9=28, daraus wiederum die Quersumme 2+8=10. Von dieser 10 könnte man zwar wiederum als Quersumme 1+0=1 errechnen; doch es hat sich eingebürgert, daß sobald bei der Quersumme eine Ziffer erreicht wird, die nicht größer als 22 ist, bei dieser errechneten Zahl zu bleiben. Denn es gibt im Tarot 22 sogenannte Große Karten. Und diejenige der Großen Karten, die dieselbe Ziffer trägt, wie die errechnete Quersumme, ist die zugeordnete Jahreskarte. Im obigen Beispiel ergibt sich daraus: Die Quersumme aus der Jahreszahl 1999 ist 10; die zugehörige Große Karte ist die Karte X-Rad des Schicksals/Glück.
Neben dieser allgemeinen Jahreskarte, die für alle Menschen in diesem Jahr gilt, läßt sich eine persönliche Jahreskarte in der Weise errechnen, daß in die Quersumme Ihr persönlicher Geburtstag mit hineingenommen wird. Beispiel: Ein Geburtstag am 20.6.1999 ergibt als Quersumme: 2+0+6+1+9+9+9=36, und die Quersumme aus 36 ergibt 9; die Große Karte IX-Der Eremit ist in diesem Falle die persönliche Jahreskarte.

• Sie können schließlich auch eine oder mehrere Jahreskarte/n aussuchen. Ähnlich wie beim „Meditativen Kartenlegen" (vgl. S. 195). Diese Übung ist z.B. sinnvoll, um die eigenen Wünsche und Erwartungen für das betreffende Jahr deutlich zu machen.

„Jahreskreis"

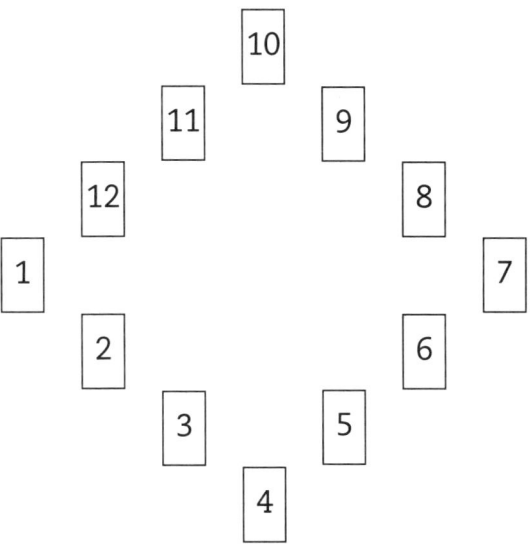

Die einzelnen Felder dieser Auslage für den Jahreskreis können in unterschiedlicher Weise bestimmt werden. Im folgenden werden drei Varianten angegeben; entscheiden Sie sich für eine davon, bevor Sie mit der Auslage beginnen.

Variante 1

1 - „Wer bin ich?" Persönliche Eigenschaften, Charakter.

2 - „Was habe ich?" Besitz, Raum, Fähigkeiten, Aufgaben.

3 - „Wie beweglich bin ich?" Nachbarn und Kollegen, soziale Beziehungen, Kommunikation, Denken.

4 - „Wie fühle ich?" Gefühlsleben, Familie, das Eigene.

5 - „Was will ich?" Ausdrucksfähigkeit, Selbstdarstellung, Sexualität, Kreativität, Kinder.

6 - „Welche Aufgaben habe ich zu lösen?" Individualität, Einssein, Selbstverwirklichung.

7 - „Wie nutze ich meine Freiheit?" Beziehung, Lebensziele, Bestimmung.

8 - „Was begehre ich?" Leitbilder, Wunschvorstellungen, Leidenschaften.

9 - „Wie sehe ich die Dinge?" Weltbild, Selbstbild, Wünsche,

‾ Projektionen.
10 - „Was ist mein Anteil?" Beruf, Berufung, Einssein mit „Gott"
und der Welt.
11 - „Was ist der Witz vom Ganzen?" Motive, Lebensziele, Hilfen,
Freunde.
12 - „Was bringt mir Erlösung?" Religiöses, Glauben, Passionen.

Variante 2

Chancen und Aufgaben im ...
1 - Widder
2 - Stier
3 - Zwillinge
4 - Krebs
5 - Löwe
6 - Jungfrau
7 - Waage
8 - Skorpion
9 - Schütze
10 - Steinbock
11 - Wassermann
12 - Fische

Variante 3

Chancen und Aufgaben im ...
1 - Januar
2 - Februar
3 - März
4 - April
5 - Mai
6 - Juni
7 - Juli
8 - August
9 - September
10 - Oktober
11 - November
12 - Dezember

Datumsgrenzen

Die Datumsgrenzen, die den Übergang von einem zum anderen Tierkreiszeichen kennzeichnen, variieren mitunter. Wer z.B. am 23.9. Geburtstag hat, findet sich manchmal in astrologischen Tabellen als „Jungfrau" und manchmal als „Waage" wieder.

Sicher ist, daß Geburtstage und andere Anlässe, die direkt auf oder kurz vor oder nach einer solchen Datumsgrenze stattfinden, immer vom Übergang der beiden Tierkreiszeichen gekennzeichnet sind.

Beispiel: Der Übergang vom „Wassermann" zu den „Fischen" (ca. 18./19.2.) bedeutet den Übergang von „Wissen" zu „Glauben" (Definition des Wassermanns „Ich weiß" und die der Fische „Ich glaube").

Der Übergang von einem Tierkreiszeichen zum folgenden ist also durch ein bestimmtes Thema gekennzeichnet, und wer mit diesem Datum zu tun hat, ist auch von diesem Thema betroffen. - Indem wir auf die Dekaden innerhalb eines jeden Tierkreiszeichens achten, werden wir ohnehin darauf aufmerksam, welch unterschiedliche Schwerpunkte und Übergänge auch innerhalb eines Tierkreiszeichens bestehen können.

Definition der Tierkreiszeichen

Widder: Ich bin.
Stier: Ich habe.
Zwillinge: Ich denke.
Krebs: Ich fühle.
Löwe: Ich will.
Jungfrau: Ich analysiere.
Waage: Ich gleiche aus.
Skorpion: Ich begehre.
Schütze: Ich sehe.
Steinbock: Ich nutze.
Wassermann: Ich weiß.
Fische: Ich glaube.

1. Januar

1. Tag. 12. Steinbock-Tag. Mars in Steinbock.

Drei Scheiben (Crowley-Tarot)

Ein neues Jahr beginnt, und dies symbolisiert auch das Neue, daß wir in uns und durch uns in der Welt entdecken! Die Geschenke zu Weihnachten sind nur ein Gleichnis dafür, daß jede/r von uns selber ein Geschenk des Lebens darstellt, wenn wir unsere jeweiligen Talente nicht vergraben, sondern nutzen!

Die Pyramide (s. Abb.) ist ein altes Symbol auch dafür, daß Sie auf breiter Grundlage Energien aufnehmen, um sie zu konzentrieren und zuzuspitzen. In diesem Sinne sind wir ja alle Steinböcke - und Dichter: Wir können das Leben dichter, intensiver, lebendiger und wertvoller gestalten, wenn wir unsere Talente zur Blüte bringen. Lassen Sie heraus, was in Ihnen steckt. Fördern Sie unbekannte Talente zutage. Begraben Sie unproduktive Gewohnheiten, und schaffen Sie neuartige Ergebnisse und Spitzenwerte. Zeigen Sie, was aus Ihrer Sache herauszuholen ist.

Drei Münzen (Waite-Tarot)

2. Januar

2. Tag. 13. Steinbock-Tag. Mars in Steinbock.

Wie im geschäftlichen Bereich jetzt Inventuren durchgeführt werden, so steht auch im privaten Bereich eine Bestandsaufnahme und Spurensuche an: Welche Bestände und Vorräte sind vorhanden? Worin besteht der eigene Anteil an dieser Welt?

PERSÖNLICHE TAGESKARTE:

....

....

ERLEBNISSE EREIGNISSE:

....

....

....

....

....

....

....

....

....

....

....

....

3. Januar

3. Tag. 14. Steinbock-Tag.
Mars in Steinbock.

Drei Scheiben (Crowley-Tarot)

**PERSÖNLICHE
TAGESKARTE:**

....

....

**ERLEBNISSE
EREIGNISSE:**

....

....

....

....

....

....

....

....

....

....

....

- Wenn Sie Tradition und Geschichte, Familiensinn und Gewohnheiten schätzen, errichten Sie gleichsam einen Berg: Sie stehen auf den Schultern Ihrer Vorfahren und finden sich vereint mit vielen Menschen neben Ihnen. - Wer mit Traditionen und Konventionen bricht, betont sein eigenes Licht, seinen persönlichen Wert und seine Andersartigkeit. Aber solange er oder sie alleinsteht, bleibt es ein flaches Licht, gleichgültig, wie hell es als solches auch brennen mag.

Die glückliche Lösung besteht in der Verbindung beider Komponenten: Tradition und Originalität. Wenn Sie Ihr Licht auf den Berg des Bestehenden hinauftragen, dann leuchtet Ihr Licht in weiter Runde. Sie besitzen eine große Ausstrahlung und hervorragende Aussichten.

Drei Münzen (Waite-Tarot)

4. Januar

4. Tag. 15. Steinbock-Tag.
Mars in Steinbock.

Wenn ein altes Selbstverständnis zerbricht und ein neues noch nicht vorhanden ist, das ja nur daraus entsteht, daß man sich in dieser Welt selbst versteht, dann ist eine Übergangsphase angesagt, in der Sie den Wert Ihrer Talente neu definieren und Ihren Alltag verändern.

Ähnlich, wie es in früheren Zeiten üblich war, eine gewisse Zeit auf Wanderschaft zu gehen, um die eigenen Fertigkeiten heranzubilden, so kommt es im übertragenen Sinne für jede/n von uns auf eine Suche an. Diese besteht nun nicht mehr nur in der Jugend, sie kann sich in vielen Lebensabschnitten immer wieder vollziehen. Sie bezieht sich auch nicht nur auf die berufliche Qualifizierung, sondern auf alle Aspekte der Persönlichkeitsentwicklung. Ein Sinnbild für diese Wanderung sind u.a. die Heiligen Drei Könige, die sich auf dem Weg befinden und dem Stern folgen, der ihnen erschienen ist.

PERSÖNLICHE TAGESKARTE:

....

....

ERLEBNISSE EREIGNISSE:

....

....

....

....

....

....

....

....

....

....

5. Januar

5. Tag. 16. Steinbock-Tag.
Mars in Steinbock.

Drei Scheiben (Crowley-Tarot)

Schon die Raketen in der Silvesternacht stellen symbolisch u.a. den eigenen Stern dar. Den ausfindig zu machen, gleicht der Suche nach einer Goldmine.

Wenn in der Astronomie ein neuer Stern entdeckt wird, finden sich im nachhinein zumeist Fotos, auf denen dieser „neue" Stern schon enthalten war. Nur daß ihn bis dahin niemand wahrgenommen hat. Um den vorhandenen, zuerst noch unbekannten Stern, der zu einem Menschen gehört, zu erkennen, müssen also vertraute Zusammenhänge auf neue Art gesehen werden. Eben darum geht es jetzt, in dieser Dekade und im Neuen Jahr.

Sie können und müssen hart (an sich) arbeiten. Aber in welche Richtung, zu welchem Zweck? Kennen Sie das Gefühl, so in Arbeit zu versinken, daß Sonne und Natur für Sie bedeutungslos werden? - Wenn ja, dann üben Sie einmal das „Lob der Faulheit"! Bringen Sie mehr Licht und Farbe in Ihren Alltag. - Wenn nein, dann sollten Sie jenes Gefühl einmal kennenlernen. Sie sitzen auf einer Goldmine. Steigen Sie hinein, und bergen Sie Ihren Reichtum.

Drei Münzen (Waite-Tarot)

6. Januar

6. Tag. 17. Steinbock-Tag. Mars in Steinbock.

Michelangelo wird die Bemerkung zugeschrieben, der Bildhauer (in der obigen Abb. links) bringe nichts in den Stein hinein, vielmehr befreie er die im Stein eingeschlossene Gestalt „nur" von ihrem Ballast. So gesehen, stellt dieses Bild eine große Ermunterung dar, versunkene, ungenutzte oder bisher unbekannte Fähigkeiten zu entdecken. Sie besitzen „latente Talente", und jedesmal, wenn Sie neue Qualitäten bei sich und anderen entdecken, ist es, als würden Sie unter dem Weihnachtsbaum ein Geschenk auspacken.

Arbeit, Beruf und Berufung sind nötig, um die eigenen Talente freizulegen und darzustellen. Doch das Wesentliche, das in Ihnen steckt, brauchen Sie nicht zu erarbeiten: Ihr unverwechselbares Ich, Ihr eigenes Sein können Sie nicht schaffen, es ist da. Sie können nur daran arbeiten, es in ein bewußtes Sein, in ein persönliches Bewußtsein zu verwandeln.

Dem Stern zu folgen und das Göttliche im Menschen zu finden - daran erinnert der heutige Tag der Heiligen Drei Könige, deren Initialen C+M+B ab heute wieder frisch an vielen Haustüren zu sehen sind.

PERSÖNLICHE TAGESKARTE:

....

....

ERLEBNISSE EREIGNISSE:

....

....

....

....

....

....

....

....

....

....

....

7. Tag der zweiten Steinbock-Dekade

7. Januar

7. Tag. 18. Steinbock-Tag.
Mars in Steinbock.

Drei Scheiben (Crowley-Tarot)

**PERSÖNLICHE
TAGESKARTE:**

....

....

**ERLEBNISSE
EREIGNISSE:**

....

....

....

....

....

....

....

....

....

....

....

....

- Wenn es gelingt, verborgene Talente zu
fördern und Möglichkeiten in Wirklich-
keiten zu verwandeln, dann bedeutet
dies auch, daß Sie die Welt verändern!
Es macht einen Unterschied aus, ob Sie
auf der Welt sind oder nicht, und Sie
werden erst dann Ihren Frieden auf der
Welt, ein geeignetes Selbstverständnis
und eine beglückende Normalität erreichen, wenn dabei Platz ist für das „Licht
in der Dunkelheit", für Ihren Stern und
Ihre Suche danach.

Drei Münzen (Waite-Tarot)

8. Januar

8. Tag. 19. Steinbock-Tag.
Mars in Steinbock.

Lassen Sie sich nicht hinters Licht führen, und fürchten Sie nicht die Auseinandersetzung mit dunklen oder unbekannten Angelegenheiten. Lassen Sie sich nicht ins Bockshorn jagen, wenn überraschende Schwierigkeiten auftauchen. Seien Sie Ihr bester Kritiker oder Ihre beste Kritikerin - also die Person, die Sie am effektivsten fördert. Unterstützen Sie Ihre Talente und Ihre Bedürfnisse, und vor allem fördern Sie zutage, was Ihnen wirklich am Herzen liegt und was Sie sich in Ihrem Innersten wünschen.

Spielen Sie nicht den „Grufti". Nehmen Sie Ihr Dasein mit Liebe und Leidenschaft in Besitz. Sie können es anpacken, wenn Sie anfangen, es auszupacken.

PERSÖNLICHE TAGESKARTE:

....

....

ERLEBNISSE EREIGNISSE:

....

....

....

....

....

....

....

....

....

9. Tag der zweiten Steinbock-Dekade

9. Januar

9. Tag. 20. Steinbock-Tag.
Mars in Steinbock.

Drei Scheiben (Crowley-Tarot)

**PERSÖNLICHE
TAGESKARTE:**

....

....

**ERLEBNISSE
EREIGNISSE:**

● Wozu leistet Ihre Arbeit einen Beitrag?
● Wem nützt sie? Was baut sich darauf
● auf? Worin besteht Ihr unverwechselba-
● rer Anteil an Ihrer Arbeit, was macht es
● wertvoll, daß Sie diese Arbeit tun?

....

....

....

....

....

....

....

....

....

....

....

....

Vier Münzen (Waite-Tarot)

10. Januar

10. Tag. 21. Steinbock-Tag.
Sonne in Steinbock.

Es gibt bestimmte Talente, die Sie persönlich auszeichnen, mit denen Sie fest auf der Erde verwurzelt sind und die Ihr Dasein krönen. Diese Dekade steht für die besondere Chance, daß Sie Ihre Talente neu begreifen und in Besitz nehmen.

Die Talente, um die es hier geht, haben nichts mit zirkusreifen Sensationen zu tun. Es geht auch nicht um den Eintrag in ein bestimmtes Buch der Rekorde. Jeder Mensch - und so auch Sie - bringt bestimmte Prägungen und die Kraft zu neuen Realitäten mit. Ihre Stärken und Ihre Schwächen besitzen einen besonderen Wert. Schaffen Sie den Rahmen, worin dieser Wert sich auszahlt und Ihr Dasein krönt.

**PERSÖNLICHE
TAGESKARTE:**

....

....

**ERLEBNISSE
EREIGNISSE:**

....

....

....

....

....

....

....

....

....

....

....

1. Tag der dritten Steinbock-Dekade

11. Januar

11. Tag. 22. Steinbock-Tag. Sonne in Steinbock.

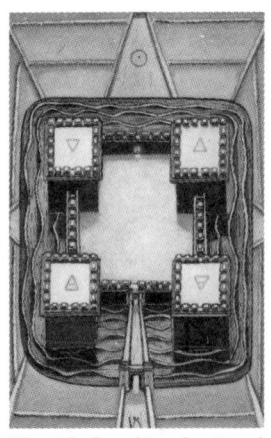

Vier Scheiben (Crowley-Tarot)

**PERSÖNLICHE
TAGESKARTE:**

....

....

**ERLEBNISSE
EREIGNISSE:**

....

....

....

....

....

....

....

....

....

....

Das Rechteck (in der obigen Abb.) deutet auf die vier Elemente hin, auf die „Ecken und Enden" der Welt. Gegenüber einem ganzen Universum können und müssen Sie Ihr Eigenes begründen und den Wert Ihrer Talente belegen.

Die eigenen Talente zu begreifen und zu krönen, verlangt sowohl, sich von der Allgemeinheit zu unterscheiden, wie auch, sich auf dieselbe zu beziehen. Sie müssen herausfinden, worin und wieweit Sie über persönliche Talente verfügen, die für andere nützlich oder wichtig sind und die zugleich den Abstand, die Besonderheit oder die Einzigartigkeit der eigenen Person verdeutlichen. Vervollständigen Sie jetzt den Rahmen und die Werte, die Sie Ihrem Leben geben möchten.

12. Januar

12. Tag. 23. Steinbock-Tag. Sonne in Steinbock.

Vier Münzen (Waite-Tarot)

„Ein Talent besitzen und es nicht gebrauchen, heißt, es mißbrauchen" (nach Herzog Karl August von Weimar).

PERSÖNLICHE TAGESKARTE:

....

....

ERLEBNISSE EREIGNISSE:

....

....

....

....

....

....

....

....

....

....

....

13. Januar

13. Tag. 24. Steinbock-Tag.
Sonne in Steinbock.

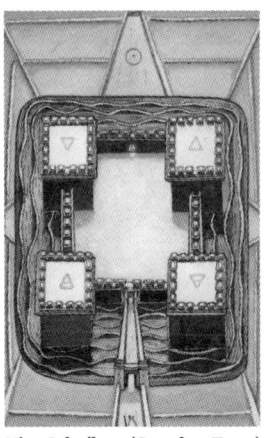

Vier Scheiben (Crowley-Tarot)

**PERSÖNLICHE
TAGESKARTE:**

....

....

**ERLEBNISSE
EREIGNISSE:**

....

....

....

....

....

....

....

....

....

....

....

● Hier geht es nicht einfach um Beruf,
Lebensunterhalt, Besitztum oder Macht.
Sondern vielmehr um Werte, in denen
Sie Ihre Persönlichkeit, Ihre Ideen und
Ideale materialisieren. Bauen Sie um
und verwerfen Sie, was nicht zu Ihnen
paßt. Schaffen Sie neue Formen, neue
Begriffe und neue Verhältnisse. Hören
Sie nicht eher auf, bis Sie „den Bogen
heraus haben" und bis Sie „in alle vier
Himmelsrichtungen" Ihre Fühler ausge-
streckt haben. Schaffen Sie sich eine per-
sönliche Welt inmitten einer Welt des
Allgemeinen und des Unpersönlichen.
Doch gerade deshalb müssen Sie jetzt
auch Farbe bekennen, Ihr Gesicht zeigen
und Ihre Empfindungen in irgendeiner
Weise verdeutlichen.

   Bauen Sie sich eine Insel, auf der Sie
nach eigener Façon glücklich werden
und sein können. Doch verschanzen Sie
sich nicht. Geben Sie anderen den
Schlüssel zu sich.

Vier Münzen (Waite-Tarot)

14. Januar

14. Tag. 25. Steinbock-Tag.
Sonne in Steinbock.

Das Wort „Sünde" hängt mit „sondern" (sich absondern) zusammen. Und so kann es Ihnen als Sünde oder Tabu erscheinen, Ihre Besonderheit und Ihre Einzigartigkeit herauszustellen. Doch wenn man überhaupt bei dem Begriff „Sünde" bleiben will, so bedeutet diese in der Überlieferung fast aller Religionen die Absonderung von „Gott". In diesem Sinne stellen gerade umgekehrt gewisse Eignungen und Anlagen in Ihnen den Willen „Gottes" dar, und es wäre eine „Sünde", dieses Ihr Talent nicht zu gebrauchen.

Nehmen Sie Rücksicht auf die Gemeinschaft und die Allgemeinheit. Doch Sie dürfen und Sie sollen auch erwarten, daß diese Rücksicht auf Ihre besonderen Begabungen und Aufgaben nehmen.

PERSÖNLICHE TAGESKARTE:

....

....

ERLEBNISSE EREIGNISSE:

....

....

....

....

....

....

....

....

....

....

....

5. Tag der dritten Steinbock-Dekade

15. Januar

15. Tag. 26. Steinbock-Tag. Sonne in Steinbock.

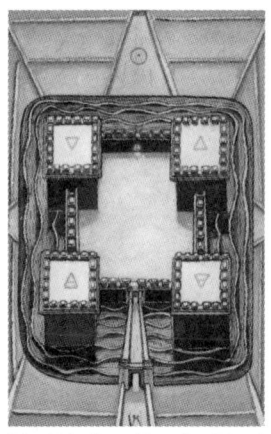

Vier Scheiben (Crowley-Tarot)

PERSÖNLICHE TAGESKARTE:

....

....

ERLEBNISSE EREIGNISSE:

....

....

....

....

....

....

....

....

....

....

....

- Auch im persönlichen Sinne gibt es Jahresabschluß, Inventur und Bilanz. Denn zu Ihrem Vermögen, mit dem Sie etwas ausrichten können, zählen eigene und anderer Leute Stärken und Schwächen, wenn Sie sie zu nutzen verstehen.
- Aber auch Ihre Wertvorstellungen selber bewegen und wandeln sich und müssen von Zeit zu Zeit wieder „festgeklopft" werden. Manchmal ist dies die tiefere Absicht, wenn Sie Ihre Wohnung renovieren oder umräumen. Es geht aber nicht bloß um neue Gegenstände und Objekte - es geht auch um Sie. Schaffen Sie Ergebnisse, in denen Sie sich verkörpern und die den Wert Ihrer persönlichen Eigenart verdeutlichen.

IV

Vier Münzen (Waite-Tarot)

16. Januar

16. Tag. 27. Steinbock-Tag.
Sonne in Steinbock.

Finden Sie Ihre Aufgabe, Ihr Thema und Ihr Metier, dem Sie sich voll und ganz widmen können! Vervollkommnen Sie Ihre Fähigkeiten. Entwickeln Sie „Professionalität", und zwar auch in der Verwirklichung Ihrer persönlichen Überzeugungen.

„Professionalität" bedeutet wörtlich: Etwas frei heraussagen, bekennen, öffentlich erklären und darstellen. Werden sie zum „Profi", wenn es um den Wert Ihrer Sichtweise und Ihrer Erkenntnisse geht. So schützen Sie sich zugleich am besten vor Angeberei und Duckmäusertum - bei sich und bei anderen!

PERSÖNLICHE TAGESKARTE:

....

....

ERLEBNISSE EREIGNISSE:

....

....

....

....

....

....

....

....

....

....

....

7. Tag der dritten Steinbock-Dekade

17. Januar

17. Tag. 28. Steinbock-Tag.
Sonne in Steinbock.

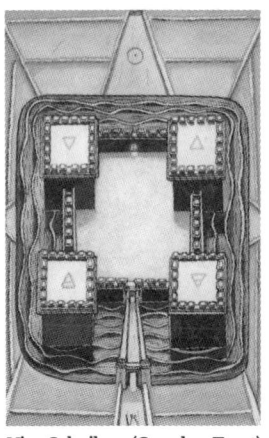

Vier Scheiben (Crowley-Tarot)

PERSÖNLICHE
TAGESKARTE:

....

....

ERLEBNISSE
EREIGNISSE:

....

....

....

....

....

....

....

....

....

....

....

• Nutzen und gestalten Sie Ihren Spielraum in der Welt. Finden Sie zu Ihrem eigenen Rhythmus und bleiben Sie bei ihm. Nutzen Sie die Tage des Jahresanfangs auch, um sich über Ihre langfristigen Ziele und Ihre Lebensaufgaben erneut Rechenschaft abzulegen.

Die richtigen Lebensaufgaben stellen sich als Zusammenfassung der unterschiedlichen Ebenen und Bereiche Ihrer sämtlichen Erfahrungen dar. Sie sind groß genug, daß Sie alle Ihre Kräfte ein Leben lang dafür einsetzen können, und sie sind auch wichtig oder wesentlich genug, daß sich der langfristige Einsatz dafür lohnt. Die richtigen Lebensaufgaben erkennen Sie u.a. daran, daß sie die optimale Nutzung Ihrer unterschiedlichen Talente ermöglichen und am meisten dazu beitragen, daß Sie nach Ihren Überzeugungen leben und glücklich werden.

Befreien Sie sich von unerwünschten Abhängigkeiten und auch aus der Macht der Gewohnheit. Warten Sie nicht nur auf Anstöße von außen. Reagieren und agieren Sie selber!

Vier Münzen (Waite-Tarot)

18. Januar

18. Tag. 29. Steinbock-Tag. Sonne in Steinbock.

Bringen Sie Ihre aktuellen Fragen mit Ihren Lebenszielen in Verbindung. Finden Sie heraus, welchen Beitrag Sie jetzt zur Erfüllung Ihrer Lebensaufgaben leisten können.

PERSÖNLICHE TAGESKARTE:

....

....

ERLEBNISSE EREIGNISSE:

....

....

....

....

....

....

....

....

....

....

....

....

19. Januar

19. Tag. 30. Steinbock-Tag. Sonne in Steinbock.

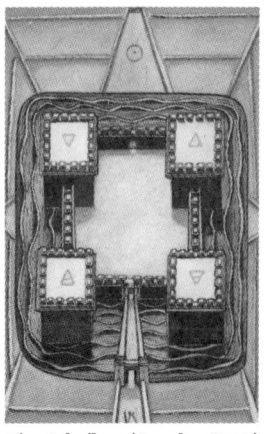

Vier Scheiben (Crowley-Tarot)

PERSÖNLICHE
TAGESKARTE:

....

....

ERLEBNISSE
EREIGNISSE:

....

....

....

....

....

....

....

....

....

....

....

- „Sonne in Steinbock" - dies entspricht
- unter Umständen einem Lebensgefühl
- der Gefangenschaft und des Einge-
- schlossenseins. In diesen Momenten
- fühlt man sich buchstäblich nicht wohl
- in seiner Haut, der Alltag gleicht einer
- Tretmühle, und man findet sich mögli-
- cherweise ausgestoßen und absonder-
- lich, oder man wacht mit Eifersucht über
- seine Überlegenheit und Verschieden-
- heit allen anderen gegenüber. Vielfach
- erscheint das Leben unter diesen
- Voraussetzungen nicht nur recht bela-
- stet und bedrückend, sondern vor allem
- auch als ein permanenter Machtkampf.
-   Tatsächlich handeln diese Fragen vor
- allem von Problemen der Bewußt-
- seinsentwicklung. Die „Sonne" steht
- auch für die Lebensmitte in Ihnen. Wie
- die Mitte unserer Erde glühend-flüssig
- ist, so besitzen auch Sie einen feurigen
- und überaus lebendigen Wesenskern.
- Diese Sonne sollen Sie nach außen brin-
- gen und in ihrem Licht die bestehenden
- Werte und Einrichtungen des Alltags
- neu gestalten.

Wassermann

20. 1. - 18.2.

Empfohlene Auslage
„Was ich schon immer von mir wissen wollte und
was mir niemand anders sagen kann..."

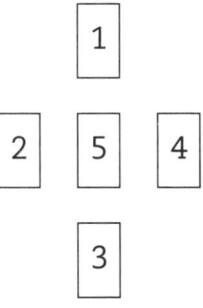

1 - Wo Sie stehen · 2 - Ihre Aufgaben · 3 - Ihre Ängste · 4 - Welche Einstellung Ihnen weiterhilft · 5 - Das Ergebnis der Bemühungen.

Die Dekaden
1. Dekade 20.1. - 29.1.
Venus in Wassermann
Tarot-Karte „Fünf Schwerter"
Wassermann sprengt Ketten und schafft Klarheit. Venus bringt Liebe und Wahrheit.

2. Dekade 30.1. - 8.2.
Merkur in Wassermann
Tarot-Karte „Sechs Schwerter"
Wassermann sondiert die Richtung. Merkur erforscht das Neue und verbindet es mit dem Alten.

3. Dekade 9.2. - 18.2.
Mond in Wassermann
Tarot-Karte „Sieben Schwerter"
Mond gibt Kraft aus Träumen und Unbewußtem. Wassermann weiß nun nicht, wo ihm der Kopf steht, doch sein Weg ist klar.

20. Januar

20. Tag. 1. Wassermann-Tag.
Venus in Wassermann.

Fünf Schwerter (Waite-Tarot)

**PERSÖNLICHE
TAGESKARTE:**

....

....

**ERLEBNISSE
EREIGNISSE:**

....

....

....

....

....

....

....

....

....

....

....

● Der „Wassermann" betrifft uns alle,
gleichgültig, in welchem Zeichen wir
jeweils Geburtstag feiern. Der Begriff
„Wassermann" gilt für Männer und für
Frauen. Er bezieht sich jedoch nicht, wie
man vermuten könnte, auf das Wasser.
Er ist vielmehr dem Luftelement zugeordnet, also dem Reich des Geistes.
Dabei ist er vor allem für das Wissen
zuständig.

Was den Namen „Wassermann" dennoch stimmig macht, sind übertragene
Bedeutungen von „Fluß" und „Strom".
Dieses Tierkreiszeichen und sein Monat,
der heute beginnt, handeln besonders
davon, wie wir uns im Strom der Zeit
und im Fluß der Ereignisse zu bewegen
wissen.

Hier geht es um Ihre geistigen
Kapazitäten, um Wissen und Gewissen.
Prüfen Sie, ob Sie sich „im Fluß" befin-
den, ob es in Ihnen und zwischen Ihnen
und Ihren Mitmenschen fließt und ob
Sie im „Strom" der Energien und
Ereignisse einen eigenen Kurs zu steu-
ern wissen.

---

1. Tag der ersten Wassermann-Dekade   38

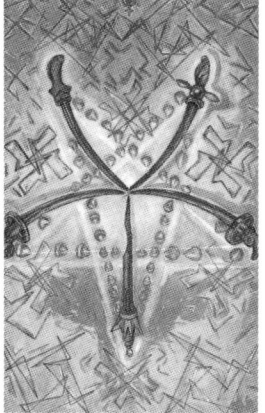

21. Januar

21.Tag. 2.Wassermann-Tag.
Venus in Wassermann.

Fünf Schwerter (Crowley-Tarot)

Was das Tierkreiszeichen Wassermann auszeichnet, gilt in besonderer Weise in den Tagen und Wochen zwischen dem 20.1. und dem 18.2.; es wirkt jedoch wie jedes Tierkreiszeichen als Teil des ganzen Jahreskreises zu jeder Zeit.

Vielfach richten sich die kühnsten Träume und die schönsten Hoffnungen an den „Wassermann". - Das Wassermann-Zeitalter ist für viele der Inbegriff einer neuen Epoche, in der Liebe, Freiheit und Verständnis herrschen.

Astronomisch betreten wir jedoch das Wassermann-Zeitalter erst in einigen Jahrhunderten. Und astrologisch sind sowohl die Hippie-Zeiten wie andererseits das Preußentum Friedrich II. wie auch z.B. die Fließbandarbeit in unserem Jahrhundert jedesmal typische Wassermann-Qualitäten.

PERSÖNLICHE TAGESKARTE:

....

....

ERLEBNISSE EREIGNISSE:

....

....

....

....

....

....

....

....

....

....

....

....

2. Tag der ersten Wassermann-Dekade

22. Januar

22. Tag. 3. Wassermann-Tag.
Venus in Wassermann.

Fünf Schwerter (Waite-Tarot)

PERSÖNLICHE TAGESKARTE:

....

....

ERLEBNISSE EREIGNISSE:

....

....

....

....

....

....

....

....

....

....

....

....

Prüfen Sie Ihre Erfahrung und frischen Sie Ihr Wissen auf! Jetzt ist eine gute Gelegenheit, sich mit früheren Ereignissen auseinanderzusetzen. Wie im obigen Bild dargestellt, haben Sie jetzt die Chance, rückblickend gewisse Erfahrungen oder Lebensabschnitte zu verstehen, in denen Sie sich seinerzeit möglicherweise schwach und winzig gefühlt haben.

Suchen Sie nach dem Sinn Ihrer Siege oder Niederlagen. Verstehen Sie die Zusammenhänge zwischen verschiedenen Etappen Ihres Lebens. Nutzen Sie die Waffen des Geistes als Mittel der Heilung! Stärken und entspannen Sie Ihren Atem. Spüren Sie die Energie, die in Ihnen und zwischen Ihnen und Ihren Mitmenschen kribbelt und fließt ...

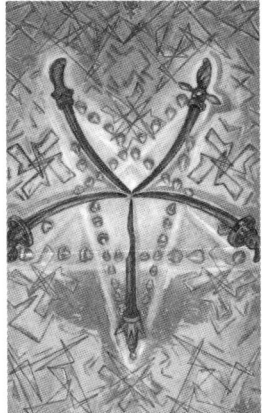

23. Januar

23. Tag. 4. Wassermann-Tag.
Venus in Wassermann.

Fünf Schwerter (Crowley-Tarot)

Die Blutstropfen, die im obigen Bild die Schwerter verbinden, bedeuten sowohl Leid und Verletzung, wie auch: Hier werden mit Herzblut die „Waffen des Geistes" geführt!

Die Schwerter im Tarot stehen für Unterscheidungs- und Urteilsvermögen. Mögliche Probleme entstehen dabei nicht aus der trennenden (aber auch vereinheitlichenden) Kraft des Geistes, sondern aus der Trennung des Geistes von unseren wirklichen Erfahrungen!

Auch für den Bereich des Geistes gilt, daß wir unsere oder anderer Leute Schwächen nicht verachten sollen. Im Gegenteil, wir gewinnen neue Kräfte, wenn wir dem folgen, wofür wir selber oder andere eine Schwäche besitzen.

PERSÖNLICHE TAGESKARTE:

....

....

ERLEBNISSE EREIGNISSE:

....

....

....

....

....

....

....

....

....

....

....

24. Januar

24. Tag. 5. Wassermann-Tag.
Venus in Wassermann.

Fünf Schwerter (Waite-Tarot)

**PERSÖNLICHE
TAGESKARTE:**

....

....

**ERLEBNISSE
EREIGNISSE:**

....

....

....

....

....

....

....

....

....

....

„Das Denken ist eines der größten Vergnügen der menschlichen Rasse", erklärte B. Brecht, seines Zeichens Wassermann. Als typisch für den astrologischen Wassermann gelten u.a. Denksportaufgaben, Krimis, Rätsel und Nervenkitzel jeder Art.

Das größte Vergnügen bereiten die „Waffen des Geistes" - Gedanken, Begriffe, Ideen usw. - jedoch, wenn sie persönliche Probleme lösen und wichtige Wünsche zu verwirklichen helfen. Kümmern Sie sich um die Wünsche und Ängste, denen Sie heute begegnen. Sie eröffnen sich und Ihren Mitmenschen neue Glücksmöglichkeiten. Sie können jetzt einen bestehenden Konflikt aufklären.

Fünf Schwerter (Crowley-Tarot)

25. Januar

25. Tag. 6. Wassermann-Tag.
Venus in Wassermann.

Lassen Sie sich von Schwierigkeiten nicht „herunterziehen". Die Wahrheit hat viele Gesichter. Gerade wenn Sie Schwierigkeiten beheben und unvermeidliche Fehler ertragen müssen, dürfen Sie die Flinte nicht ins Korn werfen. Bewahren Sie auch in geistigen Dingen die Treue zu sich selbst.

Vertrauen Sie der Kraft der Aufrichtigkeit und der Wahrheit. Schalten Sie nicht ab, wenn es Schwierigkeiten gibt. Sondern ziehen Sie Ihre gesamten geistigen Kräfte zusammen. Probieren und studieren Sie, und fügen Sie Ihre verschiedenen Gedanken und Eindrücke so zusammen, daß ein fruchtbares Bild vom Ganzen entsteht.

PERSÖNLICHE TAGESKARTE:

....

....

ERLEBNISSE EREIGNISSE:

....

....

....

....

....

....

....

....

....

....

6. Tag der ersten Wassermann-Dekade

26. Januar

26. Tag. 7. Wassermann-Tag.
Venus in Wassermann.

Fünf Schwerter (Waite-Tarot)

PERSÖNLICHE
TAGESKARTE:

....

....

ERLEBNISSE
EREIGNISSE:

....

....

....

....

....

....

....

....

....

....

....

....

....

Was bedeutet eigentlich astrologisch „Venus"? Vielfach sind immer noch Vorstellungen von Weiblichkeit im Umlauf, die sich vor allem an den (nicht nur) von Männern bevorzugten Frauenrollen, Mutter (oder Erzieherin) und Geliebte (oder Muse), orientieren.

„Venus in Wassermann" - diese Konstellation lädt dazu ein, bewußt und wissend die eigenen Vorstellungen von Weiblichkeit zu klären.

Im antiken Mythos ist Venus (griechisch Aphrodite) die Göttin der Liebe. Sie ist sprichwörtlich für ihre Schönheit, und Schönheit bedeutet in der Symbolik stets innere oder persönliche Wahrheit, die nach außen dringt und wirkt!

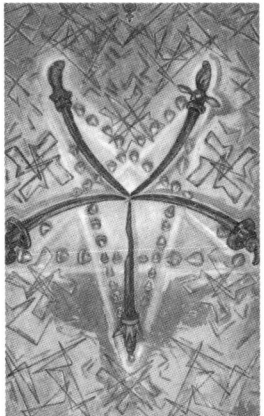

Fünf Schwerter (Crowley-Tarot)

27. Januar

27. Tag. 8. Wassermann-Tag.
Venus in Wassermann.

Liebe, Schönheit und Wahrheit (Venus) sind im Zeichen des Wassermann vor allem eine Frage der geistigen Kraft und der persönlichen Klarheit. Nach dem Goethe-Wort „Was fruchtbar ist, allein ist wahr" mißt sich die Wahrheit vor allem an der Fruchtbarkeit.

Ein fruchtbarer Geist betätigt und bestätigt sich vor allem darin, daß Wünsche und Ängste angenommen und aufgearbeitet werden! Nehmen Sie die vielen Energien an, die in Ihnen und um Sie herum vorhanden sind. Lassen Sie sich davon ergreifen und durchströmen, und unterscheiden Sie, welche Energien derzeit geeignete Wünsche darstellen und welche nicht, welche berechtigte Ängste darstellen und welche nicht. Setzen Sie Ihre geistige Energie und Ihre mentale Power dafür ein, um die sinnvollen Wünsche zu verwirklichen und die unberechtigten Ängste jetzt abzubauen.

PERSÖNLICHE TAGESKARTE:

....
....

ERLEBNISSE EREIGNISSE:

....
....
....
....
....
....
....
....
....
....

28. Januar

28. Tag. 9. Wassermann-Tag. Venus in Wassermann.

Fünf Schwerter (Waite-Tarot)

**PERSÖNLICHE
TAGESKARTE:**

....

....

**ERLEBNISSE
EREIGNISSE:**

....

....

....

....

....

....

....

....

....

....

- Machen Sie die Brillanz, die Schönheit und die Wahrheit Ihrer Auffassungen jetzt besonders deutlich. Stellen Sie Ihr Licht nicht unter den Scheffel, und billigen Sie das Gleiche allen anderen zu.
- Suchen Sie und finden Sie Ihren Stern. „Wer vom Glück immer nur träumt, muß sehen, daß er es nicht verpaßt!" Bewahren Sie die Treue zu sich selbst, und fassen Sie Mut auch zu unkonventionellen Lösungen und Entscheidungen. Finden Sie die Wahrheit über Ihre persönlichen Bedürfnisse und Aufgaben heraus und ruhen Sie nicht eher, bis Ihre Ziele und Ansprüche klar und eindeutig sind.

29. Januar

29. Tag. 10. Wassermann-Tag.
Venus in Wassermann.

Fünf Schwerter (Crowley-Tarot)

„Lieben heißt die Angst besiegen" - ein geflügeltes Wort, das allerdings unerwähnt läßt, daß die Liebe selber eine elementare Kraft ist, so stark, so durchdringend, daß sie Angst verursachen kann, wenn nicht ein geeignetes Wissen und Bewußtsein vorhanden sind.

Ein geeignetes und fruchtbringendes Wissen versteht sich nicht als Gegenspieler der Emotionen. Indem die akuten Energien angenommen und aufgearbeitet, Wünsche und Ängste verstanden und geklärt werden, sorgen ein sinnvolles Wissen und ein fruchtbarer Geist vielmehr ständig für neue Chancen der Liebe!

PERSÖNLICHE TAGESKARTE:

....

....

ERLEBNISSE EREIGNISSE:

....

....

....

....

....

....

....

....

....

....

....

....

10. Tag der ersten Wassermann-Dekade

30. Januar

30. Tag. 11. Wassermann-Tag.
Merkur in Wassermann.

Sechs Schwerter (Waite-Tarot)

**PERSÖNLICHE
TAGESKARTE:**

....

....

**ERLEBNISSE
EREIGNISSE:**

....

....

....

....

....

....

....

....

....

....

....

• Die 2. Wassermann-Dekade beginnt. Wir
nähern uns der Wintermitte! Die nächsten zehn Tage sind besonders gut zur
Jahresplanung - und zur Lebensplanung
- geeignet.

Das alte Jahr soll nun endgültig erledigt und abgeschlossen, das neue vorbereitet und durchdacht werden. Schärfen
Sie Ihr Bewußtsein, und klären Sie, was
Sie und andere wirklich brauchen.
Hüten Sie sich vor unfruchtbaren
Projekten, die Ihnen nur Kraft entziehen
würden. Suchen Sie nach den wirklichen Motiven.

Sechs Schwerter (Crowley-Tarot)

31. Januar

31. Tag. 12. Wassermann-Tag. Merkur in Wassermann.

„Wenn du weißt, was du tust, kannst du tun, was du willst" (Moshé Feldenkrais). Die Schwerter symbolisieren im Tarot nicht nur Kriegswerkzeuge oder Abzeichen der Ritterlichkeit und der Mündigkeit. Sie stellen auch die „Waffen des Geistes" dar - Symbole der Unterscheidungs- und Urteilskraft. Im obigen Bild treffen sich sechs Schwerter in der Mitte eines Rosenkreuzes.

Die Rose symbolisiert Seele und Persönlichkeit, deren Schönheit und Entfaltung. Für die Ausbreitung und das Wirken in der Welt steht das Kreuz, das auch ein Zeichen für die (persönliche) Quintessenz ist.

Was machen nun die Schwerter mit dem Rosenkreuz? Taugliche Gedanken gehen davon aus, was Sie und/oder andere auf dem Herzen haben, und sie finden auch dahin wieder zurück. Lassen Sie sich nicht bevormunden, lösen Sie sich von Vorurteilen und aus Abhängigkeiten.

PERSÖNLICHE TAGESKARTE:

....

....

ERLEBNISSE EREIGNISSE:

....

....

....

....

....

....

....

....

....

....

2. Tag der zweiten Wassermann-Dekade

1. Februar

32. Tag. 13. Wassermann-Tag.
Merkur in Wassermann.

Sechs Schwerter (Waite-Tarot)

**PERSÖNLICHE
TAGESKARTE:**

....

....

**ERLEBNISSE
EREIGNISSE:**

....

....

....

....

....

....

....

....

....

....

....

• In dieser Dekade geht es besonders
darum, Brücken zu bauen und
Verbindungen zu knüpfen. Nur im vordergründigen Sinne stellt das obige Bild
einen Umzug oder dergleichen dar. Es
handelt vielmehr von der Kraft und der
Aufgabe, verschiedene Welten miteinander zu verbinden.

Hier geht es um „Übersetzungsarbei-
ten": Betreten Sie neue Ufer, lernen Sie
fremde Sprachen und neue Horizonte
kennen.

Verstehen Sie, was andere Ihnen zu
sagen haben, und bringen Sie Ihre
Bedürfnisse und Vorstellungen den
anderen klar und deutlich „rüber".

Die schwierigste Aufgabe besteht indes
darin, andere Seiten an Ihnen selber zu
erkennen. Nutzen Sie dazu die Auslage
auf S. 37, die unter dem Motto steht:
„Was ich schon immer von mir wissen
wollte, und was mir niemand anders
sagen kann?!"

2. Februar

Sechs Schwerter (Crowley-Tarot)

33. Tag. 14. Wassermann-Tag. Merkur in Wassermann.

Der 2.2. ist ein besonderer Tag! Ein Tag der Einweihung und der „Überbringung des Lichts". In vielen Hexengemeinschaften und magischen Kultkreisen gilt dieser Tag auch heute noch als Initiationstag. Der 2.2. wird im katholischen Ritus als „Mariä Lichtmess" gefeiert und geht auf ältere, „heidnische" Bräuche zurück. Am Abend des 1. Februar wird auch die keltische Göttin Brigit gefeiert.

Hintergrund für die verschiedenen Bräuche ist der Rhythmus des Jahreskreises. Altes wird jetzt abgeschlossen, das neue Jahr liegt offen vor unseren Augen. Zugleich erleben wir jetzt Karneval und Fasching - oder bereiten uns darauf vor - auf die „5. Jahreszeit", die traditionell davon handelt, daß Normen auf den Kopf gestellt werden und Lebensweisen zum Zuge kommen, die im Rest des Jahres eher verdrängt sind.

PERSÖNLICHE TAGESKARTE:

....

....

ERLEBNISSE EREIGNISSE:

....

....

....

....

....

....

....

....

....

....

4. Tag der zweiten Wassermann-Dekade

3. Februar

34. Tag. 15. Wassermann-Tag.
Merkur in Wassermann.

Sechs Schwerter (Waite-Tarot)

**PERSÖNLICHE
TAGESKARTE:**

....

....

**ERLEBNISSE
EREIGNISSE:**

....

....

....

....

....

....

....

....

....

....

....

Einweihung und Erleuchtung - die großen Themen des 2.2. wirken weiter. Zugleich erleben wir heute und am morgigen Tag genau die Wintermitte.

Das heutige Leben in den Städten hat sich weitgehend unabhängig gemacht von den Einflüssen der Natur und den Jahreszeiten. So löst der Begriff „Wintermitte" vielfach keine direkte Betroffenheit mehr aus. Die Befreiung aus zwanghaften Naturgewalten gilt gerade als eine der typischen Wassermann-Entsprechungen. Der astrologische Wassermann steht für einen kunstvollen Umgang mit den „Waffen des Geistes": Hier bietet sich die Chance zu Bewußtsein und Freiheit; doch es droht auch die Gefahr der Entfernung und der Entfremdung von der (eigenen) Natur.

Für den persönlichen Bereich stellt sich damit die doppelte Frage: „Nutze ich meine geistigen Kapazitäten in vollem Umfang? Nutze ich sie so, daß all meine Talente sich optimal entfalten können??"

Sechs Schwerter (Crowley-Tarot)

4. Februar

35. Tag. 16. Wassermann-Tag.
Merkur in Wassermann.

Der Winter hält jetzt „Bergfest". Er hat seine Halbzeit erreicht. Gehen Sie hinaus aus dem Haus, hinaus aus der Stadt, und spüren Sie den Winter!

Der Winter bedeutet nicht nur einen „Rückzug der Lebenskräfte", wie oft zu lesen ist. Manchmal stellt der Winter Einschränkungen dar, die besondere Anstrengungen und damit erhöhte Lebensenergien erfordern. Aber natürlich bietet der Winter auch besondere Vergnügen - die vielen Möglichkeiten des Wintersports, die langen Nächte, Weihnachten, Silvester, Karneval, Fasching und vieles mehr.

Wie die Menschen auf den Winter reagieren, ob Sie ihn fürchten oder lieben, ist inzwischen höchst unterschiedlich ausgeprägt. Typisch und verbindend ist für uns in dieser Jahreszeit vor allem eins: Die Chance des Bewußtseins! Prüfen Sie Ihre Erfahrungen, und klären Sie Ihre Erwartungen und Zielvorstellungen. Kümmern Sie sich um Ihre Träume!

PERSÖNLICHE TAGESKARTE:

....

....

ERLEBNISSE EREIGNISSE:

....

....

....

....

....

....

....

....

....

....

6. Tag der zweiten Wassermann-Dekade

5. Februar

36. Tag. 17. Wassermann-Tag.
Merkur in Wassermann.

Sechs Schwerter (Waite-Tarot)

PERSÖNLICHE TAGESKARTE:

....

....

ERLEBNISSE EREIGNISSE:

....

....

....

....

....

....

....

....

....

....

....

....

• In der Symbolik des Jahreskreises ist jetzt eine optimale, aber auch eine notwendige Zeit der Klärung angesagt. Prüfen Sie Ihre Erfahrungen, und klären Sie Ihre Visionen und Erwartungen. Betrachten Sie einmal die großen Linien und Zusammenhänge in Ihrem Leben und beantworten Sie sich folgende Fragen:
• Was habe ich erfahren?
• Worauf kann ich mich verlassen?
• Welche Früchte sind jetzt reif?
• Welche Resultate fehlen mir noch?
• Welche Wünsche machen mich stark?
• Und welche schwächen mich?
• Welchen Ängsten will ich mich stellen?
• Und welchen besser ausweichen?
• Welche Ziele haben sich bewährt, welche nicht?
• Wo liegen meine Hindernisse, was paßt nicht mehr zu mir?
• Wie kann ich mir Hilfe für meine Vorstellungen holen, wie meinen Wünschen Nachdruck verleihen?

Sechs Schwerter (Crowley-Tarot)

6. Februar

37. Tag. 18. Wassermann-Tag.
Merkur in Wassermann.

Die astrologische Definition des Wassermanns lautet: „Ich weiß".

Die Stärke des Wassermanns ist sein Wissen, und das heißt mit anderen Worten, seine Schwäche ist das Nichtwissen, das Unbekannte und Unbewußte. „Was ich nicht weiß, macht mich nicht heiß" - auch darum kann uns die Zeit des Wassermann recht cool erscheinen!

Schauen Sie deshalb hinter die Kulissen. Beachten Sie auch „stumme" Signale. Nehmen Sie Bedürfnisse wahr, auch wenn Sie noch undeutlich sind.

PERSÖNLICHE TAGESKARTE:

....

....

ERLEBNISSE EREIGNISSE:

....

....

....

....

....

....

....

....

....

....

....

　　　　8. Tag der zweiten Wassermann-Dekade

7. Februar

38. Tag. 19. Wassermann-Tag.
Merkur in Wassermann.

Sechs Schwerter (Waite-Tarot)

**PERSÖNLICHE
TAGESKARTE:**

....

....

**ERLEBNISSE
EREIGNISSE:**

....

....

....

....

....

....

....

....

....

....

....

....

....

- Kümmern Sie sich um das, was Sie wirklich wollen! Begreifen Sie Ihre Antriebe und Motive, stellen Sie Kontakt zu Ihren Gründen her. (All dies symbolisiert der schwarze Staken in den Händen des Fährmanns im obigen Bild!) Wenn Sie Ihre Motive und Absichten begreifen, hat Ihr Bewußtsein eine feste Basis und Sie kommen voran.

Seien Sie also gründlich in Ihren Auseinandersetzungen. Sorgen Sie für frischen Wind, gute Luft und langen Atem!

Sechs Schwerter (Crowley-Tarot)

8. Februar

39. Tag. 20. Wassermann-Tag.
Merkur in Wassermann.

Bewußtes und Unbewußtes, Ihre Stärken und Schwächen sitzen gleichsam in einem und demselben Boot. Übergänge, Verbindungslinien und Kommunikationswege zwischen verschiedenen Menschen und unterschiedlichen geistigen Welten erfolgreich gestalten zu können, verlangt auch, in Ihnen selber Brücken zu bauen. Hier geht es darum, daß Sie für sich eine Synthese schaffen von Bewußt und Unbewußt, Jung und Alt, weiblich und männlich, stark und schwach etc.

Je mehr Sie dabei vorankommen, wächst Ihr Bewußtsein in die Tiefe und Ihr Unbewußtes in die Höhe, und Sie wachsen zusammen!

PERSÖNLICHE TAGESKARTE:

....

....

ERLEBNISSE EREIGNISSE:

....

....

....

....

....

....

....

....

....

....

9. Februar

40. Tag. 21. Wassermann-Tag. Mond in Wassermann.

Sieben Schwerter (Waite-Tarot)

PERSÖNLICHE TAGESKARTE:

....

....

ERLEBNISSE EREIGNISSE:

....

....

....

....

....

....

....

....

....

....

....

....

- Heute beginnt die 3. Wassermann-Dekade, die zu den Fischen, dem letzten Abschnitt im Jahreskreis, überleitet.
- Der Mond, der in dieser Dekade regiert, gilt als Symbol für das Reich der Seele, der Nacht und des Weiblichen. Mit Venus und Mond sind die beiden weiblichsten Kräfte (Planeten), die die Astrologie überhaupt kennt, im Wassermann wirksam. Dabei sind jedoch die typischen Wassermann-Atribute, wie Wissen, Bewußtsein, „Waffen des Geistes" usw., jedenfalls traditionell männlich definiert. Es ist daher ein Thema für den ganzen Wassermann-Monat, wirkt jedoch in dieser Dekade besonders nachhaltig: Entweder wir finden hier zu einem bewußten Umgang (auch) mit dem Unbewußten - oder wir erleben eine Phase der Spaltung zwischen unseren bewußten und unbewußten Kräften!
- Um diese Spaltung zu verhindern oder zu mildern, empfiehlt es sich jetzt zunächst, das zu praktizieren, was einst die Funktion des Karnevals und Faschings war: Einen Freiraum zu schaffen, in dem nachgeholt und vorgefühlt werden kann, was sonst vergessen und versäumt wurde.

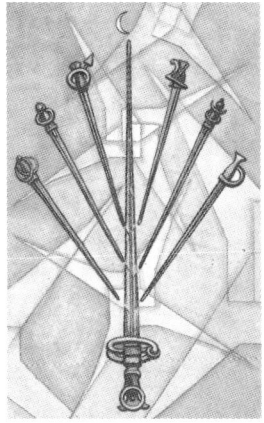

Sieben Schwerter (Crowley-Tarot)

10. Februar

41. Tag. 22. Wassermann-Tag.
Mond in Wassermann.

Wenn das Bewußte und das Unbewußte gegeneinander arbeiten, dann sieht das zum Beispiel so aus, daß Sie „links blinken und rechts abbiegen". Sie schauen zurück, während Sie doch nach vorne gehen, und Sie erreichen das Umgekehrte von dem, was Sie ursprünglich erreichen wollten. Eine solche in sich widersprüchliche Bewegung, die zur gleichen Zeit gegensätzliche Effekte erreicht, stellt auch das obige Bild dar. Andererseits zeigt das Bild aber auch, daß Sie bewußt auch die Rückseite, die unbewußte Seite, betrachten. Damit ist - gerade umgekehrt - die Einheit der Gegensätze und die Aufhebung der Spaltung angezeigt.

Von dem griechischen Philosophen Heraklit stammt der Begriff der Enantiodromie. Darunter verstand er, daß alles, auf einer gewissen Stufe der Entwicklung, in sein Gegenteil hinüberlaufe. Alles, was einseitig betrieben wird, tritt mit sich selbst in Widerspruch. Es gibt kein psychisches und persönliches Gleichgewicht ohne Existenz und Aufhebung von Gegensätzen.

PERSÖNLICHE TAGESKARTE:

....

....

ERLEBNISSE EREIGNISSE:

....

....

....

....

....

....

....

....

....

....

....

2. Tag der dritten Wassermann-Dekade

11. Februar

42. Tag. 23. Wassermann-Tag.
Mond in Wassermann.

Sieben Schwerter (Waite-Tarot)

PERSÖNLICHE TAGESKARTE:

....

....

ERLEBNISSE EREIGNISSE:

....

....

....

....

....

....

....

....

....

....

....

Warum so, es geht auch anders?! Jedes Argument, das Sie berücksichtigen, auch und gerade wenn es zunächst gegen Sie gerichtet ist, stärkt im Ergebnis Ihre Position. Jede Variante, die Sie untersuchen, auch wenn Sie Ihnen bisher wenig vertraut oder unbekannt sein sollte, klärt und stützt Sie im Ergebnis ebenfalls. Ihr Selbstverständnis entwickelt sich dadurch von einem schmalen Pflänzchen zu einem ausgewachsenen Baum (einen solchen stellen, zusammengenommen, die sieben Schwerter des obigen Bildes dar).

Bringen Sie Bewegung in Ihre Entscheidung und laufen Sie nicht vor sich selbst davon! Vielen Ärger und viele Kämpfe hatten Sie nur deshalb auszufechten, weil Sie zuwenig Mut für Ihre Träume besessen haben. Und der Mut wird immer schwächer, je länger Sie aus Angst vor der eigenen Courage nicht aufbrechen. Befreien Sie sich aus äußeren und inneren Abhängigkeiten. Tun Sie jetzt einen ersten Schritt.

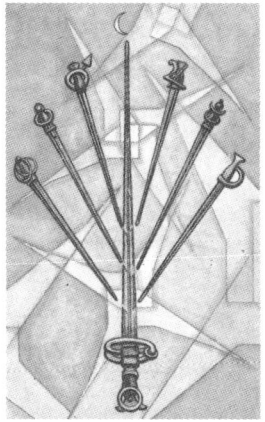

Sieben Schwerter (Crowley-Tarot)

12. Februar

43. Tag. 24. Wassermann-Tag.
Mond in Wassermann.

Der „Mond", der in dieser Dekade besonders wirksam ist, symbolisiert jeweils die persönlichen Seelenkräfte. In der Literatur wird oft die Seele mit dem Unbewußten gleichgesetzt; doch das ist nicht zutreffend. Das Seelenleben umfaßt u.a. Gefühle, Launen, Stimmungen, Wünsche, Befürchtungen, seelische Bedürfnisse und vieles mehr - eine ganze Menge davon ist uns durchaus bewußt; nur der andere Teil der Gefühle, Seelenbedürfnisse usw. ist uns zunächst unbewußt. Der „Mond" symbolisiert aber die persönliche Seele in ihrer Ganzheit. Die besondere Aufgabe und die besondere Chance bestehen jetzt darin, bewußte und unbewußte Seelenkräfte zu verstehen und zu begreifen!

Legen Sie sich heute und in den kommenden Tagen Rechenschaft ab über bisher unbeachtete Wünsche und Ängste. Achten Sie auf Signale (in Träumen, in der Körpersprache, in „Versprechern" u.a.), die unbekannte Bedürfnisse, heimliche Wünsche oder unausgesprochene Ängste deutlich machen.

PERSÖNLICHE TAGESKARTE:

....

....

ERLEBNISSE EREIGNISSE:

....

....

....

....

....

....

....

....

....

....

....

4. Tag der dritten Wassermann-Dekade

13. Februar

44. Tag. 25. Wassermann-Tag. Mond in Wassermann.

Sieben Schwerter (Waite-Tarot)

PERSÖNLICHE TAGESKARTE:

....

....

ERLEBNISSE EREIGNISSE:

....

....

....

....

....

....

....

....

....

....

....

Wenn Sie sich in diesen Tagen verstärkt fragen, welche unbewußten Wünsche und heimlichen Ängste in Ihnen stecken, dann produzieren Sie keine Probleme, sondern tragen dazu bei, diese zu lösen! Es hat keinen Zweck, Dinge die da sind, auf Dauer unter den Teppich zu kehren. Sie kommen irgendwann, wenn auch an völlig unerwarteter Stelle, zum Vorschein.

Besser ist es, die vorhandenen Energien zunächst zu akzeptieren, sich dann mit ihnen auseinanderzusetzen und sie teils zu belassen, teils umzuwandeln. Wenn Sie gewisse Ängste haben, ist es besser, sie zu kennen, als von ihnen nichts zu wissen. Ein Gleiches gilt für Ihre Wünsche, Bedürfnisse und Sehnsüchte.

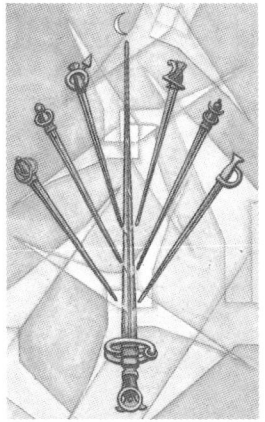

Sieben Schwerter (Crowley-Tarot)

14. Februar

45. Tag. 26. Wassermann-Tag.
Mond in Wassermann.

Heute ist der Valentinstag, benannt nach dem römischen Heiligen Valentin (wörtlich „der Kräftige"). Dieser gilt spätestens seit dem Mittelalter auch als Patron gegen die Fallsucht (was in einer interessanten Beziehung zur Tarot-Darstellung auf der nebenstehenden Seite steht).

Der Valentinstag galt im deutschen Volksglauben vielfach als Unglückstag. In England, Belgien, Nordfrankreich und Nordamerika wurden und werden jedoch am Valentinstag durch Los Paare als Valentin und Valentine bestimmt, die das Jahr über in einem scherzhaften Liebesverhältnis zueinander stehen. Erst in jüngerer Zeit kam der Brauch auf, zum Valentinstag Blumen zu schenken.

Die Sitte, in spielerischer Form Valentin und Valentine zu vereinen, drückt das Thema dieser Dekade aus: Die Aufhebung der Spaltung zwischen männlich und weiblich, Tag und Nacht, Geist und Seele usw.

PERSÖNLICHE TAGESKARTE:

....

....

ERLEBNISSE EREIGNISSE:

....

....

....

....

....

....

....

....

....

....

....

6. Tag der dritten Wassermann-Dekade

15. Februar

46. Tag. 27. Wassermann-Tag.
Mond in Wassermann.

Sieben Schwerter (Waite-Tarot)

PERSÖNLICHE TAGESKARTE:

....

....

ERLEBNISSE EREIGNISSE:

....

....

....

....

....

....

....

....

....

....

....

● Wundern Sie sich nicht, wenn Sie in diesen Tagen auch deutlich erfahren, was
Sie nicht wissen. Das gehört zu den letzten Wassermann-Tagen auf jeden Fall
dazu!

Denn zu einem geeignetem Wissen
gehört auch die Kenntnis davon, was Sie
nicht wissen.

Es besteht ein himmelweiter Unterschied zwischen schlichter Un-
wissenheit und dem bewußten Wissen
um die eigenen Grenzen. Dieser him-
melweite Unterschied führt Sie zu einer
bewußten Offenheit. Sie gewinnen
dadurch einen besonderen Mut zur
Zukunft, auch dann, wenn diese unbekannt ist und unbekannt bleibt.

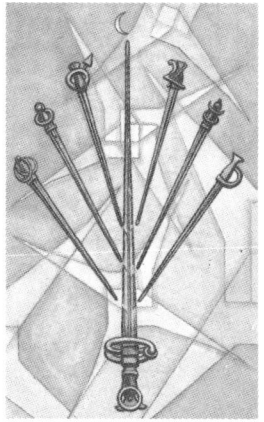

Sieben Schwerter (Crowley-Tarot)

16. Februar

47. Tag. 28. Wassermann-Tag.
Mond in Wassermann.

Der Mut zur Zukunft bedeutet Mut zum eigenen Weg, spätestens dann, wenn der Wert aller Vorbilder gegen Null geht. Je ungewohnter der selbständige Weg ist, umso mehr kommt Panik auf, falls dieser doch gegangen wird. Pan-ik heißt alles auf einmal.

Je mehr Spiel-Raum das eigene Selbst bekommt, umso mehr können Sie sich daran gewöhnen, sich ganz zu akzeptieren, so wie Sie sind. Alles, was Sie wissen und nicht-wissen, bekommt dann einen Stellenwert in Ihrem Leben - alles zu seiner Zeit.

PERSÖNLICHE TAGESKARTE:

....

....

ERLEBNISSE EREIGNISSE:

....

....

....

....

....

....

....

....

....

....

....

....

17. Februar

48. Tag. 29. Wassermann-Tag.
Mond in Wassermann.

Sieben Schwerter (Waite-Tarot)

**PERSÖNLICHE
TAGESKARTE:**

....

....

**ERLEBNISSE
EREIGNISSE:**

....

....

....

....

....

....

....

....

....

....

Heute und morgen bewegen wir uns noch im Zeichen des Wassermanns, dessen astrologische Definition „Ich weiß" lautet. Das nächstfolgende Zeichen sind die Fische. Deren Definition wiederum heißt: „Ich glaube". Das bedeutet, der Übergang vom Zeichen des Wassermanns zu dem der Fische steht in der Symbolik des Jahreskreises stellvertretend für den Übergang vom Wissen zum Glauben.

Dieser Übergang, den Sie jetzt und in den kommenden Tagen erleben, macht deutlich: Der Glaube soll kein Ersatz für Wissen und Bewußtheit sein. Das Wissen muß all seine Möglichkeiten beleuchten und in irgendeiner Weise berücksichtigen. Jenseits der Grenzen des bewußten und unbewußten Wissen entsteht dann Platz für einen Glauben, dem wir uns guten Gewissens anvertrauen können. Denn dieser Glaube besteht nicht in der Leugnung, sondern in der Vollendung und Fortsetzung von Wissen und kritischem Geist.

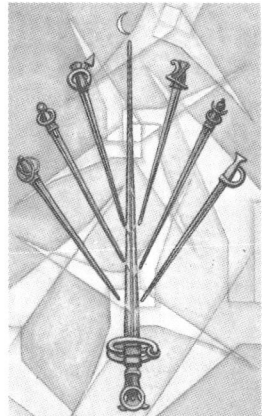

Sieben Schwerter (Crowley-Tarot)

18. Februar

49. Tag. 30. Wassermann-Tag.
Mond in Wassermann.

Versuchen Sie einmal, Ihre Erfahrungen im zurückliegenden, heute zu Ende gehenden Wassermann-Monat zusammenzufassen. Wie sind Sie im Fluß? Sind Sie mit Ihrem alltäglichen Lebensrhythmus einverstanden? Haben Sie das Gefühl, etwas zu versäumen? Gibt es Hindernisse oder Abhängigkeiten, von und aus denen Sie sich befreit haben oder befreien möchten? Heimliche oder unheimliche Wünsche oder Ängste?

Die Erfüllung wichtiger Wünsche und die Aufhebung treibender Ängste werden heute zur Tagesaufgabe und verbleiben uns als Erbe des Wassermanns auch in der Zukunft.

PERSÖNLICHE TAGESKARTE:

....

....

ERLEBNISSE EREIGNISSE:

....

....

....

....

....

....

....

....

....

....

....

....

10. Tag der dritten Wassermann-Dekade

Fische

19.2. - 20.3.

Empfohlene Auslage
„Traumziel"

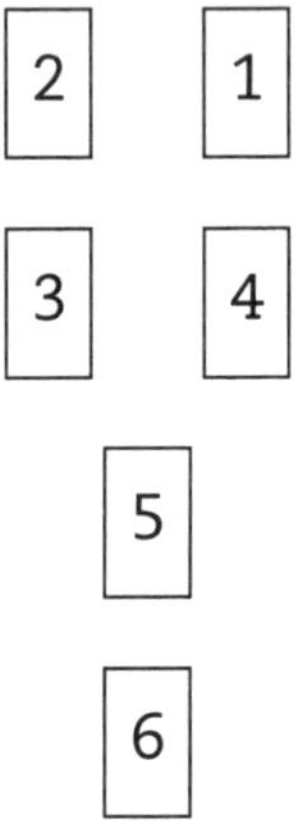

2	1
3	4

5

6

1 - Wo Sie stehen
2 - Wohin Sie gehen
3 - Ihre Wünsche
4 - Ihre Ängste
5 - Ihr wirkliches Verlangen
6 - Das Geheimnis Ihrer Suche.

Dekaden
1. Dekade 19.2. - 28.2.
Saturn in Fische
Tarot-Karte „Acht Kelche"
Fische folgen dem Strom des Lebens. Saturn forscht nach den wahren Werten.

2. Dekade 29.2./1.3. - 10.3.
Jupiter in Fische
Tarot-Karte „Neun Kelche"
Fische fühlen sich in ihrem Element sprichwörtlich wohl. Jupiter steht für verstandene und verwirklichte Bedürfnisse.

3. Dekade 11.3. - 20.3.
Mars in Fische
Tarot-Karte „Zehn Kelche"
Fische kennen dieses ozeanische Gefühl: Wie ein Tropfen einssein mit den Meeren. Mars ist darin ganz leidenschaftlich.

Acht Kelche (Waite-Tarot)

19. Februar

50. Tag. 1. Fische-Tag.
Saturn in Fische.

Die Definition des Tierkreiszeichens Fische lautet: „Ich glaube". Der Übergang von Wissen zu Glaube ist Kennzeichen für diese Tage.

Mit dem Glauben sind die unterschiedlichsten Inhalte verknüpft: Vom religiösen Glauben über den Glauben an einen Menschen, eine Sache oder eine Aufgabe bis hin zum Glauben als Ausdruck persönlicher Wünsche und Absichten. Die astrologischen Fische handeln von der Transzendenz. Sinnbild für dieses Jenseits ist traditionell der Himmel. Der Himmel aber ist nicht nur der Wohnsitz Gottes, Heimat der Götter und Engel; der Himmel bedeutet auch, im Unterschied zur Erde, alles Ideelle und Idealistische. So gilt der Himmel auch als Spiegel, als Projektionsfläche menschlicher Wünsche, Hoffnungen und Ängste: „Des Menschen Wille ist sein Himmelreich".

In diesem weiten Spektrum verstanden, stellen die nächsten 30 Tage Ihren Glauben auf die Probe... Ein emotionales und spirituelles „Großreinemachen".

PERSÖNLICHE TAGESKARTE:

....

....

ERLEBNISSE EREIGNISSE:

....

....

....

....

....

....

....

....

....

....

1. Tag der ersten Fische-Dekade

20. Februar

51. Tag. 2. Fische-Tag.
Saturn in Fische.

Acht Kelche (Crowley-Tarot)

**PERSÖNLICHE
TAGESKARTE:**

....

....

**ERLEBNISSE
EREIGNISSE:**

....

....

....

....

....

....

....

....

....

....

....

....

● Asche zu Asche: Der Aschermittwoch ist
● ein beweglicher Feiertag (6,5 Wochen vor
● Ostern). Doch symbolisch sind die jetzi-
● gen Übergangstage von Wassermann zu
● Fische der passende Ort im Jahreskreis,
● der dem Sinn des Aschermittwochs ent-
● spricht.
● 　　Im christlichen Ritus steht der
● Aschermittwoch für den Übergang von
● Fasching und Karneval zur Fastenzeit.
● Doch auch andere Religionen kennen in
● dieser Jahreszeit eine Phase des Fastens,
● der Einkehr und der Reinigung.
● Immerhin bedeutet das Wort „Februar"
● sinngemäß „Monat der Sühne und der
● Reinigung" (dieser Name stammt aus
● dem alten Rom, wo der Februar der 12.
● und letzte Monat war).
● 　　Symbol des Aschermittwochs ist das
● Aschenkreuz. Hier geht es um das
● Memento mori, das heißt soviel wie:
● Gedenke, daß du sterben wirst; vergiß'
● das Sterben nicht; auch: Denke an die
● „andere Seite", an das Jenseits und an
● das Leben vor der Geburt und nach dem
● Tod!

2. Tag der ersten Fische-Dekade　　　　　　70

Acht Kelche (Waite-Tarot)

21. Februar

52. Tag. 3. Fische-Tag.
Saturn in Fische.

Wie sehen Sie das obige Bild? Es verdeutlicht viele Aspekte der Fische-Zeit:
• Loslassen.
• Sich wieder neu in Bewegung setzen.
• Dem Flusse folgen.
• Zur Quelle zurückkehren.
• Das eigene Ziel suchen und die eigene Bestimmung finden.
• Sonne und Mond in sich zu verbinden, am Tage und in der Nacht zu Hause sein.

An demselben Bild (oben) lassen sich aber auch Warnungen erkennen, die ebenfalls im Zeichen der Fische typisch sein können:
• Sich selbst den Rücken zukehren.
• An dem, was da ist (den vorhandenen Kelchen), vorbeilaufen.
• Eine Suche, die zur Sucht wird.
• Das bisher Erreichte geringschätzen.
• Weltverdrossenheit.
• Seelische Heimatlosigkeit.

PERSÖNLICHE TAGESKARTE:

....

....

ERLEBNISSE EREIGNISSE:

....

....

....

....

....

....

....

....

....

....

....

3. Tag der ersten Fische-Dekade

22. Februar

53. Tag. 4. Fische-Tag.
Saturn in Fische.

Acht Kelche (Crowley-Tarot)

**PERSÖNLICHE
TAGESKARTE:**

....

....

**ERLEBNISSE
EREIGNISSE:**

....

....

....

....

....

....

....

....

....

....

....

● Nutzen Sie den Fische-Monat, insbesondere diese Dekade bis zum 28.2., zu einer Bilanz in seelischen Fragen. Was ist erreicht und was fehlt, was ist versäumt und was jetzt nachzuholen - in Herzensangelegenheiten und Glaubensfragen??

Das Bild oben auf dieser Seite stellt vier gefüllte und vier leere Kelche dar. Innere Erfüllung und seelische Offenheit werden damit dargestellt; sie sollen sich die Waage halten, damit Altes verdaut und verabschiedet, ein neuer Frühling vorbereitet und empfangen werden kann.

Jetzt ist die richtige Zeit für einen Frühjahrsputz im Haushalt der Gefühle.

Acht Kelche (Waite-Tarot)

23. Februar

54. Tag. 5. Fische-Tag.
Saturn in Fische.

Die Zeit der Fische (und im Horoskop das berühmte 12. Haus) wird mitunter respektlos auch als „Mülleimer" bezeichnet. Damit ist gemeint, daß all das, was im bisherigen Jahreskreis unerledigt, vielleicht vergessen oder verdrängt, vielleicht auch auf „später" vertagt worden ist, jetzt nach Klärung und Bearbeitung ruft!

Saturn, der in dieser Dekade herrscht, wird in der Symbolik auch als „Hüter der Schwelle" verstanden. Dieser Begriff spielt zum einen auf einen astronomischen Sachverhalt an: Saturn war der letzte, der äußerste der in der Antike bekannten Planeten; der äußerste Planet auch, der noch mit bloßem Auge (zu gewissen Zeiten) beobachtet werden kann. Die Planeten jenseits vom Saturn wurden erst in der Neuzeit entdeckt und sind für's bloße Auge unsichtbar. So markiert Saturn die Schwelle zwischen Altertum und Neuzeit, die Grenze der sichtbaren mit der unsichtbaren Welt. Im psychologischen Sinne bedeutet Saturn als „Hüter der Schwelle" die Macht von Gewohnheiten und Tabus.

PERSÖNLICHE TAGESKARTE:

....

....

ERLEBNISSE EREIGNISSE:

....

....

....

....

....

....

....

....

....

....

....

....

5. Tag der ersten Fische-Dekade

24. Februar

55. Tag. 6. Fische-Tag.
Saturn in Fische.

Acht Kelche (Crowley-Tarot)

**PERSÖNLICHE
TAGESKARTE:**

....

....

**ERLEBNISSE
EREIGNISSE:**

....

....

....

....

....

....

....

....

....

....

....

Seelische Gewohnheiten können und müssen jetzt überprüft werden. „Warum so, es geht auch anders?!", diese Frage stellte sich bereits in der letzten Dekade der Wassermann-Zeit. Hier finden wir nun die Fortsetzung davon. Sinnvolle Gewohnheiten sollen bestätigt, sinnlose aufgehoben werden. So entsorgen Sie seelischen „Müll", und Ihre wertvollen Erfahrungen und seelischen Errungenschaften werden entschlackt und von Unwesentlichem befreit.

Innere Einkehr und Rückbesinnung zählen in diesen Tagen. Ein körperliches Fasten kann dies unterstützen (aber auch verpassen, falls die seelische Komponente vernachlässigt wird). Im spirituellen Sinne geht es in der „Fastenzeit" letztendlich nicht um einen Verzicht auf Wichtiges, sondern im Gegenteil um die Konzentration auf Wesentliches. Das Motto für diese Tage lautet: Zur richtigen Zeit das Richtige tun - und auf alles andere verzichten.

Acht Kelche (Waite-Tarot)

25. Februar

56. Tag. 7. Fische-Tag.
Saturn in Fische.

Je mehr im alten Jahr unerledigt geblieben ist, umso mehr kann man in diesen Tagen eine innere Unruhe, ja, eine aufgewühlte Stimmung erleben, wie wir sie sonst vielleicht in einer Vollmondnacht erfahren. Im Zeichen der Fische haben Sie jetzt die besten Voraussetzungen, um sich auch mit großen Emotionen und mit „ozeanischen Gefühlen" auseinanderzusetzen.

Diese großen Gefühle lassen sich nie vollends ergründen oder unter die Kontrolle des Bewußtseins bringen. Aus demselben Grunde wäre es jedoch auch fatal, wenn diese großen Seelenkräfte nur sich selbst überlassen blieben und dem persönlichen Bewußtsein nicht angeschlossen wären. Hier heißt es, schwimmen zu lernen.

Achten Sie, noch genauer als sonst, (auf) Ihre Wünsche und Ängste, und fangen Sie etwas damit an. Finden Sie die richtige Einstellung auch zu solchen Gefühlen, die nicht mehr kalkulierbar und verstandesmäßig faßbar sind! Lernen Sie, sich „wie ein Fisch im Wasser" freizuschwimmen und wohlzufühlen.

PERSÖNLICHE TAGESKARTE:

....

....

ERLEBNISSE EREIGNISSE:

....

....

....

....

....

....

....

....

....

....

7. Tag der ersten Fische-Dekade

26. Februar

57. Tag. 8. Fische-Tag.
Saturn in Fische.

Acht Kelche (Crowley-Tarot)

**PERSÖNLICHE
TAGESKARTE:**

....

....

**ERLEBNISSE
EREIGNISSE:**

....

....

....

....

....

....

....

....

....

....

....

....

„Große Gefühle" betreffen solche
Gefühle und Träume, die zum Beispiel
so weitreichend sind, daß sie sich auf
die gesamte Lebensspanne beziehen.
Bei diesen Gefühlen und Träumen
stecken Sie immer mittendrin. Hier fällt
die Dauer der Deutung zusammen mit
der Lebenszeit! Das bedeutet, hier gibt
es kein Nacheinander. So wie man einen
Menschen nicht erst zur Probe und dann
richtig lieben kann, so können Sie auch
Ihre großen Glaubenseinstellungen oder
Lebensträume nicht erst deuten und
dann leben, sondern beides ereignet
sich zur gleichen Zeit.

Hier sind also Gefühle angesprochen,
die größer sind als Sie selber und für die
Sie dennoch einen selbstbewußten und
kritischen Umgang zu entwickeln
haben.

Acht Kelche (Waite-Tarot)

27. Februar

58. Tag. 9. Fische-Tag.
Saturn in Fische.

Üben Sie, sich freizuschwimmen. Das kann so aussehen, daß Sie tatsächlich sich einmal ins Schwimmbad begeben. Aber vor allem geht es um das „Schwimmen" im übertragenen Sinne: Um den bewußten Umgang mit dem Unbewußten!

Im Meer der großen Gefühle existieren möglicherweise Seeungeheuer und andere unliebsame Wasserwesen. Aber hier befinden sich auch verlorene Schätze, untergegangene Wünsche und Möglichkeiten der eigenen Person. Wir alle besitzen ein „Atlantis", gewisse Werte und Kostbarkeiten, die einst oder im Laufe der Jahre untergegangen sind. Die Fische symbolisieren die Kraft in uns, die am leichtesten und am ehesten zu diesen versunkenen Schätzen hinfindet.

PERSÖNLICHE TAGESKARTE:

....

....

ERLEBNISSE EREIGNISSE:

....

....

....

....

....

....

....

....

....

....

....

9. Tag der ersten Fische-Dekade

28. Februar

59. Tag. 10. Fische-Tag.
Saturn in Fische.

Acht Kelche (Crowley-Tarot)

**PERSÖNLICHE
TAGESKARTE:**

....

....

**ERLEBNISSE
EREIGNISSE:**

....

....

....

....

....

....

....

....

....

....

....

....

- In der Welt der großen Stimmungen, Träume und Gefühle gibt es keinen „Königsweg", der für alle Menschen gleich wäre. Wie ein Fisch nie aus der Distanz über das Wasser reden kann, sondern immer mittendrin ist, so werden Sie jetzt mit wichtigen Lebensthemen konfrontiert. Auf eine sehr persönliche Art und Weise geht es nun viel weiter als üblich hin zu dem, was Ihnen wirklich am Herzen liegt - zumindest ist dies das Angebot, die Gunst der Stunde.
  Die große Chance liegt jetzt darin, daß vormals verdrängte und vergessene Wünsche und Ängste erlöst werden können.

(29. Februar: auf Seite 395)

10. Tag der ersten Fische-Dekade

IX

Neun Kelche (Waite-Tarot)

1. März

60. Tag. 11. Fische-Tag.
Jupiter in Fische.

Die 2. Fische-Dekade, die heute beginnt, steht in einem bemerkenswerten Kontrast zu der vorigen. Während Saturn in der 1. Dekade vor allem die Macht des Bestehenden betont, so unterstreicht Jupiter gerade umgekehrt die Eigenregie, die ureigene Lebensweisheit und die persönlichen Selbstverständlichkeiten. In dieser Konstellation ist es gut möglich, den eigenen Gefühlen mehr zuzutrauen, den persönlichen Glauben weiterzutreiben, als sonst üblich.

Das gleiche dürfen Sie auch von den Menschen in Ihrer Umgebung erwarten, so daß Sie unter Umständen auch damit rechnen müssen, daß unerwartete Konflikte oder überraschende Gemeinsamkeiten mit anderen in dieser Phase zutage treten.

Hüten Sie sich jedoch vor Leichtgläubigkeiten, vor „aalglatter" Unwahrhaftigkeit und „haifischartiger" Gerissenheit.

PERSÖNLICHE TAGESKARTE:

....

....

ERLEBNISSE EREIGNISSE:

....

....

....

....

....

....

....

....

....

....

1. Tag der zweiten Fische-Dekade

2. März

61. Tag. 12. Fische-Tag.
Jupiter in Fische.

Neun Kelche (Crowley-Tarot)

**PERSÖNLICHE
TAGESKARTE:**

....

....

**ERLEBNISSE
EREIGNISSE:**

....

....

....

....

....

....

....

....

....

....

....

Viele Gefühle zu besitzen, ist ein besonderes Geschenk des Lebens - sie auszuleben, eine Kunst. „Die höchste Kunst ist die Lebenskunst" (E. Cassirer).

Manchmal schrecken wir vor dem Reichtum unserer Gefühle zurück. Wir vermeiden es dann, Konsequenzen zu ziehen, bevorzugen das seichte Wasser des Unverbindlichen oder suchen zur Abwechslung unseren Halt in der Steifheit eines festgelegten Glaubenssystems.

Oder wir möchten Widersprüche nicht wahrhaben und hätten es gern, wenn alles auf unser Kommando hört. Die Dinge richtig einzuteilen, wird in diesem Zusammenhang zur besonderen Aufgabe. „Wenn schon, denn schon", „alles oder nichts" - kennen Sie das Gefühl oder die Befürchtung, daß, sobald Sie an einer Stelle anpacken, eine ganze Lawine ausgelöst wird? Lassen Sie sich nicht einschüchtern! Und versuchen Sie nicht, alle anderen in den Schatten zu stellen.

IX

Neun Kelche (Waite-Tarot)

3. März

62. Tag. 13. Fische-Tag.
Jupiter in Fische.

Sie besitzen und benötigen einen weiten inneren Horizont, einen tiefgefächerten seelischen Hintergrund, der Ihnen Rückendeckung zu geben vermag. Betrachten Sie dazu das obige Bild. Das A und O ist hier die Rücksichtnahme auf seelische Bedürfnisse. Das ist ganz bildhaft aufzufassen: Die Bildfigur hat neun Kelche im Rücken. „Hinter dem Rücken" aber ist ein klassischer Ort des Unbewußten. Die Figur in der Bildmitte muß alle Kelche kennenlernen und deren Inhalte sich zu eigen machen.

Es geht hier buchstäblich um die volle Berücksichtigung Ihrer seelischen Bedürfnisse und Erfahrungen. So hüten und schützen Sie sich zugleich vor seelischer Leere wie vor vordergründigen Gefühlen.

PERSÖNLICHE TAGESKARTE:

....

....

ERLEBNISSE EREIGNISSE:

....

....

....

....

....

....

....

....

....

....

....

3. Tag der zweiten Fische-Dekade

4. März

63. Tag. 14. Fische-Tag.
Jupiter in Fische.

Neun Kelche (Crowley-Tarot)

PERSÖNLICHE TAGESKARTE:

....

....

ERLEBNISSE EREIGNISSE:

....

....

....

....

....

....

....

....

....

....

....

....

....

- Je mehr Bedürfnisse Sie erforschen und verstehen, umso wirkungsvoller sind Ihr Rückhalt und Ihre Rückendeckung. Wasser in Kelche, Gefühle in Bedürfnisse überfließen zu lassen, ist die wesentliche Voraussetzung dafür, dem eigenen Seelenleben Fassung und Genugtuung zu verschaffen (vgl. dazu Bild oben).

Wenn Sie jetzt von Gefühlen, Gedanken und Vorstellungen überflutet werden, kommt es darauf an, daß Sie sich freischwimmen, Deiche und Kanäle für Ihr reiches „Wasserleben" bauen.

Wenn Sie, umgekehrt, momentan eher auf dem Trockenen sitzen, dann sollten Sie ein wenig mehr „die Seele baumeln" lassen. Geben Sie Ihren Gefühlen, Ihren Träumen und Stimmungen mehr Spielraum, aber auch mehr praktische Konsequenz. Schützen Sie sich vor allgemeinem Mißtrauen, Aberglauben und Unglauben.

IX

Neun Kelche (Waite-Tarot)

5. März

64. Tag. 15. Fische-Tag.
Jupiter in Fische.

Ein wesentliches Merkmal der Fische ist das der Totalität. Die Fische sind bekanntlich ein Wasserzeichen. Während die anderen Wasserzeichen (Krebs und Skorpion) am und neben dem Wasser leben können, so sind allein die Fische ihrem Element ganz und gar ausgeliefert. Es gibt keinen „objektiven" Betrachterstandpunkt von außerhalb mehr, alles ist relativ (und „relativ" heißt wörtlich zurückbezogen, nämlich auf den jeweiligen Betrachterstandpunkt).

Ein nüchterner, „trockener" und distanzierter Lebensstandpunkt mag für andere Zeichen möglich oder gar notwendig sein - für die Fische wäre er Verrat und Selbstbetrug. Und, astrologisch gesehen, haben wir alle einen Anteil „Fische" in uns. Praktisch gesehen, bleibt festzuhalten, daß der menschliche Körper zu rund 60 - 70 Prozent aus Wasser besteht. Ohne in der „Wasserwelt" heimisch zu werden, würden uns knapp drei Viertel des eigenen Wesens fremd bleiben.

PERSÖNLICHE TAGESKARTE:

....

....

ERLEBNISSE EREIGNISSE:

....

....

....

....

....

....

....

....

....

5. Tag der zweiten Fische-Dekade

6. März

65. Tag. 16. Fische-Tag. Jupier in Fische.

Neun Kelche (Crowley-Tarot)

PERSÖNLICHE TAGESKARTE:

....

....

ERLEBNISSE EREIGNISSE:

....

....

....

....

....

....

....

....

....

....

....

....

● Prüfen Sie in Ihren aktuellen Angelegenheiten, wie Sie sich vor einem falschen Vertrauen schützen und ein berechtigtes Vertrauen stärken können. Der Dreh- und Angelpunkt, um emotional weder auf dem „Trockenen zu sitzen" noch „badenzugehen", ist - die Fähigkeit, Gefühle und Bedürfnisse zu verstehen.

So lernen Sie es, eigene und andere Gefühle zu deuten und zu akzeptieren... Das Schöne daran: Liebe ist dann nicht länger ein Geschenk nur in gelegentlichen Phasen der Verliebtheit. Liebe wird dadurch zum ständigen Wegbegleiter, zur allgegenwärtigen Tatsache, ja, zur Verwirklichung jener schönen Maxime, die für die „Fische in uns" so typisch sein kann: „Jeden mit Glück zu erfüllen, auch sich selbst, das ist gut" (aus dem Theaterstück „Der gute Mensch von Sezuan").

IX

Neun Kelche (Waite-Tarot)

7. März

66. Tag. 17. Fische-Tag.
Jupiter in Fische.

Der rote Faden für das Verständnis eigener und fremder Gefühle besteht in der Klärung von persönlichen Wünschen und Ängsten. Solange Sie auf diesem Weg vorankommen, nützt Ihnen jeder Schritt, auch jeder scheinbare Umweg. Und umgekehrt, auch noch so schöne Erfolge und Errungenschaften bleiben im persönlichen, emotionalen und spirituellen Sinne wertlos, wenn jener rote Faden fehlen sollte.

In den klassischen Psychotherapien ist Verstehen gleich Heilung. Die Aufklärung, Erfüllung bzw. Aufhebung von Wünschen und Ängsten (eigenen und anderen) ist der Weg zur Heilung der Gefühle.

PERSÖNLICHE TAGESKARTE:

....

....

ERLEBNISSE EREIGNISSE:

....

....

....

....

....

....

....

....

....

....

....

7. Tag der zweiten Fische-Dekade

8. März

67. Tag. 18. Fische-Tag.
Jupiter in Fische.

Neun Kelche (Crowley-Tarot)

**PERSÖNLICHE
TAGESKARTE:**

....

....

**ERLEBNISSE
EREIGNISSE:**

....

....

....

....

....

....

....

....

....

....

....

- Heute ist der Internationale Frauentag. Obwohl er aus anderen Gründen eingeführt wurde, spiegelt sich in diesem Tag sehr gut die Tatsache, daß im Zeichen der Fische die Venus erhöht ist (astrologisch regiert die Venus in den Zeichen Stier und Waage, aber erhöht, d.h. am mächtigsten ist sie in den Fischen).
- Im Zeichen der Fische bietet sich die besondere Gelegenheit, große Gefühle zu klären und damit seelische Wunden zu heilen und der Liebe eine neue Chance zu geben. Das alles paßt gut zur „Venus", die sowohl als Liebesgöttin wie auch als Symbol der Weiblichkeit bekannt ist. So gibt der heutige Tag Anlaß, die eigenen Erfahrungen als Frau und/oder mit Frauen zu vergegenwärtigen und wie in einem Brennpunkt einmal besonders deutlich zu versammeln.
- Vielleicht gilt es, bestimme Auseinandersetzungen zu führen. Vielleicht gilt es auch, die Frau, - Freundin, Geliebte, Tochter, Mutter usw. -, die man immer gern gehabt hätte, für sich selber zu sein!

IX

Neun Kelche (Waite-Tarot)

9. März

68. Tag. 19. Fische-Tag.
Jupiter in Fische.

Mit heute sind es noch 12 Tage, bis der Jahreskreis sich schließt und Sie einen „neuen Frühling" miterleben können. Wenn Sie den äußeren Wechsel der Jahreszeit als inneren, persönlichen Wandel nachvollziehen, werden Sie Abschied und Neuanfang erleben. Dabei werden Sie sich bemerkenswerterweise sowohl erfahrener wie auch verjüngter wiederfinden.

Um diesen Wandel zu erleben, ist es jetzt wichtig, eine Art Wunschzettel für sich anzulegen. Notieren oder merken Sie sich (12) wichtige Wünsche oder Ängste, von Ihnen und/oder Ihren Mitmenschen. Setzen Sie sich konkrete Ziele. Stellen Sie fest, welche Unterstützung Sie für Ihre Bedürfnisse gewinnen und für welche Bedürfnisse von anderen Sie mehr Verständnis aufbringen können.

PERSÖNLICHE TAGESKARTE:

....

....

ERLEBNISSE EREIGNISSE:

....

....

....

....

....

....

....

....

....

....

....

9. Tag der zweiten Fische-Dekade

10. März

69. Tag. 20. Fische-Tag. Jupiter in Fische.

Neun Kelche (Crowley-Tarot)

PERSÖNLICHE TAGESKARTE:

....

....

ERLEBNISSE EREIGNISSE:

....

....

....

....

....

....

....

....

....

....

....

● In der jetzigen Konstellation liegt viel daran, daß Sie eine größere Verantwortung übernehmen. Für sich und für alle Menschen und Lebewesen, die in Ihrem Leben eine Rolle spielen. Eine Verantwortung für Glück und Wohlergehen.

Verzichten Sie auf ein schmalspuriges Glück. „Glück ist keine Glückssache", sondern es hängt mit Sicherheit damit zusammen, daß Sie wichtige Wünsche erfüllen und wesentliche Ängste aufheben.

Starten Sie jetzt dazu konkrete Schritte. Das ist jetzt Ihre Verantwortung. Es gibt zur Zeit nichts Wichtigeres.

Zehn Kelche (Waite-Tarot)

11. März

70. Tag. 21. Fische-Tag.
Mars in Fische.

Die 3. Fische-Dekade eröffnet heute die letzte Dekade des Jahreskreises überhaupt. Mars, der Herrscher dieser Dekade, verleiht Ihnen lebhafte Kräfte, wenn Sie jetzt daran gehen, noch offene Fragen zu klären und Ihren Wunschzettel vom 9.3. zu realisieren. Wenn aber Personen oder Ereignisse in den nächsten Tagen mit recht überraschender, unmittelbarer Energie auf Sie einstürmen, dann wissen Sie, daß auch das ein symbolisches Walten des Mars ist. Der „Mars" wird uns in den nächsten Tagen und Wochen begleiten. Er ist Herrscher sowohl der letzten Dekade der Fische wie auch der ersten Dekade des Widders. Somit bestimmt der Mars zwei Dekaden hinereinander - ein einmaliger Vorgang im gesamten Jahreskreis.

Der astrologische Mars wird im übrigen leicht falsch verstanden, wenn man bei ihm nur an das Martialische, an das Kriegerische denkt. Mars ist in erster Linie Frühlingsgott. Für Sie bedeutet dies: Nicht warten, sondern starten!. Nutzen Sie diese Dekade, um einige Herzensangelegenheiten wirklich voranzubringen.

PERSÖNLICHE TAGESKARTE:

....

....

ERLEBNISSE EREIGNISSE:

....

....

....

....

....

....

....

....

....

....

12. März

71. Tag. 22. Fische-Tag.
Mars in Fische.

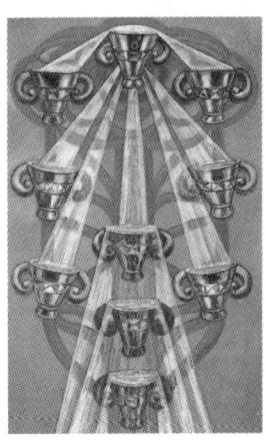

Zehn Kelche (Crowley-Tarot)

PERSÖNLICHE
TAGESKARTE:

....

....

ERLEBNISSE
EREIGNISSE:

....

....

....

....

....

....

....

....

....

....

....

....

- Noch neun Tage, einschließlich des heutigen, bis zum Abschluß des Winters.
  Der Name des Monats März geht auf den römischen Mars zurück. Mars war in ältester Zeit ein Gott, der Schaden von den Saaten abwehrte und den Herden Fruchtbarkeit schenkte. Seine Aufgabe war es in diesem Zusammenhang, die Fluren vor feindlicher Verwüstung zu schützen, und so wird Mars auch zum Kriegsgott. Das Hauptmerkmal des Mars' in der römischen Mythologie ist jedenfalls, daß er Ausdruck und zugleich Schutzpatron eben jenes Wachstums und jener Lebenskraft ist, die im Grund immer vorhanden sind, im Frühling aber besonders augenfällig hervortreten.
  Das heißt praktisch: Sorgen Sie dafür, daß nicht unerfüllte Wünsche und überflüssige Ängste Sie jetzt an einer Teilnahme am Frühlingserwachen hindern!

X

13. März

72. Tag. 23. Fische-Tag.
Mars in Fische.

Zehn Kelche (Waite-Tarot)

Trotz und wegen des auf den ersten Blick so harmonischen Eindrucks stellt das obige Bild sehr machtvolle Energien dar. Rot und blau, männliche und weibliche Energien, Erwachsenenleben und Kinderwelt, Kultur und Natur - all dies bringt hier eine Verquickung oder Verschmelzung von Wille und Seele (Feuer und Wasser) zum Ausdruck.

Es kann sich dabei sehr wohl um eine wünschenswerte Ergänzung und beiderseitige Zusammenarbeit handeln. Möglicherweise aber auch um die Verschmelzung der Triebkraft des Feuers mit der Gefühlsstärke des Wassers zu einer gleichsam überbordenden und nicht leicht zu handhabenden Emotionalität.

Ob Sie es mögen oder nicht, jetzt ist es Zeit, seelische, psychische und spirituelle Leidensgeschichten anzunehmen und kühnen Leidenschaften beherzt ins Auge zu schauen. Sie werden sich dabei umso sicherer fühlen, als Sie unterscheiden können, ob und wieweit Sie sich und anderen trauen können.

PERSÖNLICHE TAGESKARTE:

....

....

ERLEBNISSE EREIGNISSE:

....

....

....

....

....

....

....

....

....

....

3. Tag der dritten Fische-Dekade

14. März

73. Tag. 24. Fische-Tag.
Mars in Fische.

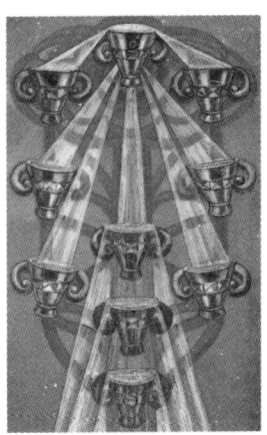

Zehn Kelche (Crowley-Tarot)

PERSÖNLICHE
TAGESKARTE:

....

....

ERLEBNISSE
EREIGNISSE:

....

....

....

....

....

....

....

....

....

....

....

....

Noch sieben Tage, inklusive heute, bis zum Ende des laufenden Jahreskreises. Wenn Ihre großen Gefühle und Emotionen sich in angenehmer Weise entfalten können sollen, müssen Sie aufgehoben sein - „aufgehoben" im mehrfachen Sinne von Aufhebung als gleichzeitiger Bewahrung, Beendigung und Erhöhung; auch dies symbolisieren die zehn Kelche im Regenbogen. Beide auf dieser Doppelseite wiedergegebenen Darstellungen der Karte „Zehn Kelche" machen deutlich: Die großen Emotionen zu befriedigender Erfüllung zu führen, dies ist eine „Kulturarbeit", ein Gesamtkunstwerk, in dem Sie selbst mittendrin stehen. Dies gleicht einer Landschaftsgestaltung, einer Ökologie der Seele und der praktischen Spiritualität! Je mehr Sie den persönlichen Erwartungshorizont (für sich und von anderen) abklären, umso mehr steht Ihnen der „Himmel" weit offen.

Zehn Kelche (Waite-Tarot)

15. März

74. Tag. 25. Fische-Tag.
Mars in Fische.

Wenn nicht schon vorher, so wird spätestens jetzt in den letzten Fische-Tagen und unter dem Einfluß des Mars deutlich, daß die Vorstellung, „Fische" müßten immer passiv, schwach, kühl usw. sein, ins Reich der Legenden zu verweisen ist. Weder Zurückgezogenheit noch Passivität oder Schwäche ist das entscheidende Charakteristikum dieses Tierkreiszeichens. Nicht die Passivität, sondern die Passion! Die Passionen der Seele sind hier Thema. Große Leidensgeschichten, aber auch ebenso mächtige Leidenschaften.

Die Passionszeit, die im christlichen Ritus in der Karwoche dem Osterfest vorausgeht, entspricht symbolisch exakt der letzten Fische-Dekade, die dem Frühlingsanfang vorhergeht. Wenn Sie unerwünschte Passionen beenden und/oder sich ein Herz fassen möchten, um sich zu gewissen Passionen zu bekennen, - dann tun Sie es jetzt!

PERSÖNLICHE TAGESKARTE:

....

....

ERLEBNISSE EREIGNISSE:

....

....

....

....

....

....

....

....

....

....

....

5. Tag der dritten Fische-Dekade

16. März

75. Tag. 26. Fische-Tag. Mars in Fische.

Zehn Kelche (Crowley-Tarot)

PERSÖNLICHE TAGESKARTE:

....

....

ERLEBNISSE EREIGNISSE:

....

....

....

....

....

....

....

....

....

....

....

....

....

- Es gibt Erfahrungen der Weisheit, der Liebe und des Glücks, die Sie nur erleben, wenn Sie sich mit Ihrer ganzen Existenz einbringen und sich dem anvertrauen, woran Sie hängen. Es kündet eben nicht von passiver Schwäche, sondern von passionierter, handlungsstarker Lebenskraft, wenn man sich denjenigen Auffassungen, welche man nicht wissen, sondern an die man nur glauben kann, nach Prüfung des Wenn und Aber - restlos anvertrauen kann.

Trau, schau wem: Prüfen Sie sich selber, Ihre Freunde und Ihre Feinde. Stellen Sie Ihre Glaubensvorstellungen von Zeit zu Zeit regelrecht auf den Kopf, damit Sie sie auf Herz und Nieren prüfen können. Wenn dies geschehen ist, zögern Sie nicht länger: Hängen Sie sich an das, woran Sie glauben, und glauben Sie an das, woran Ihr Herz hängt.

Zehn Kelche (Waite-Tarot)

17. März

76. Tag. 27. Fische-Tag.
Mars in Fische.

Im Zeichen der Fische ist es besonders wichtig, den richtigen Dingen zu trauen. Dazu paßt es auch, wenn das obige Bild als Hochzeit und Trauung gedeutet wird. Eine Hochzeit können wir aber, genaugenommen, nicht nur einmal (oder einige wenige Male) im Leben feiern: Eine „Hoch-Zeit", eine hohe Blüte des Lebens und ein Leben auf einem hohen Energieniveau, können Sie heute und an sehr vielen Tagen erleben. Machen Sie sich dazu bereit!

Man soll sich eben wieder und wieder „trauen": Sich und anderen vertrauen; sich selbst und den Mitmenschen etwas zutrauen und anvertrauen; sich mit vielen verbünden und mit einigen verbinden; mit allen und allem, was das Herz bewegt, einen Bund für's Leben schließen!

PERSÖNLICHE TAGESKARTE:

....

....

ERLEBNISSE EREIGNISSE:

....

....

....

....

....

....

....

....

....

....

7. Tag der dritten Fische-Dekade

18. März

77. Tag. 28. Fische-Tag. Mars in Fische.

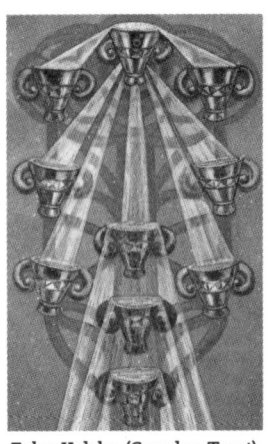

Zehn Kelche (Crowley-Tarot)

Nur drei Tage noch bis zum Abschluß der Fische, des Winters und des Jahreskreises. Wie steht es um die Wünsche und Ängste, die Sie erledigen wollten (siehe 9.3.)? Fassen Sie Ihre Träume ins Auge. Vergegenwärtigen Sie sich, welche Emotionen im Spiele sind. Ihre Bereitschaft, mit Beziehungen und Situationen kreativ umzugehen, ist es, die Ihre Sehnsucht erfüllt. Sie erleben Freuden, die Sie scheinbar wie Geschenke erhalten, die aber im Endeffekt Ihr Werk sind, Ergebnis Ihrer Bereitschaft, offen zu sein und zu empfangen.

Konsequent in den eigenen Gefühlen und seelischen Bedürfnissen zu sein, heißt auch offen zu sein, für das, was größer ist, als Sie selber.

Zehn Kelche (Waite-Tarot)

19. März

78. Tag. 29. Fische-Tag. Mars in Fische.

Zwei Tage zählt noch der jetzige Jahreskreis. Treffen Sie Ihre Vorbereitungen, um den Übergang in den neuen Kreis des Lebens zu einem persönlichen Erlebnis zu gestalten. Treten Sie bewußt durch die Pforte zwischen alter und neuer Zeit.

Geeignete Wünsche und berechtigte Ängste sollen bewahrt werden. Unfruchtbare Gefühle wollen beendet und unbewußte Emotionen sollen deutlicher und greifbar gemacht werden. Sexuelle und Liebeswünsche, aber auch Bedürfnisse nach Macht und Eroberung können dabei eine große Rolle spielen. Berücksichtigen Sie sie - bei Ihnen und bei anderen...

PERSÖNLICHE TAGESKARTE:

....

....

ERLEBNISSE EREIGNISSE:

....

....

....

....

....

....

....

....

....

....

....

9. Tag der dritten Fische-Dekade

20. März

79. Tag. 30. Fische-Tag.
Mars in Fische.

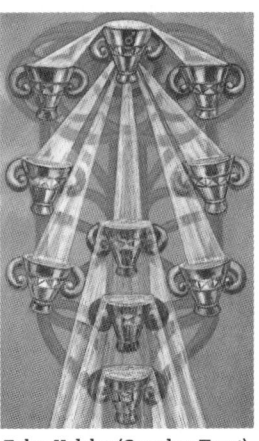

Zehn Kelche (Crowley-Tarot)

**PERSÖNLICHE
TAGESKARTE:**

....

....

**ERLEBNISSE
EREIGNISSE:**

....

....

....

....

....

....

....

....

....

....

....

....

Heute heißt es Abschied nehmen. Endgültiger Abschied vom alten Jahr und vom letzten Abschnitt vom Jahreskreis. Abschied auch von der Vorstellung, nur weil etwas zu Ende gehe, müßte es auch schon ein Happy-End geben. Schließlich auch ein Abschied von der Vorstellung, Sie könnten alle wesentlichen Gefühle oder Geschehnisse auf Dauer „in den Griff" bekommen.

Was zählt, das bleibt, auch wenn es nicht perfekt sein sollte. Oder anders ausgedrückt: Alles was wesentlich ist und von bleibendem Wert, das ist in irgendeiner Weise auch gelungen und vollkommen.

Haben sie den Mut, um das Versäumte und Fehlende zu trauern. Und entwickeln Sie die Kraft, den wirklichen Erfahrungen, die Sie und andere gemacht haben, zu trauen. So öffnen Sie auch emotional die Tür, um sich mit Begeisterung und Bewußtsein auf die kommenden neuen Erfahrungen einzulassen.

---

10. Tag der dritten Fische-Dekade

Widder

21.3. - 20.4.

Empfohlene Auslage
„Mut zur Lücke"

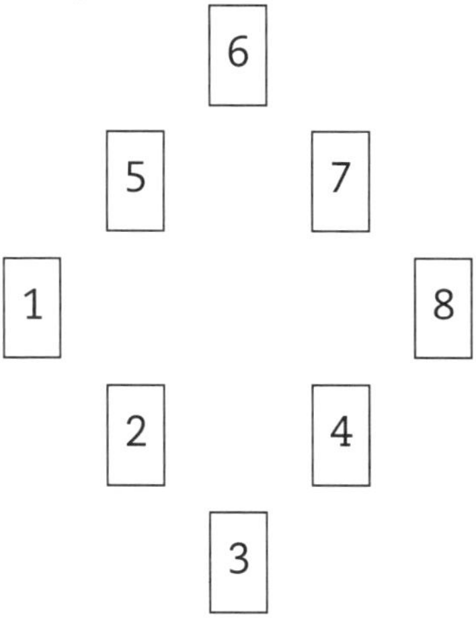

```
                6

         5            7

   1                       8

         2            4

                3
```

1 - Das ist möglich
2 - Das ist wichtig
3 - Das ist mutig
4 - Das ist nichtig

5 - Das ist nötig
6 - Das ist heiter
7 - Das ist witzig
8 - Das führt weiter

Die Dekaden
1. Dekade 21. - 31.3.
Mars in Widder
Tarot-Karte „Zwei Stäbe"
Widder wartet nicht, er startet. Mars kann große Energien einteilen und freisetzen.

2. Dekade 1. - 10.4.
Sonne in Widder
Tarot-Karte „Drei Stäbe"
Widder läßt sich von Grenzen anspornen und will Neuland entdecken. Für Sonne sorgen Geist und Bewußtsein.

3. Dekade 11. - 20.4.
Venus in Widder
Tarot-Karte „Vier Stäbe"
Venus in Widder - das ist schon fast die Quadratur des Kreises.

99

21. März

80. Tag. 1. Widder-Tag. Mars in Widder.

Zwei Stäbe (Waite-Tarot)

PERSÖNLICHE
TAGESKARTE:

....

....

ERLEBNISSE
EREIGNISSE:

....

....

....

....

....

....

....

....

....

....

....

In der Tag- und Nachtgleiche am 20./21.3. beginnt mit dem Frühling zugleich ein neuer Zyklus des Jahreskreises. Startzeichen ist der Widder. Dieser besitzt eine besondere Beziehung zur „Stunde Null". Das historische Widder-Zeitalter endete symbolisch mit der großen Zeitenwende, mit dem Jahr Null vor fast 2000 Jahren. Und in jedem Jahr eröffnet der Widder bei Nullgrad des Zodiaks (des Tierkreises) eine neue Runde des Jahreslaufes. „...und jedem Anfang wohnt ein Zauber inne, der uns beschützt und der uns hilft zu leben" (Hermann Hesse).

Erfahren Sie jetzt diesen speziellen Zauber des Anfangs. Lassen Sie sich bewegen, und setzen Sie sich und Ihre Mitmenschen neu in Bewegung.

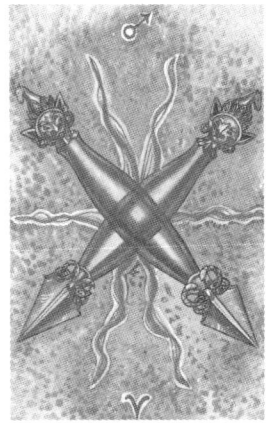

Zwei Stäbe (Crowley-Tarot)

22. März

81. Tag. 2. Widder-Tag.
Mars in Widder.

Die Faszination, die der Frühlingsanfang und die besondere Startkraft des Widders ausstrahlen, sind zugleich ein Spiegel für alle Formen von Geburt und Neuanfang. Jede Geburt und jede Geburtstagsfeier geben diese Faszination ebenfalls wieder, genauso das Osterfest, das in christlicher Auffassung das höchste Fest des Jahres darstellt.

Und auch die Astrologie als solche legt besonderes Zeugnis davon ab, welche Wucht und Wichtigkeit eine jede Anfangsphase beinhaltet. Denn der größte Teil der Horoskope wird nun einmal auf den Geburtsmoment berechnet.

Lösen Sie sich von Vorerfahrungen und eventuellen Vorbildern. Jede Stunde Null geht über die bisherigen Tatsachen hinaus. Bauen Sie Hindernisse ab, und bahnen Sie sich Ihren Weg.

PERSÖNLICHE TAGESKARTE:

....

....

ERLEBNISSE EREIGNISSE:

....

....

....

....

....

....

....

....

....

....

....

2. Tag der ersten Widder-Dekade

23. März

82. Tag. 3. Widder-Tag.
Mars in Widder.

Zwei Stäbe (Waite-Tarot)

**PERSÖNLICHE
TAGESKARTE:**

....

....

**ERLEBNISSE
EREIGNISSE:**

....

....

....

....

....

....

....

....

....

....

....

....

Der Frühlingsanfang und die erste Widder-Dekade stellen den „Anfang des Anfangs" dar, einen Ur-Anfang, in dem sich möglicherweise auch Freuden und Leiden aus ganz anderen Geburtserfahrungen wiederholen. Wie schwierig dabei ein wirklicher Neuanfang sein kann, macht zum Beispiel ein Vergleich der jetzigen Stunde Null mit einem Raketenstart deutlich:

Jahrelange Vorbereitungen gehen dem Start voraus, wochen- oder tagelang läuft der Count-down, und wenn die Zündung glückt, zählen die ersten Sekunden der Startphase immer noch zu den kritischsten Momenten der gesamten Reise...

Lassen Sie sich also nicht einschüchtern. Schauen Sie, was kommt. Behalten Sie den Überblick, und legen Sie los.

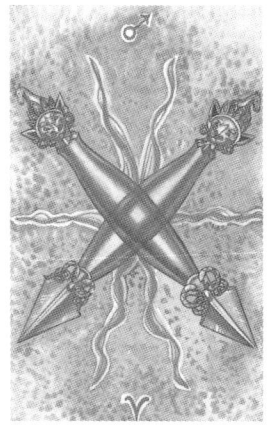

Zwei Stäbe (Crowley-Tarot)

24. März

83. Tag. 4. Widder-Tag.
Mars in Widder.

Ein glücklicher Start hängt davon ab, daß Sie zur richtigen Zeit „Mut zur Lücke" aufbringen - und in diese Lücke hineingehen. Große Aufgaben wollen jetzt in „kleine", handhabbare Stücke geteilt werden! Vermeiden Sie Stückwerk. Es kommt vielmehr darauf an, daß Sie Ihr Feuer, widersprüchliche Motive und Ziele, machtvolle Instinkte, unmittelbare und langfristige Aufgaben sich einteilen, um sie mit Erfolg in die Hand zu nehmen.

PERSÖNLICHE TAGESKARTE:

....

....

ERLEBNISSE EREIGNISSE:

....

....

....

....

....

....

....

....

....

....

....

....

....

4. Tag der ersten Widder-Dekade

25. März

84. Tag. 5. Widder-Tag.
Mars in Widder.

Zwei Stäbe (Waite-Tarot)

**PERSÖNLICHE
TAGESKARTE:**

● Jede „Stunde Null" hat nicht nur ihre
● Voraussetzungen, sie ist zugleich ohne
● Beispiel.

....

....

**ERLEBNISSE
EREIGNISSE:**

....

....

....

....

....

....

....

....

....

....

....

....

....

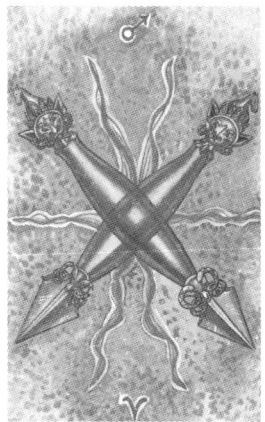

Zwei Stäbe (Crowley-Tarot)

26. März

85. Tag. 6. Widder-Tag.
Mars in Widder.

In diesen Tagen besitzen Sie und brauchen Sie Vertrauen auf die eigene Kraft. Studieren Sie eigene und fremde Absichten. Unterscheiden Sie die beteiligten Kräfte und Interessen. Und arbeiten Sie, Stück für Stück, mit den eigenen und den fremden Energien...

Lassen Sie sich nicht in eine Zwickmühle treiben. Der Ball liegt bei Ihnen. Warten Sie so lange, bis sich Ihre Sicht der Dinge rundet und Ihr Entschluß feststeht. Dann zögern Sie nicht länger. Bringen Sie Ihren Ball ins Spiel. Handeln Sie mit ganzer Macht!

PERSÖNLICHE TAGESKARTE:

....

....

ERLEBNISSE EREIGNISSE:

....

....

....

....

....

....

....

....

....

....

6. Tag der ersten Widder-Dekade

27. März

86. Tag. 7. Widder-Tag.
Mars in Widder.

Zwei Stäbe (Waite-Tarot)

PERSÖNLICHE TAGESKARTE:

....

....

ERLEBNISSE EREIGNISSE:

....

....

....

....

....

....

....

....

....

....

....

- In Ihren aktuellen Fragen entwickelt sich etwas Neues, das nur Sie entdecken können.

  Zugleich geht es in diesen Tagen auch um die Erfahrung, überhaupt in mancher Hinsicht die Erste oder der Erste zu sein! So, wie z.B. der Steinbock die Erfahrung vermitteln kann, der oder die Einzige zu sein, und wie dem Tierkreiszeichen Krebs der oder die Einzelne besonders nahesteht, - so ist der Widder mit allen Erscheinungsformen des Ersten verbunden (z.B. der/die Erstgeborene, der Primus, der oder die Anfänger/in, der Aszendent, der Entdecker, die Urheberin usw.).

  Jeder Mensch besitzt gewisse Qualitäten, die absolut neu sind. Achten Sie in diesen Tagen besonders darauf.

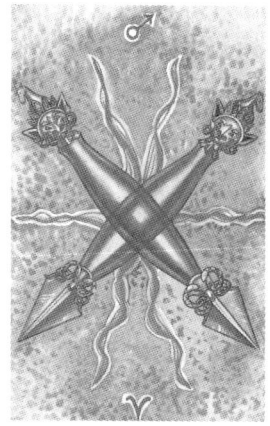

Zwei Stäbe (Crowley-Tarot)

28. März

87. Tag. 8. Widder-Tag. Mars in Widder.

„Aller Anfang ist schwer", weiß der Volksmund. Und tatsächlich ist es nicht immer leicht, Pionier zu sein, den ersten Schritt zu tun, Neuland zu betreten usw. Dahinter stecken jedoch ein größeres Problem und eine tiefere Wahrheit: Jeder Mensch ist ein Archetyp. - Archetypen sind zum einen Urbilder, seelische Muster und kollektive Vorstellungen, die zum Teil aus antiken Zeiten stammen und bis heute unser persönliches Seelenleben prägen. Archetyp bedeutet vom griechischen Wort her aber auch: Selber Urheber oder Urheberin zu sein, eben der oder die Erste auf einem bestimmten Terrain.

Erst seit wenigen Jahrzehnten spricht man von einer „Massengesellschaft von Individuen". Erst seitdem das Individuum zu einer massenhaften Tatsache geworden ist, ist klar, daß diese Befähigung und diese Aufgabe - nämlich, selber Urheber zu sein - nicht nur für wenige Künstler, Erfinder und Eingeweihte gilt; sondern vielmehr für uns alle, sofern wir als Individuum jeweils ohne Beispiel und Vorbild sind!

PERSÖNLICHE TAGESKARTE:

....

....

ERLEBNISSE EREIGNISSE:

....

....

....

....

....

....

....

....

....

....

....

8. Tag der ersten Widder-Dekade

29. März

88. Tag. 9. Widder-Tag. Mars in Widder.

Zwei Stäbe (Waite-Tarot)

PERSÖNLICHE TAGESKARTE:

....

....

ERLEBNISSE EREIGNISSE:

....

....

....

....

....

....

....

....

....

....

....

....

● Nur wer auch Anfänger/in sein kann, lernt ein bestimmtes Metier zu beherrschen. Denn erst wenn Sie nicht nur in ausgetretenen Spuren wandeln, sondern auch einen eigenen Zugang zu einer Person, zu einer Sache oder Frage finden, besitzen Sie ein persönliches Verhältnis zu Ihrem Gegenüber, worin der oder die Andere ebenso enthalten ist wie Ihre spezifische Sicht der Dinge.

Der wahre Meister ist also immer auch Anfänger. Anfänger zu sein heißt u.a., mit sich selber sowie mit anderen etwas anfangen zu können!

Neues zu starten, erlaubt und verlangt jetzt von Ihnen, sich selber und Ihr Gegenüber in einer bestimmten Weise neu zu sehen und zu behandeln.

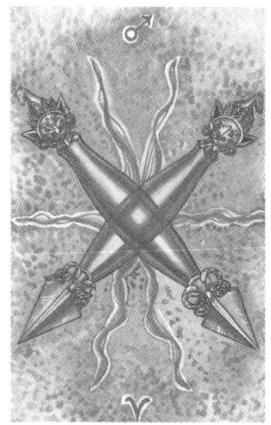

Zwei Stäbe (Crowley-Tarot)

30. März

89. Tag. 10. Widder-Tag.
Mars in Widder.

Die Kunst des Widders erschöpft sich nicht darin, Neuland zu entdecken oder zu erobern; vielmehr versteht er es auch, bisher unbekannte Lebensmöglichkeiten ausfindig zu machen. Was vorher vielleicht aussah wie ein ferner Stern, was vielleicht unter Tage oder unter Wasser lag wie ein versunkenes Atlantis, was zunächst chaotisch oder wie eine Mondlandschaft wirkte; - dies und manches mehr vermag der Widder in Ihnen gangbar zu machen, zu erschließen und zu genießen.

„Wo bisher Dunkelheit war, soll Licht werden; die Wüste wandelt sich in einen Garten", diese bildhaften Umschreibungen aus der christlichen Osterfeier betreffen jede/n ganz persönlich. Jenes Neuland, das es zu entdecken und zu erkunden gilt, sind wir stets auch selber!

PERSÖNLICHE TAGESKARTE:

....

....

ERLEBNISSE EREIGNISSE:

....

....

....

....

....

....

....

....

....

....

....

10. Tag der ersten Widder-Dekade

31. März

90. Tag. 11. Widder-Tag. Mars in Widder.

Zwei Stäbe (Waite-Tarot)

PERSÖNLICHE TAGESKARTE:

....

....

ERLEBNISSE EREIGNISSE:

....

....

....

....

....

....

....

....

....

....

....

....

- Die Wüste in einen Garten verwandeln - das ist die eine Berufung des Widders - und Ihre besondere Chance in diesen Tagen.
- Auf der anderen Seite ist die Wüste jedoch auch der symbolische Ort, wo Sie mit sich selbst identisch sind oder werden. Das Fehlen äußerer Vorbilder, Beispiele und Spiegelbilder wirft Sie auf Sie selbst zurück. In die „Wüste" zu gehen bedeutet in dem Sinne weder Verzicht noch Askese, sondern in der eigenen Identität zu leben, ohne Bestätigung, Echo, Kritik oder Ansporn von außen, - und nichts anderes als sich selbst und die Kraft des Universums zu spüren.
- Auch in dieser Weise wird das Thema der Widder-Zeit und des Frühlingsanfangs deutlich: Selber Archetyp, nämlich selber Urheber und Urheberin sein.
- „Die Wüste lebt!" Handeln Sie in Ihren aktuellen Fragen auch ohne Vorbild, in eigener Verantwortung und in eigenem Auftrag!

Drei Stäbe (Waite-Tarot)

1. April

91. Tag. 12. Widder-Tag. Sonne in Widder.

Nach 21 Tage in Folge mit dem Mars als Dekaden-Herrscher tritt nun die Sonne ihre Regentschaft in der 2. Widder-Dekade an. Jetzt konkretisiert und verdichtet sich noch einmal all das, was schon mit dem Frühlingsanfang verbunden ist: Ostern und der Anfang der Sommerzeit - zwei Feste und Anlässe, die den „Sieg" der Sonne feiern - haben hier ihren symbolischen Ort.

Der Name „April" stammt vom lateinischen Wort aperire - öffnen. Vom römischen Dichter Ovid wurde der April als der Monat besungen, der die Erde, die Knospen und die Blüten ebenso öffnet wie die Herzen der Menschen... Ältere Bezeichnungen für den April heißen „Launing" (der Launische) und „Ostermond".

Die „Aprilscherze" stehen symbolisch u.a. für das Unberechenbare, das Launische und für das Unvergleichliche, das typisch ist für die Stunde des Anfangs. Stellen Sie sich insgesamt auf eine Phase verstärkter Aktivitäten ein. Überraschen Sie sich und andere mit neuen Erlebnissen, neuen Vorschlägen und Projekten.

PERSÖNLICHE TAGESKARTE:

....

....

ERLEBNISSE EREIGNISSE:

....

....

....

....

....

....

....

....

....

....

....

1. Tag der zweiten Widder-Dekade

2. April

92. Tag. 13. Widder-Tag. Sonne in Widder.

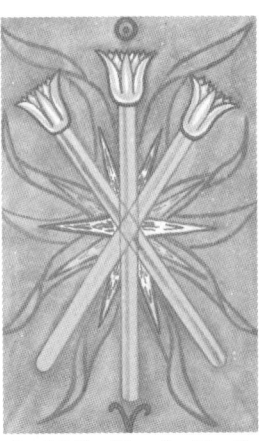

Drei Stäbe (Crowley-Tarot)

PERSÖNLICHE TAGESKARTE:

....

....

ERLEBNISSE EREIGNISSE:

....

....

....

....

....

....

....

....

....

....

....

- In der Osternacht werden Feuer entzündet und Osterkerzen geweiht. „Das Licht besiegt die Dunkelheit".
- Das Leben, und nicht der Tod, ist die letzte Antwort; das Leben ist stärker als der Tod.
- Ostern ist das A und das O.
- Sie können lange tot sein, bevor Sie sterben, und Sie können lange leben, auch nachdem Sie gestorben sind. Jede und jeder trägt eine „Sonne" in sich, einen Seelenfunken, der einen Bruchteil und doch auch ein Ebenbild der einen Sonne darstellt! Es kommt nur darauf an, sich diesen „Funken der Begeisterung" bewußtzumachen, wachzuwerden und aufzustehen... Auch dazu feiern wir heute noch Ostern, das Fest der Morgenröte, der Passion und der Auferstehung.
- Was heißen „Ostern und Auferstehung" für Sie persönlich?

Drei Stäbe (Waite-Tarot)

3. April

93. Tag. 14. Widder-Tag. Sonne in Widder.

Das Wort Ostern wird meist von der germanischen Frühlingsgöttin „Ostara" abgeleitet, deren Name mit „Osten" und daher auch mit dem Morgen zusammenhängt. Wie die babylonische Göttin Ischtar, die römische Flora und die ägyptische Isis ist auch sie ein Sinnbild für die vegetative, lebendige Natur.

Der Osterhase und die Ostereier sind seit der Antike schon als Symbole der Fruchtbarkeit bekannt. Das Ei selber dabei ist ein uraltes Symbol des wiederkehrenden Lebens, also der Wiedergeburt.

Neben aktuellen Dingen, die Sie jetzt entdecken oder starten, lohnt es sich, einmal die Frage zu bedenken: Was will Ihnen die religiöse Überlieferung eigentlich damit sagen, wenn sie von der Überwindung oder der Aufhebung des Todes spricht??

PERSÖNLICHE TAGESKARTE:

....

....

ERLEBNISSE EREIGNISSE:

....

....

....

....

....

....

....

....

....

....

3. Tag der zweiten Widder-Dekade

4. April

94. Tag. 15. Widder-Tag.
Sonne in Widder.

Drei Stäbe (Crowley-Tarot)

PERSÖNLICHE TAGESKARTE:

....

....

ERLEBNISSE EREIGNISSE:

....

....

....

....

....

....

....

....

....

....

....

....

- Schon von den Zahlen her ein interessanter Tag, heute: Der 4.4. reizt - wie alle diese Doppelungen (vgl. besonders auch 2.2. und 11.11.) - zu aufmerksamer Beachtung und besonderer Erinnerung.
  Daß das Leben und nicht der Tod die letzte Antwort ist - das ist keine Glaubensfrage und nicht nur eine Überlieferung des Christentums. Für den Widder, diese Symbolfigur des Archetyps und des Anfangs, stellt es sein Lebensprinzip dar, etwas zu beginnen, (mit sich) selber etwas anzufangen und das Leben zu erneuern! Die einfache oder vegetative Natur kennt den Wechsel von Tod und Geburt, auch da ist der Tod nicht die letzte Antwort, doch es bleibt beim permanenten Wechsel zwischen den beiden großen Polaritäten. Anders der Mensch - er stellt einen Teil der Natur dar, worin die Natur sich ihrer selbst bewußt werden kann. Als bewußte Natur vermag es der Mensch, Tod und Geburt auf einer höheren Stufe zu verstehen und aufzuheben. Gemeint ist damit die bewußte Liebe zu allem, was lebt, was in Ihnen selber, in allen Mitmenschen und Mitlebewesen lebendig ist...

---

4. Tag der zweiten Widder-Dekade

Drei Stäbe (Waite-Tarot)

5. April

95. Tag. 16. Widder-Tag.
Sonne in Widder.

Heute ist Halbzeit und Bergfest innerhalb des Tierkreiszeichens Widder. Ein Grund mehr, heute einmal innezuhalten, zu schauen, wie es mit den guten Vorsätzen für den neuen, jetzt beginnenden Jahreskreis aussieht, und vielleicht auch einmal zu danken - „Gott", dem Leben, sich selber, allen Mitmenschen und Mitlebewesen - für das, was Sie gerne erlebt und angenommen haben...

Vieles, was im einzelnen über die Osterzeit zu sagen ist, läßt sich in einem Satz zusammenfassen: Let the sunshine in! Lassen Sie die Sonne herein, und lassen Sie Ihre Sonne scheinen!

Lassen Sie die Katze aus dem Sack! Zeigen Sie, was in Ihnen steckt. Bringen Sie Ihren Willen, Ihre Lust und Ihre Begeisterung ins Spiel. Das entscheidet jetzt auch über den Erfolg Ihrer Bemühungen.

PERSÖNLICHE TAGESKARTE:

....

....

ERLEBNISSE EREIGNISSE:

....

....

....

....

....

....

....

....

....

....

5. Tag der zweiten Widder-Dekade

6. April

96. Tag. 17. Widder-Tag.
Sonne in Widder

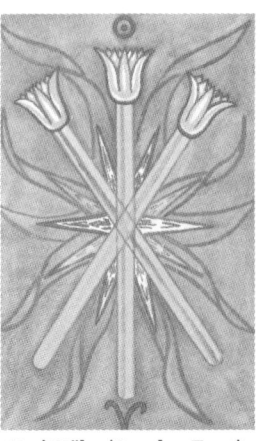

Drei Stäbe (Crowley-Tarot)

**PERSÖNLICHE
TAGESKARTE:**

....

....

**ERLEBNISSE
EREIGNISSE:**

....

....

....

....

....

....

....

....

....

....

• Definieren Sie „Ihren Platz an der Sonne"
- wo und wie Sie sich wohlfühlen, sich
selbst betätigen und weiterentwickeln
können. Und fangen Sie damit an, diesen
Platz an der Sonne aufzusuchen, auszu-
bauen und einzurichten.

Setzen Sie sich für Ihre Sache ein,
beginnen Sie, auch wenn andere noch
nicht anfangen. Wenn Sie sich ganz
hineingeben, können Sie andere
„anstecken" und mitziehen. Zeigen Sie
Ihre Krallen, wenn es sein muß, und
schnurren Sie vor Behaglichkeit, wenn
die Lebenskraft Sie durchfließt und
durchwärmt.

Drei Stäbe (Waite-Tarot)

7. April

97. Tag. 18. Widder-Tag. Sonne in Widder.

Die „Sonne" bestimmt nicht nur diese 2. Widder-Dekade, sie ist auch im Zeichen des Widders insgesamt erhöht. Das bedeutet, im Zeichen des Widders ist die „Sonne" besonders stark und wirksam, und gleichzeitig läuft der Widder zu voller Form und Kraft auf, wenn er - zusätzlich zu seiner Basis, dem Mars - seine Erhöhung, die Sonne, kennt!

Worin liegt nun die symbolische Bedeutung der „Sonne"? Neben vielen anderen Aspekten (Daseinsfreude, Heiterkeit, Gegensatz und Ergänzung zu Nacht, Schatten usw.; Vater- und Sohnsymbolik u.a.m.) stellt die „Sonne" im wesentlichen auch die Lebensmitte dar. Die „Lebensmitte" ist eben nicht nur und gar nicht in erster Linie eine Altersangabe. Die Lebensmitte bezeichnet auch einen Ort und einen Energiezustand: Die Mitte der Lebendigkeit.

Den eigenen „Platz an der Sonne" zu finden und die „Lebensmitte" als das Zentrum der Lebenskraft zu erreichen, - das bedeutet, daß Sie als Erwachsener bewußt wieder Kind werden.

PERSÖNLICHE TAGESKARTE:

....

....

ERLEBNISSE EREIGNISSE:

....

....

....

....

....

....

....

....

....

....

....

8. April

98. Tag. 19. Widder-Tag. Sonne in Widder.

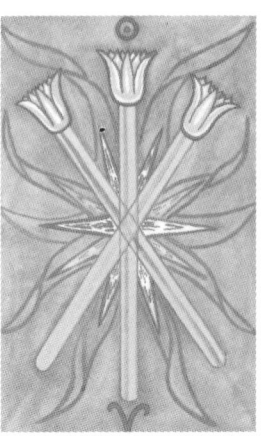

Drei Stäbe (Crowley-Tarot)

PERSÖNLICHE TAGESKARTE:

....

....

ERLEBNISSE EREIGNISSE:

....

....

....

....

....

....

....

....

....

....

....

....

„Kind" und „Sonne" bzw. „Sonnenschein" werden nicht nur in der Umgangssprache manchmal gleichbedeutend verwendet. Kind und Sonnenschein besitzen tatsächlich Wesensübereinstimmungen. Ein Kind (und besonders ein kleines Kind, in der „Widder-Phase", die üblicherweise vom 1. bis zum 7. Lebensjahr gerechnet wird) weist eine allseitige Entwicklung auf. Wenn man es nicht daran hindert, entfaltet sich das Kind nach allen Seiten des Lebens hin. Ein Merkmal der Sonne ist ebenfalls die allseitige Entfaltung. Das Licht, welches von ihr ausgeht, bewegt sich mit gleicher Geschwindigkeit nach allen Seiten gleichzeitig.

Wenn in der Natur jetzt kleine Pflanzen und Triebe die Erde durchbohren, Steine anheben und sogar Asphaltdecken sprengen, die ihrem Drang nach Licht und Sonne im Wege stehen, so ist dies ein Beispiel für Sie, wie Sie mit trennenden Mauern oder hindernden Verpflichtungen jetzt aufräumen sollten.

Drei Stäbe (Waite-Tarot)

9. April

99. Tag. 20. Widder-Tag. Sonne in Widder.

Eine der bekanntesten Definitionen des Widder-Typus lautet: „Widder - mit dem Kopf durch die Wand". Diese Formulierung wirft jedoch möglicherweise ein schiefes Bild auf den Widder. Mit dem Kopf durch die Wand - ja, denn das Widder-Prinzip ist die Geburt; eine seiner wesentlichen Stärken besteht darin, über Hindernisse hinauszugehen und daraus sogar neuen Ansporn, neue Kraft und Kreativität zu gewinnen. Und dennoch nein: „Mit dem Kopf durch die Wand", durchprügeln, durchboxen und jede Art von hölzernem Eifer künden eher davon, daß der Widder in seiner Entfaltung gehindert oder gehemmt ist.

Drittens: „Mit dem Kopf durch die Wand" heißt auch „mit Köpfchen"! Mit Begeisterung erreichen Sie Ihr Ziel. Setzen Sie Ihren Geist in Bewegung, und handeln Sie damit.

PERSÖNLICHE TAGESKARTE:

....

....

ERLEBNISSE EREIGNISSE:

....

....

....

....

....

....

....

....

....

....

....

9. Tag der zweiten Widder-Dekade

10. April

100. Tag. 21. Widder-Tag. Sonne in Widder.

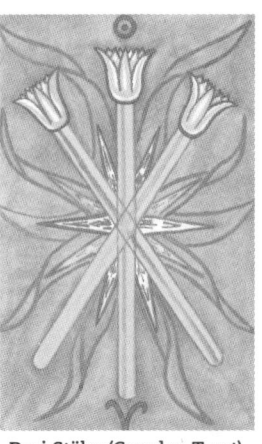

Drei Stäbe (Crowley-Tarot)

PERSÖNLICHE TAGESKARTE:

....

....

ERLEBNISSE EREIGNISSE:

....

....

....

....

....

....

....

....

....

....

....

....

Wie Sie sicher bemerkt haben, stellt die Widder-Zeit eine Phase verstärkter Aktivitäten dar. Wenn Sie jetzt nicht verschiedenes in Bewegung setzen, vertun Sie eine gute Chance. Rechnen Sie auch damit, daß andere mit neuen Herausforderungen und manchmal temperamentvollen Anliegen an Sie herantreten. Lassen Sie sich nicht überfordern. Behaupten Sie sich selbst.

Und doch: Für den Widder in uns sind Aktivitäten und Aktionen kein Selbstzweck. Die astrologische Definition des Widders lautet: „Ich bin". Hier geht es um die Frage des Seins, um Identität und Selbst-Bestimmung. Triebe und Taten, Beginnen und Starten - dahinter steht für den Widder in Ihnen vor allem ein Ziel: Daß Sie möglichst ganz Sie selbst sind - nicht mehr und nicht weniger, nichts anderes als Sie selbst. Achten Sie darauf heute besonders.

Vier Stäbe (Waite-Tarot)

11. April

101. Tag. 22. Widder-Tag.
Venus in Widder.

Die gute Nachricht über die 3. Widder-Dekade, die heute beginnt, lautet: Eine besonders machtvolle und beflügelnde Phase des Jahreskreises, in der Sie sogar verblüffende Widersprüche und Widerstände meistern. - Die schlechte Nachricht heißt dagegen: Sollten bisher Auseinandersetzungen im persönlichen und besonders im Beziehungsbereich unterblieben sein, dann brechen Sie gerne in dieser Dekade hervor; was eigentlich aber auch eine gute Nachricht ist, denn wenn diese Auseinandersetzung weiterhin unterbliebe, so potenzierten sich unkoordinierte Energien zu allerlei Hirngespinsten, insbesondere unbegründeten Gefühlen von Allmacht und/oder Ohnmacht.

Nutzen und gestalten Sie die widersprüchlichen Erfordernisse des Augenblicks! Ungesunden Streß sowie unerwünschten Leerlauf verhindern Sie jetzt, wenn Sie sich in Ihren Beziehungen und Aufgaben mit bewußter Kraft engagieren. Geben Sie allen beteiligten Kräften und Interessen möglichst weitgehend die Chance, sich zu verwirklichen.

PERSÖNLICHE TAGESKARTE:

....

....

ERLEBNISSE EREIGNISSE:

....

....

....

....

....

....

....

....

....

....

1. Tag der dritten Widder-Dekade

12. April

102. Tag. 23. Widder-Tag.
Venus in Widder.

Vier Stäbe (Crowley-Tarot)

Die Venus, die in dieser Widder-Dekade regiert, ist von Haus aus die Herrscherin in den Zeichen Stier und Waage. Der Stier schließt sich in neun Tagen an den Widder an; hier beginnt also eine Überleitung von Widder zu Stier. Zugleich ist die Venus, wie erwähnt, in der Waage zu hause, die jedoch dem Widder genau gegenüber liegt. Gegenüberstehende Zeichen verkörpern ein besonderes Spannungsverhältnis von Gegensatz und Ergänzung. Dieses Spannungsverhältnis besteht darin: „Venus" ist Inbegriff der Fraulichkeit, und diese Kraft wirkt nun auf den Widder ein, der mit Mars „männlich" geprägt ist.

Nicht zuletzt besitzt Venus ihre erhöhte, d.h. besonders wirkungsvolle Stellung in den Fischen, dem Zeichen, das dem Widder vorausgeht. Kurz gesagt: „Venus in Widder" bringt die Widersprüche zum Tanzen!

Vier Stäbe (Waite-Tarot)

13. April

103. Tag. 24. Widder-Tag.
Venus in Widder.

Venus, der Inbegriff der Weiblichkeit, in Widder, dem traditionell männlich definierten Zeichen, ist ein Widerspruch, der auch für eine wichtige persönliche Thematik kennzeichnend ist.

Eine der schönsten, aber auch empfindlichsten Aufgaben der Persönlichkeitsentwicklung besteht in der Entwicklung der geschlechtlichen Identität. D.h. mit anderen Worten: Sich als Frau oder als Mann wohlzufühlen, ist manchmal gar nicht so leicht, gar nicht so selbstverständlich, wie es oft den Anschein hat.

Eine wichtige Etappe in der Entfaltung der geschlechtlichen Identität besteht paradoxerweise darin, daß jeweils andere Geschlecht auch in sich selbst zu erkennen. So daß Frauen die phallische Kraft des Stabs auch in sich selbst entdecken, den Hexenbesen reiten und die Katze alias den Knüppel aus dem Sack lassen! Für Männer gilt, daß sie ihr Bedürfnis und ihr Recht, zu lieben und geliebt zu werden, mit derselben Selbstverständlichkeit ins Zentrum des Tagesablaufs stellen wie ihre sonstigen Aktivitäten.

PERSÖNLICHE TAGESKARTE:

....

....

ERLEBNISSE EREIGNISSE:

....

....

....

....

....

....

....

....

....

....

....

3. Tag der dritten Widder-Dekade

14. April

104. Tag. 25. Widder-Tag. Venus in Widder.

Vier Stäbe (Crowley-Tarot)

PERSÖNLICHE
TAGESKARTE:

....

....

ERLEBNISSE
EREIGNISSE:

....

....

....

....

....

....

....

....

....

....

....

- Wenn Kraft und Geist, Lebendigkeit und Licht einander gegenüber stehen wie Widder und Taube im obigen Bild aus dem Crowley-Tarot, dann sehen wir „das Auge des Tigers", das Zentrum des Feuers. Auch das Bild auf der gegenüberliegenden Seite (aus dem Waite-Tarot) zeigt ein pulsierendes Zentrum - das Leben an einem Kraftort, mit Hochspannung. Denn dies bedeutet dort die abgebildete Girlande an den hochragenden Stäben: Entweder herrschen hier energiegeladene, komplexe Triebe und Interessen vor, denen gegenüber die Personen in der Bildmitte in irgendeiner Weise zu kurz kommen; oder die Winzigkeit der Bildfiguren (in dieser Abbildung auf der gegenüberliegenden Seite) drückt nicht eine mangelnde Größe der Personen aus, sondern zeigt nur das vergleichsweise riesige Ausmaß der dargestellten Stäbe und der Energien, Triebe und Taten, die die Stäbe symbolisieren.

  Sorgen Sie dafür, daß Sie nicht „untergebuttert" werden - und daß auch niemand, mit dem Sie zusammenleben oder zusammenarbeiten, zum „Underdog" abgestempelt oder sonstwie in der Entfaltung seiner Energien grundsätzlich eingeschränkt wird.

---

4. Tag der dritten Widder-Dekade

Vier Stäbe (Waite-Tarot)

15. April

105. Tag. 26. Widder-Tag.
Venus in Widder.

Einen Kraftort finden Sie nicht nur an bestimmten Naturschauplätzen oder magischen Stätten. Kraftzentren finden Sie überall, wo sich all das entfalten kann, was für Sie zu einem blühenden Leben dazugehört. Für den einen ist es die Disco oder das Theater, für andere eine florierende Firma, für Dritte eine große Familie oder Wohngemeinschaft, für wieder andere die persönlichen Liebhabereien, Hobbys und Leidenschaften usw.

Das Leben an einem Kraftort bedeutet nicht nur „Kribbeln im Bauch", sondern ein Kribbeln, das Sie als ganzen Menschen mit Sinn und Sinnen erfaßt. Die vier Stäbe im obigen Bild deuten auf diese aufregende Einheit hin. Die Girlande mit Blumen und Früchten symboliert Hochspannung, highlife - ein Leben auf einem hohen Energieniveau.

Darum geht es selbstverständlich das ganze Jahr über und jeden Tag. In diesen Tagen, die sich im Zeichen der Venus langsam auf den Wechsel vom Widder zum Stier vorbereiten, jedoch ganz besonders!

PERSÖNLICHE TAGESKARTE:

....

....

ERLEBNISSE EREIGNISSE:

....

....

....

....

....

....

....

....

....

....

5. Tag der dritten Widder-Dekade

16. April

106. Tag. 27. Widder-Tag. Venus in Widder.

Vier Stäbe (Crowley-Tarot)

PERSÖNLICHE TAGESKARTE:

....

....

ERLEBNISSE EREIGNISSE:

....

....

....

....

....

....

....

....

....

....

....

....

Ein Leben mit Lust und Liebe, mit viel Energie und auf einem hohen Energiepegel - beflügelt unser Dasein nicht nur. Wir alle haben zwar eine große Sehnsucht danach, vielleicht aber auch eine gewisse Furcht davor, weil es den Rahmen des Üblichen sprengen könnte.

Es gibt zwei typische Widder-Ängste, die Sie kennen und auch dann berücksichtigen sollten, wenn Sie selber zur Zeit nichts direkt mit „Widdern" zu tun haben: Die Angst davor, zuhause zu sein, und die Angst vorm Fliegen.

Es ist nötig und hilfreich, wenn Sie sich auch einmal in Ihrer Identität herausfordern. So können Sie neue Antworten und neue Wege für die Verwirklichung wichtiger Triebe und Interessen finden, die bisher noch auf ihren Einsatz warten.

Vier Stäbe (Waite-Tarot)

17. April

107. Tag. 28. Widder-Tag.
Venus in Widder.

Fliegen lernen

Ein Flug zusammen
ist besser
als der freie Fall allein
aber
schlimm ist
ein Kreisen auf der Stelle
mit wem auch immer

(frei nach Roswitha Schneider)

● PERSÖNLICHE
● TAGESKARTE:
●
● ....
●
● ....
●
● ERLEBNISSE
● EREIGNISSE:
●
● ....
●
● ....
●
● ....
●
● ....
●
● ....
●
● ....
●
● ....
●
● ....
●
● ....
●
● ....
●
● ....
●
● ....

7. Tag der dritten Widder-Dekade

18. April

108. Tag. 29. Widder-Tag. Venus in Widder.

Vier Stäbe (Crowley-Tarot)

PERSÖNLICHE TAGESKARTE:

....

....

ERLEBNISSE EREIGNISSE:

....

....

....

....

....

....

....

....

....

....

....

....

„Fliegen" ist ursprünglich eine Umschreibung der Ekstase. Damit ist die sexuelle Leidenschaft und ihre Befriedigung gemeint, aber auch ein Ergriffensein in den verschiedensten Lebenssituationen, auch ein besonderes Sich-Einlassen und Getragenwerden (im traditionellen Sinne: ein gelebtes Gottvertrauen); und last not least stellt der Luftraum auch das Reich des Geistes dar. Je vertrauter Ihnen nun dieses Reich zwischen Himmel und Erde ist, je bewußter Sie sich darin bewegen, umso leichter fällt das Fliegen. Und umso angenehmer wirkt es.

Je mehr Sie das Fliegen, diese Hochenergien zu Ihrer Sache machen, umso besser können Sie sich auch gegen falsche Formen der „Ekstase" wehren, nämlich aufdringliche Zumutungen und gewaltsame Übergriffe.

Anders ausgedrückt: Gegen Härte und Kälte schützen Sie sich nicht durch Halbherzigkeit.

---

8. Tag der dritten Widder-Dekade

Vier Stäbe (Waite-Tarot)

19. April

109. Tag. 30. Widder-Tag. Venus in Widder.

Insgesamt ist „Venus im Widder" eine widerspruchsvolle, aber auch heilsame Konstellation. Wie der Widder insgesamt für Unmittelbarkeit und Direktheit steht, so bedeutet es nicht nur Erschütterung, sondern auch Befreiung, wenn „Elfenbeintürme" aufgegeben und wenn vorgefertigte Rollen und Identitäten verändert werden.

Die Geschlechtsrollen sind ein empfindliches, aber eben auch lohnendes Thema. Und die ersten beiden Zeichen des Jahreskreises - Widder und Stier - sind die Zeichen, die Männlichkeit (Widder) und Weiblichkeit bzw. Fraulichkeit (Stier) am deutlichsten zum Thema machen. Wenn das eigene Selbstverständnis als Frau oder als Mann betroffen ist, lassen wir uns vielleicht als letztes hinter die Kulissen schauen.

Dennoch haben Sie dafür jetzt „gute Karten". Und Sie klären damit eine Voraussetzung für alle weiteren Themen und Etappen des Jahreskreises.

PERSÖNLICHE TAGESKARTE:

....

....

ERLEBNISSE EREIGNISSE:

....

....

....

....

....

....

....

....

....

....

....

20. April

110. Tag. 31. Widder-Tag.
Venus in Widder.

Vier Stäbe (Crowley-Tarot)

**PERSÖNLICHE
TAGESKARTE:**

....

....

**ERLEBNISSE
EREIGNISSE:**

....

....

....

....

....

....

....

....

....

....

....

● Neben der sexuellen Bedeutung vertritt
das Prinzip der Weiblichkeit in der
Symbolik stets auch Fruchtbarkeit und
Wahrheit, und das männliche Prinzip
oder die „männlichen Anteile" bestehen
in der Fähigkeit, selber „Herrscher",
Urheber oder Urheberin zu sein. Fragen
Sie sich als Mann, was in Ihrem Leben
fruchtbar und wahr ist und was als solches auch von Ihrem Leben übrigbleiben
wird. Fragen Sie sich als Frau, was Sie
gestartet haben und starten möchten,
worin Ihr unverwechselbarer Beitrag
besteht, Ihre Spuren in der Welt und Ihr
unverwechselbares Talent, das die Welt
braucht und erwartet.

Die astrologische Definition des
Widders lautet: „Ich bin", die des Stiers:
„Ich habe". Beide Zeichen folgen aufein-
ander und machen damit deutlich, daß
es hier im Jahreskreis nicht um einen
künstlichen Gegensatz von Haben und
Sein geht. Wenn Sie im Zeichen des
Widders Ihre Identität und Ihren „Platz
an der Sonne" finden, dann besitzen Sie
sich selbst und damit das Fundament
für einen lohnenden Besitz.

10. Tag der dritten Widder-Dekade   130

Stier

21.4. - 20.5.

Empfohlene Auslage
„Der springende Punkt"

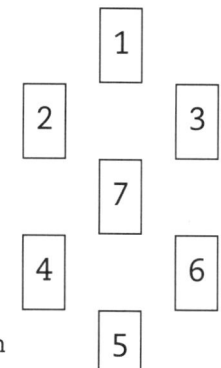

1 - Ihre Meinung
2 - Was Sie genau sehen
3 - Was Sie leicht vergessen
4 - Die Meinung der anderen
5 - Was andere klar sehen
6 - Was jene leicht übersehen
7 - Das Wesentliche oder der springende Punkt.

Die Dekaden

1. Dekade 21. - 30.4.
Merkur in Stier
Tarot-Karte „Fünf Münzen/Scheiben"
Stier sucht und findet Geborgenheit. Merkur sorgt für Verbindungen und Zusammenhalt.

2. Dekade 1. - 10.5.
Mond in Stier
Tarot-Karte „Sechs Münzen/Scheiben"
Die Gefühle des Monds münzt der Stier in konkrete Bedürfnisse um.

3. Dekade 11. - 20.5.
Saturn in Stier
Tarot-Karte „Sieben Münzen/Scheiben"
Irgendwann geht der Stier ans Eingemachte. Saturn findet das gut.

21. April

111. Tag. 1. Stier-Tag.
Merkur in Stier.

Fünf Münzen (Waite-Tarot)

PERSÖNLICHE TAGESKARTE:

....

....

ERLEBNISSE EREIGNISSE:

....

....

....

....

....

....

....

....

....

....

....

● Willkommen im Reich des Stiers! In jeder und in jedem von uns steckt ein „Stier": Eine Kraft wie ein Fels in der Brandung, mit der Gabe, die Erde umzugestalten und - bodenständig, sicher und aus dem „Bauch" heraus - die Früchte der Arbeit zu genießen.

Im Zeichen des Stiers erfahren wir, wieviel harte Arbeit dazu vonnöten ist, welch schwere Steine zu bewegen und aufzurichten sind, um die persönliche Lebenswelt nach eigener Notwendigkeit und im eigenen Sinne zu gestalten. Doch indem Sie Ihr Werk vollbringen, genießt keine/r so ruhig und (aus-)gelassen das Leben wie Sie!

---

1. Tag der ersten Stier-Dekade

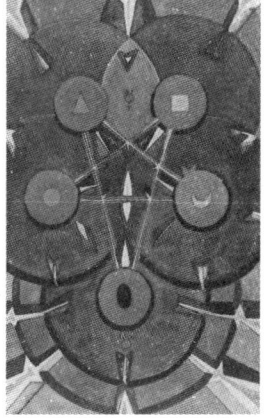

Fünf Scheiben (Crowley-Tarot)

22. April

112. Tag. 2. Stier-Tag.
Merkur in Stier.

Arbeiten, um Geld zu verdienen, und Geld ausgeben, um zu genießen, - das ist zweimal eine halbe Sache gemessen an der Symbolik des Stiers, die für die Einheit von Arbeit und Genuß, von Sinn und Sinnen steht. Die Sinne müssen (letztlich) einen Sinn machen, sonst werden die Sinne müde - oder gar nicht erst geweckt! So erklärt es sich, daß der Stier als „Sinnenmensch" zugleich einen der größten Sinnsucher und Sinnstifter im Tierkreis darstellt.

Für Sie bedeutet der jetzt beginnende Stier-Monat eine Konfrontation mit den Realitäten des Alltags. Notwendigkeiten, aber auch Lustmöglichkeiten werden sich in teils bekannter, teils unerwarteter Gestalt zeigen.

PERSÖNLICHE TAGESKARTE:

....
....

ERLEBNISSE EREIGNISSE:

....
....
....
....
....
....
....
....
....
....

2. Tag der ersten Stier-Dekade

23. April

113. Tag. 3. Stier-Tag.
Merkur in Stier.

Fünf Münzen (Waite-Tarot)

**PERSÖNLICHE
TAGESKARTE:**

....

....

**ERLEBNISSE
EREIGNISSE:**

....

....

....

....

....

....

....

....

....

....

....

Eine bekannte Legende erzählt vom Blinden und vom Lahmen, die sich gemeinsam auf den Weg machen. Der Blinde stützt den Lahmen und der Lahme führt den Blinden. Indem sie ihre Nöte teilen, werden sie von der Hilflosigkeit ihrer Lage erlöst. Die individuellen Kräfte vervielfachen sich durch die Zusammenarbeit (vgl. obige Abbildung).

Welche Nöte bewegen Sie? Und welche Ihre Familie und Ihre Freunde, Ihre Mitmenschen? Was benötigen Sie?

Haben Sie darüber nachgedacht, worin die Grundlage Ihrer Sorgen und Ängste besteht? Gibt es etwas, das Sie suchen? Etwas, vor dem Sie davonlaufen?

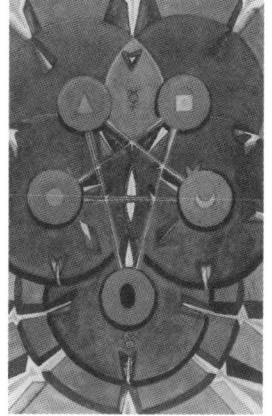

Fünf Scheiben (Crowley-Tarot)

24. April

114. Tag. 4. Stier-Tag.
Merkur in Stier.

Akzeptieren Sie sich und andere mit Stärken und mit Schwächen. Es gibt unnötige Not und zuviel Elend auf der Welt - und im eigenen Haus. Es lohnt sich und macht Sinn, dagegen anzugehen. Auf einer ganz anderen Seite geht es darum, Hilflosigkeit auch zu akzeptieren: Sich geschlagen geben zu können; ein Ende anzunehmen, einen Mangel zu ertragen - ohne nach weiterer Abhilfe oder Milderung zu suchen. Das Leid ist auch ein Teil der Existenz, nicht nur „Betriebsunfall".

Schützen Sie sich also, helfen Sie, nehmen Sie Rücksicht auf unterschiedliche Entwicklungsbedingungen. Messen Sie nicht Ungleiches mit Gleichem! Lösen Sie sich aus einem Räderwerk vermeintlicher Sachzwänge und unbegründeter Verpflichtungen (vgl. Abbildung oben).

PERSÖNLICHE TAGESKARTE:

....

....

ERLEBNISSE EREIGNISSE:

....

....

....

....

....

....

....

....

....

....

....

....

4. Tag der ersten Stier-Dekade

25. April

115. Tag. 5. Stier-Tag. Merkur in Stier.

Fünf Münzen (Waite-Tarot)

PERSÖNLICHE TAGESKARTE:

....

....

ERLEBNISSE EREIGNISSE:

....

....

....

....

....

....

....

....

....

....

....

Wenn Sie sich von Not und Elend verfolgt - oder aber abgestoßen fühlen, ist das ein Hinweis darauf, daß Sie Ihrem eigenen Weg und Ihrer Lebenstüchtigkeit entweder zuwenig oder zuviel zutrauen. Es ist nie zu spät und immer not-wendig, zu sich selbst zu finden!

Entweder machen Sie es sich jetzt bequem, vermeiden jeden Streß und verwöhnen sich. Und/oder Sie geben jetzt Ihre Bequemlichkeit auf, sagen sich: „Was man nicht vermeiden kann, muß man betonen" und machen aus der Not eine Tugend!

Wo Finsternis ist, wird Ihr Licht am meisten gebraucht. Wo Ihre Talente aufleuchten, da werden Mauern durchlässig, und Sie gewinnen in jeder Beziehung festen Boden unter den Füßen.

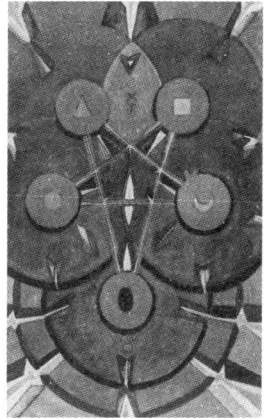

Fünf Scheiben (Crowley-Tarot)

26. April

116. Tag. 6. Stier-Tag.
Merkur in Stier.

Die praktischen Notwendigkeiten sind die andere Seite der Medaille, die Kehrseite der persönlichen Talente. Die „Münzen" im Tarot (vgl. obige Darstellung), auch Pentakel, Scheiben oder Sterne genannt, bedeuten soviel wie die menschlichen Talente. Das Talent war zu biblischen Zeiten ein Geldstück. Eine materiell-finanzielle Bedeutung, wie wir sie beim Wort „Münzen" zunächst vermuten, steckt also auch in den „Talenten".

Zugleich sind die „Münzen" ein Sinnbild für die praktischen Realitäten und dabei für die Prägungen, die wir jeweils erhalten haben. Die andere Seite der Medaille besteht dann darin, wie Sie die erlebten Prägungen, mit allen Stärken und Schwächen, die dazu gehören, Ihrerseits ummünzen, wie Sie nun mit Ihren Kräften Ihre Lebensumstände prägen und gestalten. Jeder Mensch besitzt gewisse Handicaps, aber auch besondere Begabungen; und in diesem Sinne stellen die „Münzen" auch Ihre spezifischen Talente dar.

Jetzt ist es an der Zeit, Ihre Talente „fit" zu machen und in einem neuen Rahmen zu erforschen.

PERSÖNLICHE TAGESKARTE:

....

....

ERLEBNISSE EREIGNISSE:

....

....

....

....

....

....

....

....

....

....

....

6. Tag der ersten Stier-Dekade

27. April

117. Tag. 7. Stier-Tag. Merkur in Stier.

Fünf Münzen (Waite-Tarot)

PERSÖNLICHE TAGESKARTE:

....

....

ERLEBNISSE EREIGNISSE:

....

....

....

....

....

....

....

....

....

....

....

....

„Talent" - das ist nicht die zirkusreife Sonderleistung, die zum Eintrag in ein Buch der Rekorde verhilft. „Talent" - das sind Ihre persönlichen Behinderungen und Begabungen, und im Zeichen des Stiers dreht sich (fast) alles darum, was Sie aus Ihren Talenten machen. Sie treffen auf eine „Sehnsucht nach Wachstum". - auf das Interesse, ja, die Notwendigkeit, sich weiterzuentwickeln, weiterzulernen und das Erfahrene und Erworbene zur Geltung zu bringen.

In jedem Menschen schlummern, gleichgültig, wie weit er in seinem Lebensalter oder Reifungsprozeß fortgeschritten ist, noch unbekannte Talente. Insbesondere die 1. Stier-Dekade steht dafür, daß Sie auf größere Zusammenhänge aufmerksam werden, die bisher im Verborgenen schlummerten.

---

7. Tag der ersten Stier-Dekade

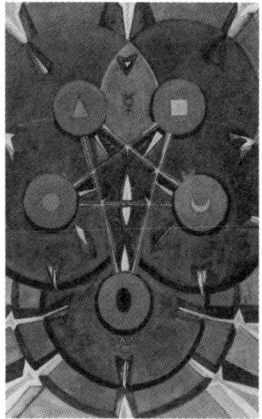

Fünf Scheiben (Crowley-Tarot)

28. April

118. Tag. 8. Stier-Tag.
Merkur in Stier.

Bauen Sie auf Kompetenz, auch in der Beantwortung der großen und kleinen Sinnfragen des Lebens. Der Stier in Ihnen liebt es, sich in eine Gruppe, eine Gesellschaft oder in einen Zusammenhang neu einzuführen, sich vorzustellen und sich bekanntzumachen. Denn für den Stier ist es ein Lebenselixier, andere in seine Geheimnisse einzuweihen und sich von ihnen in ihre einweihen zu lassen! Weil in jedem Menschen eine besondere Wahrheit lebt, die darauf wartet, als Talent erkannt und „umgemünzt" zu werden, - hat jede/r etwas zu sagen und mitzuteilen. Äußern Sie sich also, und lernen Sie von anderen.

Sie brauchen die Erfahrung anderer, und andere brauchen Ihre Mitteilung. Der Tempel der Begegnung ist überall.

PERSÖNLICHE TAGESKARTE:

....

....

ERLEBNISSE EREIGNISSE:

....

....

....

....

....

....

....

....

....

....

....

8. Tag der ersten Stier-Dekade

29. April

119. Tag. 9. Stier-Tag. Merkur in Stier.

Fünf Münzen (Waite-Tarot)

PERSÖNLICHE TAGESKARTE:

....

....

ERLEBNISSE EREIGNISSE:

....

....

....

....

....

....

....

....

....

....

....

....

- Es ist einfach ein elementares Bedürfnis, den Sinn des eigenen Tuns und Daseins zu kennen und in praktischen Ergebnissen vor sich zu sehen. In viel stärkerem Maße als je zuvor werden jedoch die Sinnfragen zu einer gemeinsamen Angelegenheit von vielen einzelnen. Das heißt mit anderen Worten: Immer weniger sind es einzelne „Hohepriester", die die Weltanschauung großer Gruppen und ganzer Völker formulieren oder bestimmen. Was einst die Aufgabe für wenige Eingeweihte war, ist heute Thema für viele! An die Stelle des Glaubens tritt die eigene Erfahrung, auch die von Grenzbereichen. Lernen und Lehren, auch in bezug auf tiefere Lebensfragen, vollziehen sich immer mehr als selbständiger Prozeß, als gegenseitiger Austausch im Alltag.

  Kümmern Sie sich also um Ihre persönlichen Antworten für die großen und kleinen Geheimnisse des Lebens.

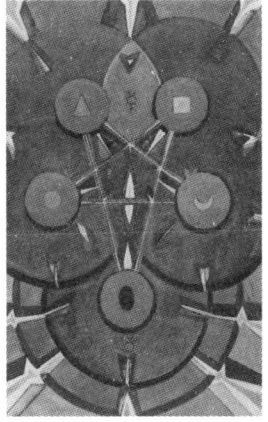

Fünf Scheiben (Crowley-Tarot)

30. April

120. Tag. 10. Stier-Tag.
Merkur in Stier.

Was einst die Aufgabe der „Hohepriester" war, die Deutung und Verkündung der Lebensgeheimnisse sowie die Organisierung von Riten und Gebräuchen, dafür sind Sie in Ihrem Leben verantwortlich!

Bewahren oder entwickeln Sie dabei das Verständnis für die noch unentwickelten Talente, für die größeren Möglichkeiten, die in jedem Menschen und so auch in Ihnen selber jeweils vorhanden sind. Wachstum bedeutet immer, daß zuvor Unbekanntes zum Vorschein kommt, und in diesem Sinne brauchen Sie sich nicht zu fürchten, wenn es in diesen Tagen einmal ans „Eingemachte" geht.

„Ans Eingemachte" kann es auch heute abend gehen, beim Tanz in den Mai, der klassischen Walpurgisnacht. Sie geht auf Frühlingsfeste und den antiken Dionysos-Kult zurück, auf ekstatische und orgiastische Frühlingsriten, und steht heute im Zeichen von Sinn und Genuß, Einweihung und Offenbarung.

PERSÖNLICHE TAGESKARTE:

....

....

ERLEBNISSE EREIGNISSE:

....

....

....

....

....

....

....

....

....

....

1. Mai

121. Tag. 11. Stier-Tag. Mond in Stier.

Sechs Münzen (Waite-Tarot)

PERSÖNLICHE TAGESKARTE:

....

....

ERLEBNISSE EREIGNISSE:

....

....

....

....

....

....

....

....

....

....

....

....

Wie der 1. April, so stellt auch der 1. Mai ein bemerkenswertes „Eckdatum" des Tierkreises dar, freilich mit unterschiedlichem Inhalt. Der 1. Mai ist mit seiner Mischung aus Walpurgisnacht und „Tanz in den Mai" auf der einen Seite und andererseits „Tag der Arbeit" geradezu typisch für den Stier in uns in seiner Doppelrolle als Arbeitstier und Genußwesen.

Die Maifeste, zu denen auch viele örtliche Bräuche wie z.B. die Errichtung von Maibäumen gehören, gehen bis auf Fruchtbarkeitsfeste in der Antike zurück. Im alten Athen feierte man im Frühjahr die großen Dionysien. - Der „Tag der Arbeit" ist traditionell auch ein Tag der Visionen und Utopien: Um die „Abschaffung der Ausbeutung des Menschen durch den Menschen" geht oder ging es dabei ebenso wie um das Ziel einer klassenlosen Gesellschaft nach dem Motto: „Jeder nach seinen Fähigkeiten, jedem nach seinen Bedürfnissen".

Die Spanne zwischen Arbeit und Genuß, zwischen Sinnenfreude und Sinnsuche ist manchmal recht groß, obwohl diese Punkte doch auch recht nah' miteinander verwandt sind. Wo stehen Sie an diesem 1. Mai? Was freut Sie, und was suchen Sie?

---

1. Tag der zweiten Stier-Dekade   142

Sechs Scheiben (Crowley-Tarot)

2. Mai

122. Tag. 12. Stier-Tag.
Mond in Stier.

Der Mai ist als „Wonnemonat" bekannt. Und es heißt: „Alles neu macht der Mai". Doch Eingeweihte wissen, welch gewaltige Versprechung und Verpflichtung in diesen Worten enthalten sein kann: Alles (!) neu - eine außerordentliche Aufgabe!

Der Mai hat seinen Namen von der Erd- und Wachstumsgöttin Maia, die von den Griechen auch Mütterchen oder Amme genannt wurde. Sie geht auf die alte indische (und keltische) Muttergöttin Maya zurück, die „schaffende Gottheit" (Luisa Francia), die verschleiert und die alles erschafft. Die „Schleier der Maya" sind im Hinduismus sprichwörtlich wie unsere „Schuppen vor den Augen".

Wie die äußere Natur sich jetzt, in der Mitte des Frühlings regeneriert, so finden Sie im Zeichen des Stiers Ihr Glück insbesondere dann, wenn Sie Ihre Lebenswelt nach eigener Notwendigkeit und nach Ihren Bedürfnissen umbilden und einrichten. Die Erinnerung an die Göttin Maya spornt Sie dabei an, selber zu schaffen und produktiv zu sein. Und sie warnt vor einem Bienenfleiß, der dem vordergründigen Schein der Dinge aufsitzt.

**PERSÖNLICHE
TAGESKARTE:**

....

....

**ERLEBNISSE
EREIGNISSE:**

....

....

....

....

....

....

....

....

....

....

2. Tag der zweiten Stier-Dekade

3. Mai

123. Tag. 13. Stier-Tag. Mond in Stier.

Sechs Münzen (Waite-Tarot)

PERSÖNLICHE TAGESKARTE:

....

....

ERLEBNISSE EREIGNISSE:

....

....

....

....

....

....

....

....

....

....

....

....

- Die antiken Fruchtbarkeitsfeste, der traditionelle „Tag der Arbeit" am 1. Mai und die Gewißheit der Wandlung, die in dem Motto anklingt: „Alles neu macht der Mai", - dies alles prägt den Stier und bestimmt seine Suche nach einem Leben, worin die Sinne auch Sinn machen. Ein altes Bild für dieses blühende Leben ist das vom „Land, worin Milch und Honig fließen".

Bei den alten Griechen wurden die Dionysien gefeiert. Dionysos galt als der Gott, der den Weinstock geschaffen hatte und Milch und Honig aus der Natur hervorkommen ließ. Sein Kult war halbwild. Er wurde als Bock oder Stier dargestellt und galt als Sohn von Zeus und Semele, der Mondgöttin (womit der Mythos unmittelbar mit der astrologischen Zuordnung übereinstimmt, nach der der Mond seine erhöhte, also mächtigste Stellung im *Stier besitzt*).

Widmen Sie sich heute den besonderen Bedürfnissen, den eigenen und denen Ihrer Mitmenschen, ... und lassen Sie „Milch und Honig" fließen.

---

3. Tag der zweiten Stier-Dekade   144

Sechs Scheiben (Crowley-Tarot)

4. Mai

124. Tag. 14. Stier-Tag. Mond in Stier.

In oberflächlicher Betrachtung erscheint es als ein Widerspruch, daß der Mond, Inbegriff für Träume, Nachtbewußtsein und Seelenleben, ausgerechnet im Stier als erhöht und besonders wirkungsvoll gilt, - in jenem Stier, der doch als materialistisch, praxisbezogen und bodenständig beschrieben wird. Dieser Widerspruch besteht nur scheinbar und löst sich auf, wenn Sie berücksichtigen, daß die Erde selber keine „tote Materie" darstellt. In der Erde stecken Leben, Energie und Spannungen; die permanente Bewegung der Atome und die großen Verschiebungen unter Tage, unterhalb der Erdkruste legen dafür Zeugnis ab. Der Mond seinerseits beeinflußt die Lebenszyklen auf der Erde, er ist aber andererseits auch als Erdtrabant ein Symbol für die „geheimen" Anziehungskräfte der Erde.

Damit ist auch gesagt: Mond und Erde, seelische Empfindungen und praktische Bedürfnisse sind viel weniger weit auseinander, als oftmals angenommen wird. Schauen Sie unter die Oberfläche, und stellen Sie ganz praktisch fest, was Sie und/andere dort bewegt.

PERSÖNLICHE TAGESKARTE:

....

....

ERLEBNISSE EREIGNISSE:

....

....

....

....

....

....

....

....

....

....

4. Tag der zweiten Stier-Dekade

5. Mai

125. Tag. 15. Stier-Tag.
Mond in Stier.

Sechs Münzen (Waite-Tarot)

PERSÖNLICHE
TAGESKARTE:

....

....

ERLEBNISSE
EREIGNISSE:

....

....

....

....

....

....

....

....

....

....

....

- Wir befinden uns nun in der Mitte des Frühlings. In Fortsetzung der Betrachtungen aus den vorigen Tagen gilt jetzt: Sie werden in Ihren aktuellen Fragen Erfolg erzielen, wenn Sie verstehen, daß Ihre Bedürfnisse wie Ihre Talente ein Vermögen darstellen. Gehen Sie ans „Eingemachte". Zeigen Sie, was Sie können. Und lassen Sie sich nicht „einmachen"!
  Seien Sie sich als Frau besonders des Werts Ihrer Individualität bewußt. Äußern Sie Ihre Bedürfnisse und setzen Sie sich für deren Verwirklichung ein. Als Mann achten Sie jetzt besonders darauf, daß Sie einen persönlichen Maßstab besitzen, der Ihre eigenen Bedürfnisse und die Bedürfnisse anderer miteinander verbinden kann.

Sechs Scheiben (Crowley-Tarot)

6. Mai

126. Tag. 16. Stier-Tag. Mond in Stier.

Machen Sie Ihren Selbstwert nicht abhängig von Ihrem Geld oder Ihrer Geltung in der Welt.

„Ich habe", so lautet - wie auch an anderer Stelle erwähnt - die astrologische Definition des Stiers. Die sicherste Habe, zugleich unveräußerlicher Besitz und entscheidender Unterschied des persönlichen Daseins in der Welt aber ist die „Individualität". Es gibt Talente und Bedürfnisse, die nur Sie besitzen. Und bei den vielen Lebensumständen, die Sie mit Ihren Mitmenschen teilen, gibt es stets auch individuelle Unterschiede. Nehmen Sie z.B. die Wörter „Mutter" und „Vater": Jede und jeder kennt sie; das schafft Gemeinsamkeiten, mit denen wir vergleichbare Erfahrungen austauschen können; und doch ist die persönliche Vorstellung, der Inhalt dessen, was mit „Mutter" oder „Vater" gemeint ist, jeweils auch sehr eigen.

Achten Sie jetzt und in den kommenden Tagen besonders auf jene „kleinen, aber feinen Unterschiede". Verstehen und vertreten Sie das Spezifische an Ihren Talenten, Aufgaben und Bedürfnissen.

PERSÖNLICHE TAGESKARTE:

....

....

ERLEBNISSE EREIGNISSE:

....

....

....

....

....

....

....

....

....

....

....

6. Tag der zweiten Stier-Dekade

7. Mai

127. Tag. 17. Stier-Tag. Mond in Stier.

Sechs Münzen (Waite-Tarot)

PERSÖNLICHE TAGESKARTE:

....

....

ERLEBNISSE EREIGNISSE:

....

....

....

....

....

....

....

....

....

....

....

....

● Ihr Selbstwertgefühl ist am stärksten (und auch am schönsten und am intensivsten) - witzigerweise dann, wenn Ihre Stärken und Ihre Schwächen sich die Waage halten (vgl. Abb. oben). Nicht die Unterwerfung oder die vermeintliche Ausmerzung von Schwächen und Schwierigkeiten bringt Glück. Wenn Sie aber Ihren Schwächen stets nur nachgeben, so entzieht Ihnen dies Kraft, die persönliche Mitte würde ausbluten.

So geht es hier um eine delikate Gratwanderung: Um die richtige Förderung und die notwendige Zurückweisung bzw. Ablehnung bestimmter Schwächen und Schwierigkeiten.

7. Tag der zweiten Stier-Dekade

8. Mai

128. Tag. 18. Stier-Tag.
Mond in Stier.

Sechs Scheiben (Crowley-Tarot)

Was das Bild auf der nebenstehenden Seite als Wechselbild von Stärken und Schwächen, von Armut und Reichtum, von Geben und Nehmen usw. darstellt, präsentiert das hier wiedergegebene Bild als eine entsprechende Wechselwirkung von Innenleben und Außenwelt. Wenn die Balance stimmt, findet das innere Wesen (s. Rosenkreuz) Ausdruck und Widerhall im äußeren Verhalten eines Menschen und in seiner Umwelt.

Ob Sie also (bei sich oder bei anderen) Stärken und Schwächen annehmen können, ist nur ein anderer Ausdruck dafür, ob es Ihnen gelingt, Ihr Innerstes nach Außen zu bringen und äußere Ereignisse innerlich an Sie herantreten zu lassen.

PERSÖNLICHE TAGESKARTE:

....

....

ERLEBNISSE EREIGNISSE:

....

....

....

....

....

....

....

....

....

....

....

8. Tag der zweiten Stier-Dekade

9. Mai

Sechs Münzen (Waite-Tarot)

129. Tag. 19. Stier-Tag.
Mond in Stier.

**PERSÖNLICHE
TAGESKARTE:**

....

....

**ERLEBNISSE
EREIGNISSE:**

....

....

....

....

....

....

....

....

....

....

....

Ihr Selbstwertgefühl bleibt in der Waage und entwickelt sich mit vollem Erfolg, wenn Sie Ihre Stärken und Ihre Schwächen als Ihre ureigenen Talente begreifen! Wenn Sie mit Ihren Talenten Bedürfnisse erfüllen und mit Ihren Bedürfnissen Talente wecken und fördern, entsteht jedesmal ein Zugewinn. Dieser „Mehrwert" bedeutet, daß immer mehr wichtige Bedürfnisse befriedigt werden können.

Ein Vorrat an befriedigten Bedürfnissen stellt im übrigen die lohnendste Form von Besitz dar.

Welche Bedürfnisse und Wünsche können jetzt erfüllt werden und welche nicht? Welche Nöte und Ängste können nun beseitigt werden und welche noch nicht?

Achten Sie darauf, nicht den Mangel zu verwalten, sondern einen Gewinn zu erzielen.

9. Tag der zweiten Stier-Dekade   150

Sechs Scheiben (Crowley-Tarot)

10. Mai

130. Tag. 20. Stier-Tag.
Mond in Stier.

Der „Mond" bleibt auch in den kommenden Tagen des Stiers wichtig, denn er ist in diesem Zeichen generell erhöht. Aber heute ist der letzte Tag der 2. Stier-Dekade, die zusätzlich den Mond als Dekaden-Herrscher besitzt. Wir müssen uns vergegenwärtigen, daß der „Mond" inzwischen wesentlich vertrauter ist, als dies für frühere Generationen der Fall war. In Geschichten von Jules Verne oder „Peterchens Mondfahrt" haben unsere Vorfahren davon geträumt, den Mond zu betreten, was 1969 dann tatsächlich geschah. Charcot und Mesmer, Lehrer und Vorläufer der modernen Psychoanalyse, erklärten es zu ihrem Programm, die andere Seite des Mondes zu erkunden. Damit umschrieben sie die unbewußte Seite des Seelenlebens, die sie erforschen wollten.

Sowohl in der Raumfahrt wie auch in der Seelenkunde ist uns jene Kehrseite des Mondes weitaus zugänglicher geworden. Die Dinge haben sich gewandelt. Und Ihre Aufgabe ist es, im persönlichen Sinne etwas daraus zu machen. Talente und Bedürfnisse, die für Ihre Vorfahren noch unerreichbar gewesen wären, werden für Sie zur Tagesaufgabe.

PERSÖNLICHE TAGESKARTE:

....

....

ERLEBNISSE EREIGNISSE:

....

....

....

....

....

....

....

....

....

....

....

10. Tag der zweiten Stier-Dekade

11. Mai

131. Tag. 21. Stier-Tag.
Saturn in Stier.

Sieben Münzen (Waite-Tarot)

**PERSÖNLICHE
TAGESKARTE:**

....

....

**ERLEBNISSE
EREIGNISSE:**

....

....

....

....

....

....

....

....

....

....

....

Die unterschiedlich gefärbten Schuhe oder Stiefel der Bildfigur (s. Abb. oben) machen deutlich, daß es hier um unterschiedliche Standpunkte geht. Es sind „zwei verschiedene Paar Schuhe", ob Sie einen Sachverhalt vom allgemeinen Standpunkt oder aus Ihrer Perspektive betrachten. Ihr persönlicher Standpunkt - die „Münze", die unmittelbar vor Ihren Füßen liegt - gleicht dem sprichwörtlichen Gold, das auf der Straße liegt.

Finden Sie den Unterschied heraus, wo Sie die Dinge tatsächlich anders sehen als andere. Lassen Sie sich auch auf einen Vergleich mit Maßstäben ein, die nicht Ihren Vorstellungen entsprechen. „Schuster, bleib bei deinem Leisten" - besinnen Sie sich auf das Wesentliche. Vergessen Sie aber nicht, daß auch Ihr eigener Standpunkt in sich widersprüchlich ist...

Sieben Scheiben (Crowley-Tarot)

12. Mai

132. Tag. 22. Stier-Tag.
Saturn in Stier.

Sie stehen vor der Chance, Ihre Talente neu zu begreifen und damit große Aufgaben zu lösen. Halten Sie sich weniger daran, was Sie oder andere glauben, sondern stützen Sie sich auf tatsächliche Erfahrungen. Schätzen und studieren Sie den Wert des Bestehenden und den Vorrat an vorhandenen Erfahrungen; aber untersuchen und begreifen Sie auch den Unterschied, den Sie mit Ihrer spezifischen Betrachtungsweise, mit Ihren zum Teil einzigartigen Talenten und Bedürfnissen ausmachen.

In Ihren aktuellen Fragen kommen Sie am besten voran, wenn Sie eigene und fremde Gewohnheiten in ihrem Wert überprüfen.

PERSÖNLICHE TAGESKARTE:

....
....

ERLEBNISSE EREIGNISSE:

....
....
....
....
....
....
....
....
....
....
....

2. Tag der dritten Stier-Dekade

13. Mai

133. Tag. 23. Stier-Tag.
Saturn in Stier.

Sieben Münzen (Waite-Tarot)

**PERSÖNLICHE
TAGESKARTE:**

....

....

**ERLEBNISSE
EREIGNISSE:**

....

....

....

....

....

....

....

....

....

....

....

Wenn Ihre „Stier"-Kräfte sich gut entfalten können, besitzen Sie optimale Voraussetzungen dafür, sich in jeder Hinsicht selbständig zu machen. Als „Stier" werden Sie zur Architektin und zum Baumeister in Ihrem Leben. Sie schaffen sich eigene Lebens- und Arbeitsformen, ja, eine persönliche Kultur. Eben deshalb zählt die Auseinandersetzung mit bestehenden Maßstäben und Normen zu den Aufgaben im Zeichen des Stiers. Von der symbolischen Bedeutung her erscheint es als sehr stimmig und bezeichnend, wenn im Zusammenhang mit dem „Stier" Muttertag und Vatertag begangen werden. Darin äußert sich Respekt für die Leistungen und Lebensformen, wie sie von den eigenen Vorfahren erarbeitet worden sind. Zugleich stellt diese Ehrung möglicherweise aber auch eine Abgrenzung oder Auseinandersetzung dar...

Seien Sie liebevoll und kritisch. Schauen Sie, welche Errungenschaften bleibenden Wert besitzen und welche Gewohnheiten auf den berühmten „Müllhaufen der Geschichte" gehören.

3. Tag der dritten Stier-Dekade   154

Sieben Scheiben (Crowley-Tarot)

14. Mai

134. Tag. 24. Stier-Tag.
Saturn in Stier.

Die Zeit des Naschens liegt lange hinter Ihnen, und doch können Sie sich nicht einfach von den Wünschen und Gefühlen Ihrer Kindheit trennen. Gerade das verlangen Sie aber möglicherweise von sich. So kann es geschehen, daß Sie Ihre Bedürfnisse nach Geborgenheit, nach Wärme und Weichheit für Ihr Erwachsenenleben leugnen und Ihre Kindheitserinnerungen dafür umso fester in sich verschließen. Was wir aber in uns verschließen, das behalten wir.

Aus diesen Gründen sind Vater- und Muttertag nicht nur Anlässe für feuchtfröhliche Feiern oder konventionelle Blumengrüße. Der „Vatertag" kann auch einmal in die Zwillinge-Zeit fallen, der „Muttertag" durchaus auch in die 1. Stier-Dekade, - die Herausbildung eines persönlichen Maßstabes, der alte und neue Werte in sich vereinigt und aufhebt, hat jedenfalls seinen symbolischen Ort in diesen Tagen. Schaffen Sie einen Raum für das Kind in Ihnen. Kümmern Sie sich bewußt um Ihre Träume und Bedürfnisse, und verzichten Sie auf unbewußtes Naschen, Trödeln oder pausenloses Arbeiten.

PERSÖNLICHE TAGESKARTE:

....

....

ERLEBNISSE EREIGNISSE:

....

....

....

....

....

....

....

....

....

....

155   4. Tag der dritten Stier-Dekade

15. Mai

135. Tag. 25. Stier-Tag. Saturn in Stier.

Sieben Münzen (Waite-Tarot)

PERSÖNLICHE
TAGESKARTE:

....

....

ERLEBNISSE
EREIGNISSE:

....

....

....

....

....

....

....

....

....

....

....

....

Die eigenen Erfahrungen als Mutter, Vater und Kind zu klären, besitzt für den Stier zwei verschiedene wichtige Zwecke: Erstens geht es um den Rückhalt in der Gemeinschaft; der Stier gilt als „Herdentier" und fühlt sich unwohl, wenn ihm seine Bezugsgruppe fehlt. Zweitens möchte der Stier in Ihnen aber dennoch das Eigene deutlich vom Anderen unterscheiden und abgrenzen. So interessiert den Stier insbesondere auch eine Lebensweise, in der Vater, Mutter, Kind und Familiengeschichte ganz ohne Bedeutung sind und man selber Gott und der Welt unmittelbar gegenübersteht.

Die obige Bilddarstellung zeigt u.a. eine meditative Betrachtungsweise für die Sachverhalte Ihres Lebens. Was bedeuten bestimmte Dinge? Wie ist es bisher gemacht worden und wie könnte man es anders machen? Die Dinge des Lebens werden hier zu einem Spiegel Ihrer unmittelbar-persönlichen Selbsterfahrung.

16. Mai

136. Tag. 26. Stier-Tag.
Saturn in Stier.

Sieben Scheiben (Crowley-Tarot)

Alle Sachfragen und praktischen Probleme sind ein Spiegel Ihrer persönlichen Entwicklung. Und umgekehrt: Alle psychischen und persönlichen Probleme sind nicht nur, doch auch ein Ausdruck praktischer Nöte und sachlicher Schwierigkeiten.

An den Tarot-Karten erfahren Sie, daß ein Stückchen Materie, eine bestimmte Sache - hier: die einzelnen Tarot-Karten - eine besondere Bedeutung besitzen und eine persönliche Botschaft übermitteln können. Was Sie mit den Tarot-Karten erleben, ist jedoch nur ein Beispiel für das, was wir mit jedem Tagesereignis und jeder Sachfrage erfahren können: Alles, was geschieht, kann eine symbolische Bedeutung besitzen! Aus der Betrachtung der Dinge erwächst das Verständnis Ihrer Bedeutung und Ihres Platzes in der Welt.

PERSÖNLICHE TAGESKARTE:

....

....

ERLEBNISSE EREIGNISSE:

....

....

....

....

....

....

....

....

....

....

6. Tag der dritten Stier-Dekade

17. Mai

137. Tag. 27. Stier-Tag. Saturn in Stier.

Sieben Münzen (Waite-Tarot)

PERSÖNLICHE TAGESKARTE:

....

....

ERLEBNISSE EREIGNISSE:

....

....

....

....

....

....

....

....

....

....

- Die aufmerksame, „andächtige" Betrachtung ist ein Sinn des Wortes „Religion". Das lateinische religere bedeutet u.a. „freisetzen", „rückbinden" sowie „wiederholt lesen". Religion ist in diesem Sinne weder an Kirchgang noch an einen förmlichen Glauben gebunden. Sie besteht vielmehr darin, Personen, Dinge, Ereignisse usw., kurz: alles, was ist, wieder und wieder zu betrachten. Diese andächtige Haltung ist optimal offen für das Werden und Wachsen, das in der Natur eines jeden Vorgangs liegt. So werden und bleiben Sie auch offen für sich selbst und lösen sich aus der Verhaftung in bestimmte Rollen und Verhaltensmuster.

Sieben Scheiben (Crowley-Tarot)

18. Mai

138. Tag. 28. Stier-Tag. Saturn in Stier.

Jedes Stück Materie, jedes Ding des Alltags - und so auch jedes Lebewesen und jedes Ereignis - erzählt eine Geschichte: Gefahren und Chancen, Bestätigungen und Aufgaben, eigene Stärken oder Schwächen und vieles andere mehr werden daran ablesbar.

Wenn Sie also Dinge und Ereignisse, Menschen und Entwicklungen in Ihren tatsächlichen Gegebenheiten studieren und betrachten, dann finden Sie in dieser mit Andacht und Aufmerksamkeit geführten Welt-Anschauung zu Ihrer persönlichen „Religion" und zu einer Selbsterfahrung, die sich auf tatsächliche Beobachtungen stützen können.

Auch, was zunächst wie ein „Buch mit sieben Siegeln" aussieht (vgl. Abb. oben), tut sich Ihnen auf, wenn Sie die Dinge des Lebens ohne Spekulation und ohne Projektion betrachten - Ihr Schlüssel zu einem großen Glück.

PERSÖNLICHE TAGESKARTE:

....

....

ERLEBNISSE EREIGNISSE:

....

....

....

....

....

....

....

....

....

19. Mai

139. Tag. 29. Stier-Tag.
Saturn in Stier.

Sieben Münzen (Waite-Tarot)

**PERSÖNLICHE
TAGESKARTE:**

....

....

**ERLEBNISSE
EREIGNISSE:**

....

....

....

....

....

....

....

....

....

....

....

Die Erfahrung kreativen Verstehens kann so intim sein wie Lieben oder Trauern.

In den Dingen des Lebens können Sie - wie in Tarot-Karten - ganze Welten, Abgründe und Gipfel erkennen: „Sieh' eine Welt in einem Körnchen Sand/und einen Himmel in der wilden Blume/greif das Unendliche mit deiner Hand/und fühle Ewigkeit in einer Stunde" (William Blake).

Es sind Momente besonderer Evidenz, in denen Sie gewisse Sachverhalte unmittelbar verstehen - und dabei zugleich auch sich selbst in einer Tiefe erfahren, die sonst ungewohnt erscheint.

Sieben Scheiben (Crowley-Tarot)

20. Mai

140. Tag. 30. Stier-Tag.
Saturn in Stier.

In der Materie (die hier durch die Münzen oder Scheiben dargestellt wird) lebt es. Deshalb begegnen wir auch hier, in den Dingen und Ereignissen, den Geheimnissen und den spirituellen Fragen des Lebens. Daß Geist und Natur, Spiritualität und Materialität keine sich ausschließenden Gegensätze darstellen, stellt die entscheidende Botschaft, die überragende Offenbarung des „Stiers" dar!!

Hier wird auch eine Brücke zurückgeschlagen ins historische „Stier-Zeitalter", von heute aus rund 5.000 Jahre zurück, eine Epoche, die - nicht idyllisch, sondern archaisch, die Menschen mit den Naturvorgängen unmittelbar verband.

PERSÖNLICHE TAGESKARTE:

....

....

ERLEBNISSE EREIGNISSE:

....

....

....

....

....

....

....

....

....

....

....

10. Tag der dritten Stier-Dekade

Zwillinge

21.5. - 21.6.

Empfohlene Auslage
„Entscheidung"

1 - Lage
2 - Aufgabe
3 - Entscheidung.

Die Dekaden

1. Dekade 21. - 31.5.
Jupiter in Zwillinge
Tarot-Karte „Acht Schwerter"
Zwillinge durchdringen das Reich des Geistes. Gut orientiert findet
Jupiter wertvolle Einsichten und schöne Aussichten.

2. Dekade 1. - 10.6.
Mars in Zwillinge
Tarot-Karte „Neun Schwerter"
Mars in Zwillinge ist die Stunde der Erkenntnis und des Eintritts in
neue geistige Räume.

3. Dekade 11. - 21.6.
Sonne in Zwillinge
Tarot-Karte „Zehn Schwerter"
Zwillinge erforschen, wie es wirklich funktioniert. Sonne spendet
Licht mit jedem Atemzug.

Acht Schwerter (Waite-Tarot)

21. Mai

141. Tag. 1. Zwillinge-Tag. Jupiter in Zwillinge.

Die Frage nach der glücklichen Verbindung von Geist und Natur oder, anders ausgedrückt, von Himmel und Erde ist ein wesentliches Verbindungsglied zwischen den Tierkreiszeichen Stier und Zwillinge. In den kommenden Tagen im Zeichen der Zwillinge werden wir u.a. Pfingsten und „Himmelfahrt" begegnen und Antworten auf die genannte Frage erfahren... Einstweilen erleben Sie jetzt den Wechsel vom „Stier" mit seiner Erinnerung an Ur-Zeiten, wo Milch und Honig fließen, hinüber zu den Zwillingen.

Wenn Sie in irgendeiner Weise aus dem Lot sind, dann mag die Zeit der Zwillinge eine Phase des „Hauens und Stechens" für Sie eröffnen. Wenn Sie jedoch mit „Gott und der Welt" im reinen sind, so dürfen Sie sich auf die Zeit des „Blühens und Duftens" freuen, die uns die Zwillinge jährlich ebenfalls bescheren.

Wichtig für die kommenden 31 Tage: Schenken Sie Ihren Gedanken besondere Aufmerksamkeit.

PERSÖNLICHE TAGESKARTE:

....

....

ERLEBNISSE EREIGNISSE:

....

....

....

....

....

....

....

....

....

....

....

1. Tag der ersten Zwillinge-Dekade

22. Mai

142. Tag. 2. Zwillinge-Tag. Jupiter in Zwillinge.

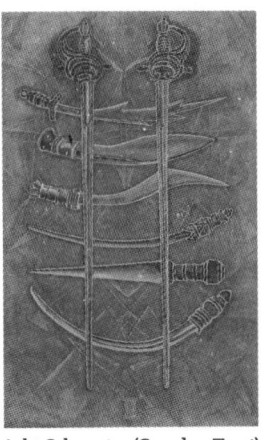

Acht Schwerter (Crowley-Tarot)

PERSÖNLICHE TAGESKARTE:

....

....

ERLEBNISSE EREIGNISSE:

....

....

....

....

....

....

....

....

....

....

....

Die astrologische Definition der Zwillinge heißt: „Ich denke". Alles, was Sie im Zeichen der Zwillinge erleben, sollten Sie stets auch unter diesem Aspekt betrachten. Denken! Es heißt nicht: Sie sollen sich Gedanken *machen*. Sondern denken. Denken ist geistige Aktivität, und wie das Atmen funktioniert sie am besten, wenn sie ungestört arbeiten kann!

Achten Sie darauf, was Ihre Gedanken Ihnen sagen wollen. Lernen Sie, Ihre Gedanken zu deuten. Wie die Träume, so stellen auch die Gedanken nicht nur Bekanntes und Bewußtes dar, sondern auch Botschaften aus dem Unbewußten. Hören Sie Ihren Gedanken zu, beobachten Sie sie, lassen Sie sie kommen und gehen. Fragen Sie sie nach ihrer Bedeutung.

VIII

23. Mai

143. Tag. 3. Zwillinge-Tag. Jupiter in Zwillinge.

Acht Schwerter (Waite-Tarot)

Wenn Sie sich in irgendeiner Weise gefesselt, gehemmt, gefangen oder befangen fühlen, dann ist jetzt eine gute Zeit dafür, diese hinderlichen Bindungen aufzutrennen. Bewegen Sie sich wie die Bildfigur in der obigen Darstellung vorsichtig auf die Schwerter hin. Nutzen Sie Ihre umfangreichen geistigen Fähigkeiten (die Waffen des Geistes), die durch die Schwerter u.a. symbolisiert werden. Befreien Sie sich, und legen Sie unangebrachte Verbindlichkeiten und Verpflichtungen nieder.

Zugleich kann dasselbe Bild Sie aber auch darauf hinweisen, daß Sie nach innen schauen und Einkehr halten sollen. Besinnen Sie sich auf Ihre innere Kraft. Regenerieren Sie sich in der Stille. Kommen Sie wieder neu ins Lot, damit Sie in den vielfältigen persönlichen Angelegenheiten zu klaren Entscheidungen und Urteilen finden.

PERSÖNLICHE TAGESKARTE:

....

....

ERLEBNISSE EREIGNISSE:

....

....

....

....

....

....

....

....

....

....

3. Tag der ersten Zwillinge-Dekade

24. Mai

144. Tag. 4. Zwillinge-Tag.
Jupiter in Zwillinge.

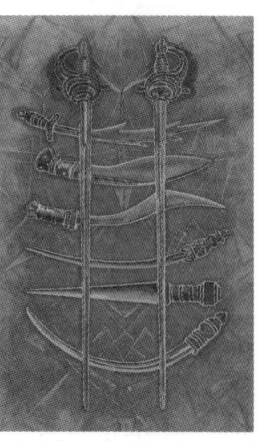

Acht Schwerter (Crowley-Tarot)

PERSÖNLICHE TAGESKARTE:

....

....

ERLEBNISSE EREIGNISSE:

....

....

....

....

....

....

....

....

....

....

....

● Nutzen Sie Ihre aktuellen Fragen zu einer Bestandsaufnahme Ihrer geistigen Interessen und Probleme. Setzen Sie Ihren geistigen Apparat instand. Pflegen Sie ihn, und erweitern Sie ihn. Es kann jetzt geschehen, daß Sie mancherorts anecken. Auch dies wäre ein Hinweis darauf, daß Sie Ihr Bewußtsein erweitern möchten. Nutzen Sie querliegende Argumente, Einwände, Reibungspunkte und dergleichen als willkommene Gelegenheit, zur Bewährung, Vervollständigung und Erweiterung Ihrer geistigen Kapazitäten.

Zweck der Übung und Aufgabe der geistigen Auseinandersetzung ist es, für das, was Ihnen und Ihren Mitmenschen am Herzen liegt, neue Wege zu bahnen.

Acht Schwerter (Waite-Tarot)

25. Mai

145. Tag. 5. Zwillinge-Tag.
Jupiter in Zwillinge.

Halten Sie Ihren Geist in Bewegung. Trainieren Sie ihn, indem Sie ihn beschäftigen. Auch Tarot, und dabei besonders die Tageskarte, können Sie als „Jogging für Geist und Seele" nutzen. Sorgen Sie für frischen Wind, gute Belüftung und Durchlüftung. Entwickeln Sie Ihr Denk-, Rechen- und Erinnerungsvermögen, indem Sie es kontinuierlich nutzen und wachsen lassen. Die „Waffen des Geistes" werden umso wirksamer, klarer und leichter, je mehr sie genutzt werden.

Wenn Sie Ihre Gedanken verstehen und befolgen, dann schöpfen Sie Ihre geistigen Möglichkeiten aus. Und Ihre Originalität, Ihre persönliche, unverwechselbare Eigenart kann ihren ganzen Zauber entfalten...

PERSÖNLICHE TAGESKARTE:

....

....

ERLEBNISSE EREIGNISSE:

....

....

....

....

....

....

....

....

....

....

5. Tag der ersten Zwillinge-Dekade

26. Mai

146. Tag. 6. Zwillinge-Tag. Jupiter in Zwillinge.

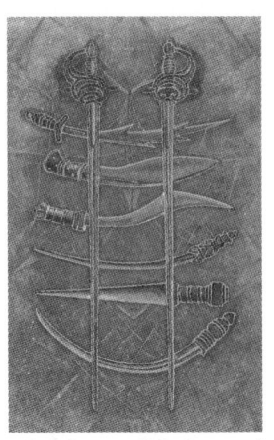

Acht Schwerter (Crowley-Tarot)

PERSÖNLICHE TAGESKARTE:

....

....

ERLEBNISSE EREIGNISSE:

....

....

....

....

....

....

....

....

....

....

....

....

● Bauen Sie sich jetzt Ihren eigenen Weg - durch bestehende Probleme und hin zu Ihren Zielen für Ihre Zukunft. Arbeiten Sie Schwierigkeiten und Einwände ab. Machen Sie den Weg frei. Ein taugliches Bewußtsein ist wie eine goldene Brücke.

Machen Sie sich selbst das Geschenk, daß Sie Ihre Gedanken ernstnehmen. Wagen Sie (mehr) Verbindlichkeit und Treue - zu sich und anderen.

Acht Schwerter (Waite-Tarot)

27. Mai

147. Tag. 7. Zwillinge-Tag.
Jupiter in Zwillinge.

Das einzige gravierende Hindernis für ein konsequentes Denken ist wohl - unsere Furcht vor unangenehmen Wahrheiten. Doch das Denken ist stets nur der Bote oder die Botin. Das Denken selber ist Aktivität des Geistes; es ist zuerst und zuletzt weder positiv noch negativ (auch Begriffe wie „positives Denken" oder „negative Dialektik" sind deshalb irreführend). Denken ist wie Rechnen, es kommt „nur" darauf an, ob es funktioniert, und ob Sie eins und eins richtig zusammenzählen.

Es gibt so unendlich viele Wege des Geistes, und das Tempo, mit dem Sie Informationen verarbeiten, gleicht manchmal dem „Groschen", der nur ganz allmählich fällt, und ein andermal vielleicht der Schall- oder sogar der Lichtgeschwindigkeit!

PERSÖNLICHE TAGESKARTE:

....

....

ERLEBNISSE EREIGNISSE:

....

....

....

....

....

....

....

....

....

....

....

7. Tag der ersten Zwillinge-Dekade

28. Mai

148. Tag. 8. Zwillinge-Tag.
Jupiter in Zwillinge.

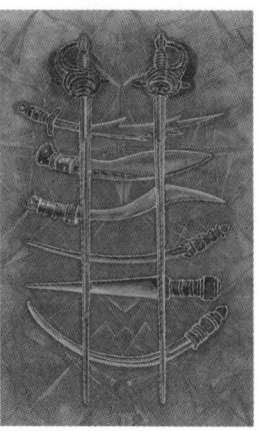

Acht Schwerter (Crowley-Tarot)

**PERSÖNLICHE
TAGESKARTE:**

....

....

**ERLEBNISSE
EREIGNISSE:**

....

....

....

....

....

....

....

....

....

....

....

....

- Wo es an kreativem Denken mangelt, mangelt es an allem.

Acht Schwerter (Waite-Tarot)

29. Mai

149. Tag. 9. Zwillinge-Tag. Jupiter in Zwillinge.

Hüten und schützen Sie sich vor einem „wilden Denken", das heißt vor „hellem Wahn" oder vor einer geistigen Rasanz ohne persönliche Konsequenz.

Konsequentes Denken ist radikal. Etwa so, wie es in den folgenden Worten anklingt:

„Wenn man was liebt,/was man eigentlich kaum bekommen kann,/was unerreichbar fern erscheint,/wird man ein Stück traurig./Wird man ein Träumer./Oder man wird ein Radikaler/oder/ein radikaler Verwirklicher seiner Träume" (Susanne Zühlke).

PERSÖNLICHE TAGESKARTE:

....

....

ERLEBNISSE EREIGNISSE:

....

....

....

....

....

....

....

....

....

....

....

....

9. Tag der ersten Zwillinge-Dekade

30. Mai

150. Tag. 10. Zwillinge-Tag.
Jupiter in Zwillinge.

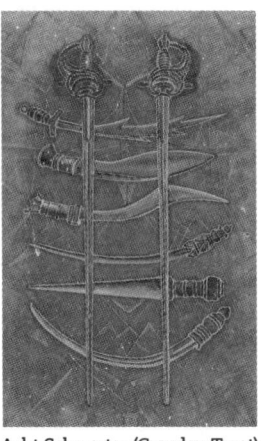

Acht Schwerter (Crowley-Tarot)

**PERSÖNLICHE
TAGESKARTE:**

....

....

**ERLEBNISSE
EREIGNISSE:**

....

....

....

....

....

....

....

....

....

....

....

• Eine Idee ist nur so gut wie das, was
man daraus macht! In dieser Dekade
geht es um die Überprüfung des
Denkens und einzelner Gedanken,
damit wieder und neu eine Einheit von
Denken und Handeln in Ihrem Leben
besteht. Diese Verbindung von Kopf und
Hand ist nebenbei eine der geheimen
Bedeutungen der auf der Nebenseite
abgebildeten Karte. Kopf und Hände
sind dort gebunden, das heißt aber
auch, sie sind miteinander verbunden.
Die Einheit von Theorie und Praxis wird
auch durch Jupiter, den symbolischen
Herrscher in dieser Dekade, dargestellt.
Er entspricht im römischen Götter-
himmel in etwa dem griechischen Zeus
und symbolisiert u.a. Eigenverantwortung und Eigenregie.

Acht Schwerter (Waite-Tarot)

31. Mai

151. Tag. 11. Zwillinge-Tag.
Jupiter in Zwillinge.

Die Augenbinde in der obigen Darstellung bedeutet eine Warnung vor mangelndem Durchblick usw. Sie stellt aber auch eine Ermunterung zur (geistigen) Unvoreingenommenheit und Unparteilichkeit. Die Augenbinde bedeutet, daß das Reich des Geistes jenseits des Augenscheins liegt. Auch jenseits dessen, was Sie mit Händen greifen können (daher die gebundenen Hände als Symbol).

In diesen Tagen geht es um ein geistiges Schauen und um ein persönliches Begreifen, das über Vordergründigkeit und Oberflächlichkeit hinausführt. Lassen Sie Schubladen des Denkens hinter sich. Machen Sie Ihre Gedanken nützlich und fruchtbar.

PERSÖNLICHE TAGESKARTE:

....

....

ERLEBNISSE EREIGNISSE:

....

....

....

....

....

....

....

....

....

....

11. Tag der ersten Zwillinge-Dekade

1. Juni

152. Tag. 12. Zwillinge-Tag. Mars in Zwillinge.

Neun Schwerter (Waite-Tarot)

PERSÖNLICHE TAGESKARTE:

....

....

ERLEBNISSE EREIGNISSE:

....

....

....

....

....

....

....

....

....

....

....

• Der Juni ist bei den alten Römern nach der Göttin Juno, der Gattin des Göttervaters Jupiter, benannt worden. Sie entspricht der griechischen Hera, der Frau des Zeus. Juno galt als die „jugendlich blühende", als eine Göttin der Gestirne und die „Hüterin der Ehe".

Alte Namen für den Juni sind der „Rosenmonat" und der „Brachmond". Mit dem ersten ist die „Zeit des Blühens und Duftens" angesprochen. Die Bezeichnung „Brachmond" stammt aus der Zeit der Dreifelderwirtschaft. Im Juni ging man daran, das letzte Drittel, das Brachfeld zu bearbeiten.

Diese historischen Bezüge lassen sich nicht ohne weiteres auf heute übertragen. Und dennoch gibt dieser Monat Ihnen die besondere Gelegenheit, persönliches Brachland zu bearbeiten und vorhandene Triebe und Knospen zum Blühen und Duften zu bringen.

Neun Schwerter (Crowley-Tarot)

2. Juni

152. Tag. 13. Zwillinge-Tag. Mars in Zwillinge.´

Die 2. Zwillinge-Dekade ist der symbolische Platz von Pfingsten, auch wenn dieses Fest kalendarisch einmal in eine andere Dekade fallen sollte! Erfüllt vom Heiligen Geist, der in Gestalt von Feuerzungen auf sie herabkam, begannen die Jünger Jesu zu sprechen und zu verkünden, und jede/r der vielen Anwesenden verstand sie in der eigenen Muttersprache! Pfingsten ist ein Fest der Grenzüberschreitung. Himmel und Erde, Diesseits und Jenseits sind keine getrennten Welten - so lautet die Botschaft. Es ist ein Fest der Aufhebung der Sprachgrenzen und damit auch der Grenzen des Verständnisses: Die Menschen reden unmittelbar, von Herz zu Herz miteinander - und verstehen sich gegenseitig. Damit ist Pfingsten auch ein besonderes Fest der Liebe!

Zugleich stellt Pfingsten auch ein Gegenbild zum Mythos vom „Turmbau zu Babel" dar. Dieses Projekt scheiterte und führte zur babylonischen Sprachverwirrung: Alle reden, und keine/r versteht. Das zu ändern, ist die Bedeutung von Pfingsten.

PERSÖNLICHE TAGESKARTE:

....

....

ERLEBNISSE EREIGNISSE:

....

....

....

....

....

....

....

....

....

....

....

2. Tag der zweiten Zwillinge-Dekade

3. Juni

154. Tag. 14. Zwillinge-Tag.
Mars in Zwillinge.

Neun Schwerter (Waite-Tarot)

PERSÖNLICHE TAGESKARTE:

....

....

ERLEBNISSE EREIGNISSE:

....

....

....

....

....

....

....

....

....

....

....

Überraschende Ereignisse und unerwartete Erkenntnisse sind in dieser Dekade absolut „normal". Manches sieht auf den ersten Blick aus wie ein Erschrecken in der Nacht, und stellt sich später doch oder auch als eine Situation des Erwachens dar.

So ist auch die obige Abbildung zu sehen. Möglicherweise stellt sie eine Situation der Alpträume, des Schrecklichen und des Unverständlichen dar. Dies wäre symbolisch als eine Art Fortwirkung des „Turmbaus zu Babel", von eigener oder anderseitiger Überheblichkeit und Verständnislosigkeit zu deuten. Dasselbe Bild zeigt aber auch: Es kommt Licht in die Finsternis, ein neuer (geistiger) Horizont zieht auf, und Sie begreifen, was Ihnen vorher unerklärlich oder unzugänglich war. Dies wäre eine Art persönliches Pfingsten. Gewöhnen Sie sich langsam an die neuen Einsichten.

Neun Schwerter (Crowley-Tarot)

4. Juni

155. Tag. 15. Zwillinge-Tag.
Mars in Zwillinge.

Zwischen getrennten Welten werden Kontakte geschaffen und Verbindungen entwickelt - dies liegt in der Symbolik der „Zwillinge" insgesamt. Und die Eroberung von geistigem und persönlichem Neuland ist ein spezielles Thema dieser Dekade mit Mars als symbolischem Herrscher. Mars war bei den Römern nicht nur Kriegsgott, sondern auch und ursprünglich Frühlingsgott. Seine Aufgabe ist es nicht nur, Neuland zu erobern, sondern auch, dieses bisher unbekannte Brachland urbar, zugänglich und bewohnbar zu machen!

Lassen Sie sich auch nicht durch eventuelle „blutige" Assoziationen bei der obigen Abbildung beirren. Das Bild stellt nicht mehr und nicht weniger dar, als daß auf breiter Front Ihre Gedanken (die Schwerter als „Waffen des Geistes") mit dem in Kontakt stehen, was Ihnen im Blute liegt! Damit ist die Aufgabe verbunden, geistig zu bearbeiten und zu verstehen, was Sie emotional bewegt, und umgekehrt sich zu Herzen zu nehmen, was in Ihrem Kopf vorgeht.

PERSÖNLICHE TAGESKARTE:

....

....

ERLEBNISSE EREIGNISSE:

....

....

....

....

....

....

....

....

....

....

....

4. Tag der zweiten Zwillinge-Dekade

5. Juni

156. Tag. 16. Zwillinge-Tag. Mars in Zwillinge.

Neun Schwerter (Waite-Tarot)

PERSÖNLICHE TAGESKARTE:

....

....

ERLEBNISSE EREIGNISSE:

....

....

....

....

....

....

....

....

....

....

....

Zeitlich erreichen Sie heute die Mitte des Zwillinge-Monats. Außerdem sind es mit heute noch 17 Tage bis zur Sommersonnenwende und zum Sommeranfang. Machen Sie sich bereit, jetzt geistiges Neuland zu betreten, um im Sommer neue persönliche Chancen zu verwirklichen.

Der vergleichsweise unmittelbare „Draht" zwischen innerer Betroffenheit und ausdrücklichen Gedanken, wie er in diesen Tagen zum Thema wird, bringt als eine ernstzunehmende Gefahr die Möglichkeit eines Kurzschlusses zwischen Sinn und Sinnen mit sich. Hüten und schützen Sie sich vor sinnlosen emotionalen Ausbrüchen. Akzeptieren und fördern Sie es, wenn jetzt unbekannte oder bisher schwer zugängliche Emotionen sich Ausdruck verschaffen und Verständnis verlangen.

---

5. Tag der zweiten Zwillinge-Dekade   178

Neun Schwerter (Crowley-Tarot)

6. Juni

157. Tag. 17. Zwillinge-Tag.
Mars in Zwillinge.

Der 6.6. ist von den Ziffern her ein bemerkenswertes Datum und bietet einen willkommenen Anlaß, an Liebe, Sex und Zärtlichkeit zu denken. Die blühende Rose, die traditionell zu den Zwillinge-Symbolen gehört, ist ein Zeichen der Liebe, aber auch der Geschlechtsreife. Die Göttin Juno als Patronin dieses Monats gilt als „Hüterin der Ehe"...

Dies - zusammen mit Pfingsten, dem Fest der Verständigung und der Unmittelbarkeit - setzt Ihre bisherigen Vorstellungen und kommenden Erwartungen in puncto Liebe und Sexualität auf die Tagesordnung.

Entscheidend sind dabei die Aufgabe und die jetzige gute Chance, den Erwartungshorizont aller Beteiligten zu klären. Damit Liebe, Lust und Leidenschaft jetzt und zu jeder Jahreszeit zu ihrem Recht kommen.

PERSÖNLICHE TAGESKARTE:

....

....

ERLEBNISSE EREIGNISSE:

....

....

....

....

....

....

....

....

....

....

....

6. Tag der zweiten Zwillinge-Dekade

7. Juni

158. Tag. 18. Zwillinge-Tag.
Mars in Zwillinge.

Neun Schwerter (Waite-Tarot)

**PERSÖNLICHE
TAGESKARTE:**

....

....

**ERLEBNISSE
EREIGNISSE:**

....

....

....

....

....

....

....

....

....

....

....

....

Wir sehnen uns nach Liebe, aber wir fürchten uns vielleicht auch insgeheim davor, zu lieben und/oder geliebt zu werden. Ob Sie auf Ihre Art mit der Liebe glücklich werden, das hängt auch davon ab, welche Ziele und Vorstellungen Sie damit verbinden.

Entdecken Sie z.B. Ihre „bessere Hälfte" auch in sich selbst. Wettern Sie nicht über die Probleme der anderen, sondern über Ihr bisher mangelndes Verständnis, mit diesen Problemen effektiv umzugehen.

Versuchen Sie auch nicht, Ihr Glück oder Unglück auf andere, auch nicht auf Ihre Partnerin oder Ihren Partner zu übertragen. Etwas ganz anderes ist es, Glück und Unglück miteinander zu teilen.

Neun Schwerter (Crowley-Tarot)

8. Juni

159. Tag. 19. Zwillinge-Tag.
Mars in Zwillinge.

Die Suche nach der „besseren Hälfte" schafft das Problem, daß wir uns selber halbieren. Wenn zwei halbe Menschen sich zusammentun, bleibt auch die Liebe eine halbe Sache.

Nicht unbedingt aussichtsreicher ist allerdings die Vorstellung von der „Liebe zwischen Gleichen", die Suche nach einem Maximum persönlicher Übereinstimmung als Basis der Liebe: Schauen Sie nach, wie weit Sie diese Vorstellung trägt!

Wenn Sie einen Menschen suchen, mit dem Sie in jeder Hinsicht übereinstimmen können, der sie optimal versteht usw., dann gibt es dafür jedenfalls nur eine/n: Sie selbst.

PERSÖNLICHE TAGESKARTE:

....

....

ERLEBNISSE EREIGNISSE:

....

....

....

....

....

....

....

....

....

....

....

8. Tag der zweiten Zwillinge-Dekade

9. Juni

160. Tag. 20. Zwillinge-Tag.
Mars in Zwillinge.

Neun Schwerter (Waite-Tarot)

PERSÖNLICHE TAGESKARTE:

....

....

ERLEBNISSE EREIGNISSE:

....

....

....

....

....

....

....

....

....

....

....

Auch in der Liebe gilt: Je deutlicher die Unterschiede, desto fruchtbarer die Gemeinsamkeiten. „Ein wunderbares Zusammenleben kann entstehen, wenn die Menschen es erreichen, den Abstand zwischen einander zu lieben, denn nur so können Sie einander ganz betrachten und vor dem Hintergrund eines weiten Himmels" (Rainer Maria Rilke).

Dann hört die Liebe auf, Ersatz für persönliche Ganzheit und Selbstverwirklichung zu sein, und wird zu dem, was sie immer schon war: Zur Freude am Dasein und zum Glück, dieses mit anderen teilen zu können.

Neun Schwerter (Crowley-Tarot)

10. Juni

161. Tag. 21. Zwillinge-Tag.
Mars in Zwillinge.

Das „Brachland", das in diesem Monat zu bearbeiten ist, heißt in psychologischer Sprache auch „Schatten". Ihre Schattenseiten umfassen alles, was für Ihr Leben und Ihre Person in irgendeiner Weise wichtig sein könnte, mit dem Sie sich aber bisher nicht bewußt befaßt haben. Dieser Schattenbereich des Unbewußten ist daher in der Regel recht umfangreich. Stärken und Schwächen, alte Probleme und zukünftige Glücksmöglichkeiten, Harmloses und Außerordentliches sind darin enthalten.

Finden Sie jetzt Worte für Eindrücke, bei denen Sie bislang sprachlos waren. Trauen Sie sich, einige Dinge beim Namen zu nennen, die Ihnen zuvor nicht über die Lippen kamen. Gehen Sie weiter in Ihren Gedanken, als Sie es gewohnt waren. Machen Sie sich Ereignisse bewußt, die noch auf Verarbeitung warten, und bringen Sie Ihre unterschiedlichen Erfahrungen „auf die Reihe", d.h. in eine geistige Ordnung.

PERSÖNLICHE TAGESKARTE:

....

....

ERLEBNISSE EREIGNISSE:

....

....

....

....

....

....

....

....

....

....

10. Tag der zweiten Zwillinge-Dekade

11. Juni

162. Tag. 22. Zwillinge-Tag. Sonne in Zwillinge.

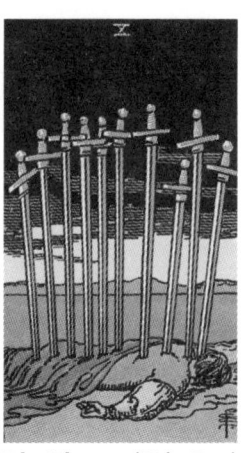

Zehn Schwerter (Waite-Tarot)

PERSÖNLICHE TAGESKARTE:

....

....

ERLEBNISSE EREIGNISSE:

....

....

....

....

....

....

....

....

....

....

....

Heute wird die letzte Dekade der Zwillinge und damit der letzte Abschnitt des Frühlings insgesamt eingeläutet. Noch 11 Tage sind es bis zur Sommersonnenwende, der tiefsten Stelle im Jahreskreis. Der Witz dieser Dekade besteht darin: Sie sprengt nicht selten die Vorstellungskraft!

Die tiefste Stelle des Jahreskreises, die Sie mit dem Wechsel vom Frühjahr zum Sommer am 21./22. Juni erleben, gleicht symbolisch der Heimat, der Herkunft und in gewisser Weise der Quelle Ihres Lebensweges und Ihres Geschicks. Zu dieser Quelle (wieder einmal) zurückzukehren, bietet recht außergewöhnliche Möglichkeiten. Alte Probleme können hier gleichsam abgewaschen und neue Lösungen sinnbildlich aus der Taufe gehoben werden. Die Sommersonnenwende gleicht dem Jungbrunnen des Märchens. Was sich aber ändern und neu entwickeln wird, geht über bisherige Erfahrungen und Vorbilder in vielen Punkten hinaus.

1. Tag der dritten Zwillinge-Dekade

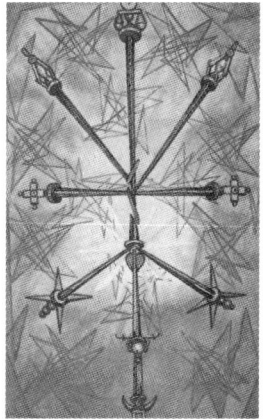

Zehn Schwerter (Crowley-Tarot)

12. Juni

163. Tag. 23. Zwillinge-Tag.
Sonne in Zwillinge.

Die „Schwerter" im Tarot symbolisieren die „Waffen des Geistes". Sie warnen vor Entfremdung und Zerstörung, die der Geist anrichten oder beschleunigen kann. Und sie ermuntern zu einer Erleichterung der Daseinsbedingungen, zu einer Verbesserung der Lebensqualität durch einen fruchtbaren Geist.

Dieser Dekade ist die Tarot-Karte „Zehn Schwerter" zugeordnet, die Höchstzahl an Schwertern. Entweder die Entfremdung oder aber die Fruchtbarkeit des Geistes erreicht hier besondere Blüten.

Schärfen Sie Ihr Bewußtsein. Gehen Sie Ihren Gedanken in ganzer Bandbreite und in allen Richtungen nach.

PERSÖNLICHE TAGESKARTE:

....

....

ERLEBNISSE EREIGNISSE:

....

....

....

....

....

....

....

....

....

....

....

....

2. Tag der dritten Zwillinge-Dekade

13. Juni

164. Tag. 24. Zwillinge-Tag.
Sonne in Zwillinge.

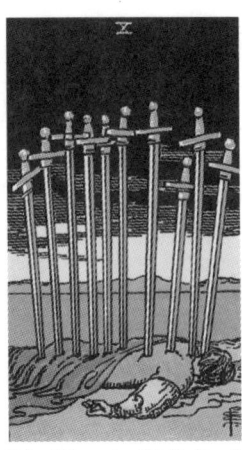

Zehn Schwerter (Waite-Tarot)

PERSÖNLICHE TAGESKARTE:

....

....

ERLEBNISSE EREIGNISSE:

....

....

....

....

....

....

....

....

....

....

....

Nutzen Sie die verbleibenden neun Tage bis zur Sommersonnenwende, um untaugliche Gedanken und fruchtlose Auseinandersetzungen zu erledigen (vgl. Abb. oben). Lassen Sie es nicht zu, daß falsche Vorstellungen oder unzutreffende Urteile Sie selber oder jemand anderen verletzen oder im menschlichen oder persönlichen Sinne ruinieren.

Ziehen Sie die Summe aus Ihren Erfahrungen und Erkenntnissen, stellen Sie fest, was diese für Sie persönlich bedeuten, und ziehen Sie daraus wiederum die Konsequenzen! Entscheidend ist hier die Frage, ob das Denken funktioniert, so daß Sie zu tauglichen Ergebnissen kommen. Thema der obigen Karte und Ihrer aktuellen Aufgabe ist es, nicht ein, zwei oder drei Schwerter zu meistern, sondern alle!

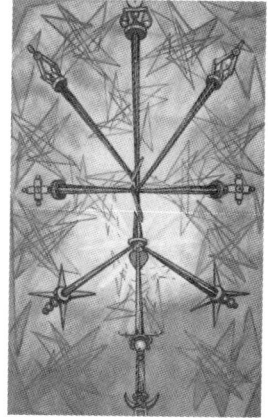

Zehn Schwerter (Crowley-Tarot)

14. Juni

165. Tag. 25. Zwillinge-Tag.
Sonne in Zwillinge.

Mobilisieren Sie all Ihre geistigen, mentalen und Bewußtseinskräfte. Hören Sie auf, sich allzu viele Gedanken zu machen. Fördern Sie Ihre Atmung und den Fluß Ihres Denkens.

PERSÖNLICHE TAGESKARTE:

....

....

ERLEBNISSE EREIGNISSE:

....

....

....

....

....

....

....

....

....

....

....

....

....

4. Tag der dritten Zwillinge-Dekade

15. Juni

166. Tag. 26. Zwillinge-Tag. Sonne in Zwillinge.

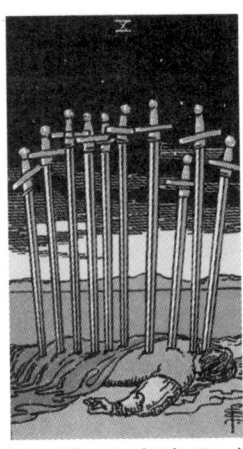

Zehn Schwerter (Waite-Tarot)

PERSÖNLICHE TAGESKARTE:

....

....

ERLEBNISSE EREIGNISSE:

....

....

....

....

....

....

....

....

....

....

....

- Einer der bekannten Sprüche, die im Zen-Buddhismus den Schülern mit auf den Weg gegeben werden, heißt: „Triffst du Buddha unterwegs, töte Buddha". Dieses Motto ist u.a. mit der biblischen Überlieferung zu vergleichen, die besagt, man solle sich von Gott kein bestimmtes Bild machen.

- Als Fülle des Geistes und als Blüte der Erkenntnis erweist sich hier eine Situation, in der jede Identifikation mit vorliegenden Rollen, jede Identifikation mit einem Vorbild ihr Ende erreicht.

- So kann aus Ihrer eigenen Existenz ein Bewußtsein hervorwachsen, das zwar kein Vorbild mehr besitzt, aber gerade deshalb so gut zur Individualität und Originalität Ihrer Person paßt.

5. Tag der dritten Zwillinge-Dekade

188

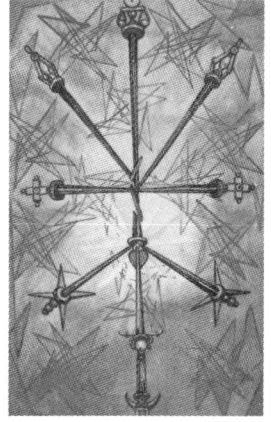

Zehn Schwerter (Crowley-Tarot)

16. Juni

167. Tag. 27. Zwillinge-Tag.
Sonne in Zwillinge.

Wenn Sie wissen wollen, ob Ihre Gedanken und Theorien für Sie stimmen, dann müssen Sie ihnen auch erlauben, sie festzunageln. Erst wenn sie in Fleisch und Blut übergehen und gleichsam in Ihrer gesamten Existenz verankert sind, dann geht die Saat des Geistes auf. Wenn sie sich auf die Lebenswirklichkeit eines bestimmten Menschen beziehen (wenn sie in einer Existenz „drinstecken"), werden Gedanken zu Erkenntnissen - und gewinnen wirkliche Bedeutung, das heißt, sie bewirken etwas.

Der Weg dorthin besteht in liebevoller Auseinandersetzung und in kritischer Annäherung. Denn Sie müssen einen Menschen oder auch einen Sachverhalt sehr lieben, um sich existentiell mit ihm auseinanderzusetzen und um ihn ganz zu erkennen. Vermeiden Sie in diesem Sinne Halbheiten, und entscheiden Sie sich, wo es sich lohnt, auf's Ganze zu gehen.

PERSÖNLICHE TAGESKARTE:

....

....

ERLEBNISSE EREIGNISSE:

....

....

....

....

....

....

....

....

....

....

....

6. Tag der dritten Zwillinge-Dekade

17. Juni

168. Tag. 28. Zwillinge-Tag. Sonne in Zwillinge.

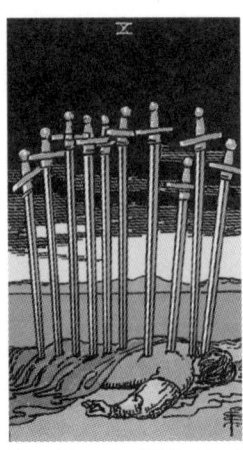

Zehn Schwerter (Waite-Tarot)

PERSÖNLICHE TAGESKARTE:

....

....

ERLEBNISSE EREIGNISSE:

....

....

....

....

....

....

....

....

....

....

....

● Der Tod unfruchtbarer Träume, Vorstellungen und Erwartungen läßt einen neuen, strahlenden Horizont aufziehen (vgl. Abb.). An die Stelle von festen Konzepten, bloßer Beliebigkeit und Selbstrechtfertigung tritt die Fähigkeit, den Augenblick anzunehmen, in der Situation zu entscheiden und zu antworten.

Wach sein für die Erfordernisse des Augenblicks ist dasselbe wie sich und das, was größer ist als Sie selber, immer wieder anzunehmen. Es ist wie eine Liebeserklärung an Sie selbst und an das Leben.

Bauen Sie auf die Kraft Ihrer Individualität, die Sie als solche mit allen Menschen gemeinsam haben, die Sie aber dem Inhalt nach auch von allen anderen unterscheidet. So werden Sie Ihren Platz auf der Welt finden und bewußt einnehmen. So werden Sie auch in der glücklichen Lage sein, in den Wechselfällen des Lebens geeignete Antworten zu entwickeln . und Vorurteilen entgegenzutreten.

Zehn Schwerter (Crowley-Tarot)

18. Juni

169. Tag. 29. Zwillinge-Tag.
Sonne in Zwillinge.

Schubladen des Denkens können nützliche Ordnungsmittel sein, entwickeln sich oft aber zu Denkverboten. Die Liebe ist eine enorme Verwandlungs- und Gestaltungskraft, die Dinge realisiert, die bisher tatsächlich oder scheinbar unmöglich waren. Und auch die Individualität besitzt eine ähnliche Zauberkraft, die völlig real und wirksam ist und weder auf Hokuspokus noch auf Manipulation von anderen beruht.

Die Individualität ist nur ein Teil Ihres Daseins. Manchmal viel durchschlagender und dann wiederum von viel kleinerem Ausmaß als vorgestellt, bedeutet die Individualität dennoch die Gabe, etwas Beispielloses zu verwirklichen.

Da, wo Sie Ihr Stückchen Individualität ausleben und zur Wirkung bringen, erreichen Sie Lösungen, die vor Ihnen niemand geschafft hat.

PERSÖNLICHE TAGESKARTE:

....

....

ERLEBNISSE EREIGNISSE:

....

....

....

....

....

....

....

....

....

....

....

8. Tag der dritten Zwillinge-Dekade

19. Juni

170. Tag. 30. Zwillinge-Tag.
Sonne in Zwillinge.

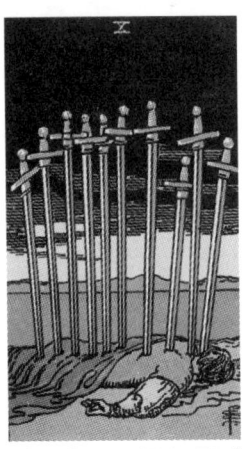

Zehn Schwerter (Waite-Tarot)

PERSÖNLICHE TAGESKARTE:

....

....

ERLEBNISSE EREIGNISSE:

....

....

....

....

....

....

....

....

....

....

....

● Drei Tage noch sind es bis zum Sommeranfang. Nutzen Sie die Gunst der Stunde, zu Quellen Ihrer Persönlichkeit zurückzukehren und diese neu zu verstehen.

Sie besitzen, wie jeder Mensch, etwas Einzigartiges, Einmaliges und unteilbar Eigenes. „Unteilbar" heißt im lateinischen individuum. Auf Ihrem individuellen Weg können Sie Lösungen und Leistungen erreichen, die wie ein Wunder wirken, tatsächlich aber für Sie ganz natürlich sind - genauso, wie andere auf ihrem jeweiligen Weg Zauberhaftes erleben und leisten, das für Sie immer unerreichbar bleiben wird, weil deren Weg nicht Ihrer ist.

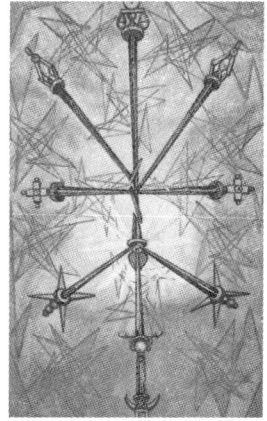

Zehn Schwerter (Crowley-Tarot)

20. Juni

171. Tag. 31. Zwillinge-Tag. Sonne in Zwillinge.

Zwei Tage nun noch bis zur Sommersonnenwende. - Der Abschied von Vorbildern ist nicht immer leicht und verläuft umso schmerzhafter, je weniger die eigene Identität ausgebildet ist. Und doch ist der Verlust von Vorbildern und ebenso der Abschied von Theorien, die nicht durch eigene Erfahrungen bestätigt werden, unvermeidlich, ja, sogar heilsam. Denn nur so erhalten Sie eine faire Chance, „Ja" zu sich selbst zu sagen und die Dinge des Lebens so zu sehen, wie es sich als Konsequenz aus den Ihnen zugänglichen Informationen und Erfahrungen ergibt!

Individualität oder „eigener Weg" (manchmal auch als persönliche „Einheit im Widerspruch" bezeichnet) ist ein Ausdruck davon, daß Sie für sich in Ihrem Leben „Himmel" und „Erde" zusammenbringen. Als Mittler/in zwischen den Welten von Theorie und Praxis, Liebe und Erkenntnis, Vernunft und Leidenschaft usw. entwickeln Sie Ihr persönliches Verständnis davon, wo Ihr Platz auf der Welt ist und wie er aussehen soll.

PERSÖNLICHE TAGESKARTE:

....

....

ERLEBNISSE EREIGNISSE:

....

....

....

....

....

....

....

....

....

....

10. Tag der dritten Zwillinge-Dekade

21. Juni

172. Tag. 32. Zwillinge-Tag.
Sonne in Zwilling.

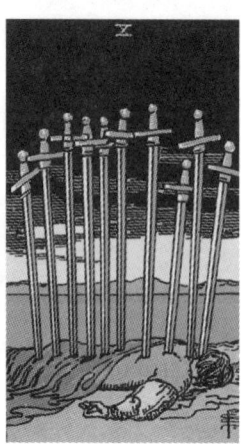

Zehn Schwerter (Waite-Tarot)

**PERSÖNLICHE
TAGESKARTE:**

....

....

**ERLEBNISSE
EREIGNISSE:**

....

....

....

....

....

....

....

....

....

....

....

Bei Licht betrachtet, sind Liebe und Individualität wie zwei unzertrennliche Zwillinge. Erst wenn die Individualität gelebt wird, besteht Liebe weder in Selbstaufgabe noch in Spiegelung oder Übertragung des Eigenen auf den oder die Andere/n. Und Sie müssen sich und den oder die Andere/n lieben, damit Sie die jeweilige Individualität als solche verstehen und begreifen.

Liebe und Individualität sind die heilsamsten Verwandlungskräfte in Ihrem Leben. Sie haben auch gemeinsam, daß sie wieder und wieder über gewohnte Denkmuster hinausgehen. Weder durch Tricks, noch durch Willensanstrengungen oder Kraftakte läßt sich erreichen, was somit möglich ist: Die Hingabe an die Erfordernisse des Augenblicks, die persönliche Erfahrung des Wunders des Lebens, das in sich Erde und Himmel, Erfahrung und Offenheit, Einmaligkeit und Ewigkeit verbindet.

Nehmen Sie sich Zeit, um in passender Weise die Sommersonnenwende zu erleben.

Krebs

22.6. - 22.7.

Empfohlene Auslage
„Meditatives Kartenlegen"

Beim meditativen Kartenlegen werden mit Aufmerksamkeit, Entspannung und Konzentration, doch nicht unbedingt mit einer bestimmten Frage, Karten ausgesucht. Das heißt, Sie wenden den Kartenstapel so, daß die Kartenbilder nach oben liegen, und dann schauen Sie sich die Karten Stück für Stück an. Die Bilder, die Sie spontan besonders ansprechen, nehmen Sie heraus, legen sie vor sich hin und gestalten Sie nach Gefühl und Intuition zu einem bestimmten Muster.

Wenn Sie entweder den ganzen Kartenstapel durchgeblättert haben oder aber zu dem Eindruck gekommen sind, genügend Karten ausgewählt zu haben, ist die Auslage beendet. Atmen Sie dann bewußt, nehmen Sie das Gesamtbild auf und lassen Sie sich auf die Wirkung der Karten ein.

Die Dekaden

1. Dekade 22.6. - 1.7.
Venus in Krebs
Tarot-Karte „Zwei Kelche"
Venus in Krebs, das ist keine Frage, das ist wahre Liebe.

2. Dekade 2. - 12.7.
Merkur in Krebs
Tarot-Karte „Drei Kelche"
Merkur in Krebs - das ist die Grammatik der Gefühle.

3. Dekade 13. - 22.7.
Mond in Krebs
Tarot-Karte „Vier Kelche"
Mond in Krebs - Gefühl pur.

22. Juni

173. Tag. 1. Krebs-Tag.
Venus in Krebs.

Zwei Kelche (Waite-Tarot)

**PERSÖNLICHE
TAGESKARTE:**

....

....

**ERLEBNISSE
EREIGNISSE:**

....

....

....

....

....

....

....

....

....

....

....

Mit dem Tierkreis Krebs beginnt heute der Sommer. Höhen und Tiefen des Lebens treten jetzt in besonders eindrucksvoller Weise in Erscheinung. Davon legt auch die heutige Sommersonnenwende in ihren symbolischen Bedeutungen Zeugnis ab:

Die Sonne steht jetzt - in unseren Breiten - am höchsten. Die Tag sind am hellsten, und die Nächte werden kaum richtig dunkel. Wenn die Sonne am höchsten steht, erreicht der astrologische Jahreskreis seine tiefste Stelle. Das starke Licht des Sommers wirft besonders weite Schatten. Bis in die verborgensten Ebenen des Daseins fällt das Licht.

Was haben Sie sich für den Sommer vorgenommen? Wenn Sie einen Urlaub vorbereiten: Wovon möchten Sie sich erholen, und was möchten Sie erneuern?

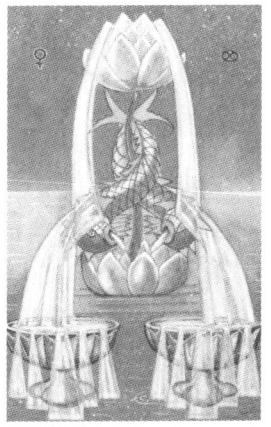

Zwei Kelche (Crowley-Tarot)

23. Juni

174. Tag. 2. Krebs-Tag. Venus in Krebs.

Der Sommer insgesamt und der jetzt beginnende Monat des Tierkreiszeichens Krebs versprechen Lebensfreude, Sommerfrische und Erholung.

Krebs, Löwe und Jungfrau - die drei Sommer-Zeichen - verkörpern jedesmal aber auch tiefverwurzelte Seelenkräfte. Der Sommer bietet damit eine besondere Gelegenheit, und manchmal die unumgängliche Aufgabe, in gewissen Seelen- und Herzensangelegenheiten sich tiefer einzulassen, genauer auseinanderzusetzen und somit auch betroffener zu sein als sonst. So kann der Sommer für Sie zu einem wirklichen Jungbrunnen werden.

Entscheiden Sie in Ihren momentanen Fragen mit der Stimme des Herzens. Prüfen Sie die Gefühle aller Beteiligten, und lassen Sie „es" fließen.

PERSÖNLICHE TAGESKARTE:

....

....

ERLEBNISSE EREIGNISSE:

....

....

....

....

....

....

....

....

....

....

....

....

2. Tag der ersten Krebs-Dekade

24. Juni

175. Tag. 3. Krebs-Tag. Venus in Krebs.

Zwei Kelche (Waite-Tarot)

PERSÖNLICHE TAGESKARTE:

....

....

ERLEBNISSE EREIGNISSE:

....

....

....

....

....

....

....

....

....

....

....

....

Die Zeit der Sommersonnenwende bezeichnet nach astrologischer Tradition die „Geburt der Seele". Da aber jedes Lebewesen immer schon eine Seele besitzt, bedeutet diese traditionelle Formel in Wahrheit die Geburt der Bewußtwerdung der Seele oder, anders ausgedrückt, den Start in einen selbständigen, persönlichen Umgang mit dem Seelenleben. Am heutigen Johannistag werden seit alten Zeiten Freudenfeuer und Wassertaufen veranstaltet. In den Feuern lebt die mächtige Faszination der Sonne, und auch die „bösen Geister", die an der jetzigen Schwelle zwischen den Jahreszeiten gefürchtet wurden, sollten dadurch vertrieben werden. Die bekannteste Wassertaufe ist in der heutigen Zeit das Gautschen, mit dem die Drucker/innen ihre Gesellinnen und Gesellen aufnehmen. Auch hier liegen die Ursprünge jedoch weit zurück; der biblische „Johannes der Täufer" ist der Patron des heutigen Tags.

So geht es jetzt bei allem, was Sie erleben, auch um Reinigung, Lossprechung und Freudenfeste.

Zwei Kelche (Crowley-Tarot)

25. Juni

176. Tag. 4. Krebs-Tag.
Venus in Krebs.

In diesen Tagen sind Sie genau sechs Monate von Weihnachten entfernt und stehen diesem im Jahreskreis genau gegenüber. Während Weihnachten nicht zuletzt ein „Fest der Kinder" ist (das symbolisch bemerkenswerterweise mit Kindheit und mit vollendetem Lebensalter zu tun hat), steht die Phase der Sommersonnenwende symbolisch für die „Zeit der Befruchtung" und für die Zeit des (seelischen) Erwachsenwerdens.

Gehen Sie in diesen Tagen in der Erinnerung dahin zurück (oder: in der Vorstellung soweit voran), daß Sie für sich feststellen können: Welche Erfahrungen, Erinnerungen oder Erwartungen sind für Sie damit verbunden, tatsächlich nicht mehr Kind, sondern erwachsen zu sein?

PERSÖNLICHE TAGESKARTE:

....

....

ERLEBNISSE EREIGNISSE:

....

....

....

....

....

....

....

....

....

....

....

4. Tag der ersten Krebs-Dekade

26. Juni

177. Tag. 5. Krebs-Tag.
Venus in Krebs.

Zwei Kelche (Waite-Tarot)

**PERSÖNLICHE
TAGESKARTE:**

....

....

**ERLEBNISSE
EREIGNISSE:**

....

....

....

....

....

....

....

....

....

....

....

Die Definition des Tierkreiszeichens Krebs besagt: „Ich fühle". Nach den Zwillingen (Definition: „Ich denke") startet das jetzige Zeichen. Jenseits des Denkens und hinter den Grenzen der Erkenntnis beginnt das Gefühl, das Reich der Seele.

In diesem Sinne wird die Sommersonnenwende mit Taufe, Quelle, Jungbrunnen und Wiedergeburt umschrieben. Hier geht der Weg „zurück zur Quelle", damit „Karma", seelische Belastungen und Blockaden aufgehoben werden können.

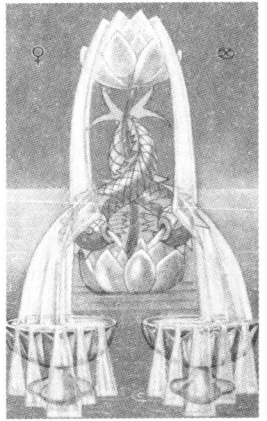

Zwei Kelche (Crowley-Tarot)

27. Juni

178. Tag. 6. Krebs-Tag.
Venus in Krebs.

Mit seinem Vorwärts- und Rück-wärtsgang symbolisiert das Krebstier u.a. das Auf und Ab seelischer Stim-mungen, die Schwankungen sowie die Richtungswechsel der Gefühle. Oft heißt es daher, das Tierkreiszeichen Krebs besitze ein „kompliziertes Innenleben". Doch im allgemeinen bringen nur unver-standene Gefühle Kompli-kationen oder Unglück mit sich. Die Stärke dieses Zeichens besteht gerade darin, den Gefühlen besonders nahezusein und treuzubleiben, weil die erforderlichen Wechsel und Wandlungen vollzogen werden.

Jeder Mensch besitzt das Recht, auch und besonders in seelischen Fragen, die mit Intimität und Betroffenheit verbun-den sind, jederzeit zwischen Ja und Nein zu wählen. Nutzen Sie diese Möglichkeit?

PERSÖNLICHE TAGESKARTE:

....

....

ERLEBNISSE EREIGNISSE:

....

....

....

....

....

....

....

....

....

....

....

....

6. Tag der ersten Krebs-Dekade

28. Juni

179. Tag. 7. Krebs-Tag.
Venus in Krebs

Zwei Kelche (Waite-Tarot)

**PERSÖNLICHE
TAGESKARTE:**

....

....

**ERLEBNISSE
EREIGNISSE:**

....

....

....

....

....

....

....

....

....

....

....

● Jetzt ist die richtige Zeit dafür, seelische
● Entscheidungen zu überprüfen und Ihre
● Wahl, falls gewünscht oder erforderlich,
● neu zu treffen.
● 　Die Symbolik des Tierkreiszeichens
● Krebs spielt auf zwei besondere
● Lebensabschnitte an: Auf die Zeit des
● Erwachsenwerdens (vgl. 25.6.). Außer-
● dem auch auf die „Zeit der Befruch-
● .tung", wo Ihr persönliches Leben zu
● werden begann. Die Monate vor Ihrer
● Geburt - und im weiteren Sinne alle
● Voraussetzungen, die zu Ihrer persönli-
● chen (!) Vorgeschichte gehören - werden
● mit der Symbolik des Tierkreiszeichens
● Krebs ebenfalls verbunden; ja, vieles
● spricht für die Annahme, daß die
● Umstände des Erwachsenwerdens eine
● Aufhebung oder Zuspitzung jener
● Voraussetzungen bedeuten, die Sie bei
● Ihrer Geburt angetroffen und mitge-
● bracht haben.
● 　Jetzt bietet sich Ihnen die konkrete
● Chance, daß Sie zu gewissen Fragen
● Ihrer Lebensgeschichte (!) eine neue
● Einstellung gewinnen können.

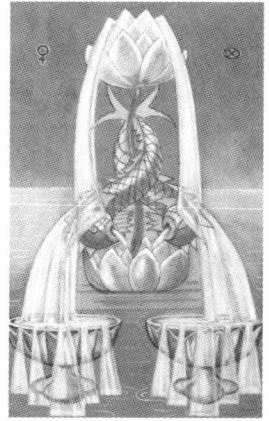

Zwei Kelche (Crowley-Tarot)

29. Juni

180. Tag. 8. Krebs-Tag.
Venus in Krebs.

Der Krebs als Tier stellt ein sehr altes Geschöpf der Evolutionsgeschichte dar, und dieser Sachverhalt bestimmt auch seine symbolische Bedeutung. Im hellen Licht des Sommers offenbaren sich möglicherweise tiefe Instinkte, seelische Uraltregungen und Bedürfnisse oder Angewohnheiten, die sich seit „alten Zeiten" nicht mehr geändert haben.

Es ist nun besonders wichtig, Gefühle zu benennen, auch wenn es tiefgehende und scheinbar schwierige Gefühle sind. Vertreten Sie sie deutlich, umso besser können Sie Ihre Gefühle deuten.

Im katholischen Ritus wird heute „Peter und Paul" gefeiert. Ähnlich wie im Märchen z.B. „Jorinde und Joringel" drückt hier schon die Namenswahl „Peter und Paul" eine Art seelischer Rätselaufgabe aus: Aus Zwei mach' Eins, und aus Eins werde wieder Zwei.

Denselben Inhalt symbolisiert auch das Erkennungssymbol dieses Tierkreiszeichens, die liegende 69.

PERSÖNLICHE TAGESKARTE:

....

....

ERLEBNISSE EREIGNISSE:

....

....

....

....

....

....

....

....

....

....

8. Tag der ersten Krebs-Dekade

30. Juni

181. Tag. 9. Krebs-Tag.
Venus in Krebs.

Zwei Kelche (Waite-Tarot)

**PERSÖNLICHE
TAGESKARTE:**

....

....

**ERLEBNISSE
EREIGNISSE:**

....

....

....

....

....

....

....

....

....

....

....

....

● Während der Jahreskreis sein zweites
● Viertel (den Sommer) beginnt, erreicht
● das Kalenderjahr nun schon seine Mitte
● und Halbzeit.
●   Die Abbildungen auf dieser und der
● gegenüberliegenden Seite zeigen u.a.
● überfließende und aufblühende
● Emotionen, eine Situation des Teilens,
● des (seelischen) Mitteilens und
● Austauschens. Die Bedeutung dieser
● Bildszenen hängt aber davon ab, was in
● den Kelchen enthalten ist. Hier ist eine
● genauere Betrachtung vonnöten. Denn
● was ist nicht schon alles im Namen der
● „Liebe" transportiert worden? Gefühle
● und seelische Reaktionen müssen hier
● gedeutet werden. Welche Wünsche sind
● geeignet und welche nicht? Welche Äng-
● ste sind berechtigt und welche wieder-
● um nicht?
●   Wenn Sie Gefühle differenzieren kön-
● nen, werden Sie zugleich genauer und
● freier im Umgang damit.

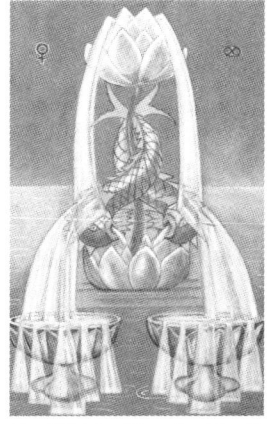

Zwei Kelche (Crowley-Tarot)

1. Juli

182. Tag. 10. Krebs-Tag.
Venus in Krebs.

„Liebe ist ein Kind der Freiheit - und die Mutter der Wahrheit": Ein unkonventionelles Motto. Setzt Liebe nicht Treue voraus, und ist Treue nicht das Gegenteil von Freiheit? Macht denn Liebe nicht blind? Ist die Wahrheit nicht ernüchternd, die Liebe aber begeisternd? - Vielleicht stimmt das erwähnte Motto nicht, oder unsere Konventionen sind unstimmig...

Der Monatsname „Juli" geht auf Gajus Julius Cäsar zurück, der im römischen Reich eine große Kalenderreform durchführte (seitdem u.a. 365 reguläre Tage). Cäsar, einer der ersten „Weltherrscher" der Geschichte, dessen Name in den Titeln „Kaiser" und „Zar" weiterlebte, stellt einen auch heute noch bedeutungsvollen Archetyp dar. Mit einer Warnung vor (seelischer !) Arroganz und Unduldsamkeit gegenüber Widersprüchen - jedoch auch mit einer Ermunterung, Anteil am gesamten Weltgeschehen zu nehmen und zugleich eine eigene (seelische) Welt zu errichten - ist dieser Julius durchaus bezeichnend für das Tierkreiszeichen Krebs...

PERSÖNLICHE TAGESKARTE:

....

....

ERLEBNISSE EREIGNISSE:

....

....

....

....

....

....

....

....

....

....

2. Juli

183. Tag. 11. Krebs-Tag.
Merkur in Krebs.

Drei Kelche (Waite-Tarot)

**PERSÖNLICHE
TAGESKARTE:**

....

....

**ERLEBNISSE
EREIGNISSE:**

....

....

....

....

....

....

....

....

....

Unter dem Einfluß dieses Tierkreiszeichens werden wir alle daran erinnert, daß wir „nahe am Wasser gebaut" haben und nichtzuleugnende Gefühle besitzen. Die Begegnung mit diesen „Wasserkräften" kann nun zu sehr unterschiedlichen Konsequenzen führen. Einmal zerfließen sie förmlich, und ein anderes Mal verhärten und verschließen Sie sich.

Für Ihr Wohlergehen ist es jedoch erforderlich, daß Sie Ihre Gefühle jetzt durcharbeiten und filtern. Wenn Sie mit Ihrem Seelenleben im reinen sind, beziehen Sie daraus viel Kraft und eine fruchtbare Fantasie. Doch wenn Ihre Gefühle für Sie nicht stimmen, dann leidet Ihre Stimmung insgesamt!

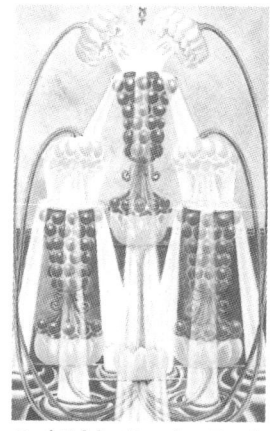

Drei Kelche (Crowley-Tarot)

3. Juli

184. Tag. 12. Krebs-Tag. Merkur in Krebs.

Der christliche Grundsatz „Liebe deinen Nächsten wie dich selbst" ist oft belächelt, oft mißverstanden und oft auch für merkwürdige Zwecke mißbraucht worden. Aber für sich genommen, drückt dieser Satz aus, worum es (nicht nur) in diesen Tagen geht. Er stellt eine Aufgabe heraus, die tatsächlich eine enorme psychische und persönliche Leistung bedeutet: Sich selbst und andere in gleicher Weise zu lieben.

Ihre Seele verträgt mehrere Wahrheiten zur gleichen Zeit. Lassen Sie Ihre Seele wachsen. Suchen und bewahren Sie den Zusammenhang zwischen Ihren verschiedenen Erfahrungen und Wahrheiten.

PERSÖNLICHE TAGESKARTE:

....

....

ERLEBNISSE EREIGNISSE:

....

....

....

....

....

....

....

....

....

....

....

2. Tag der zweiten Krebs-Dekade

4. Juli

185. Tag. 13. Krebs-Tag. Merkur in Krebs.

Drei Kelche (Waite-Tarot)

PERSÖNLICHE TAGESKARTE:

....

....

ERLEBNISSE EREIGNISSE:

....

....

....

....

....

....

....

....

....

....

....

Der Zauber der Gefühle braucht den Zauber der Gedanken, Worte und Taten, einen Reigen der persönlichen Ausdrucksformen (vgl. Abb. oben). Wenn Ihre Gefühle Sie selber ganz durchdringen, wachsen Sie mit Körper, Geist und Seele zu EINER Person zusammen. Dieser innere Zusammenhalt aber ist Voraussetzung und Ergebnis eines glücklichen und dauerhaften Zusammenlebens mit anderen.

Machen Sie die Gültigkeit Ihrer Gefühle nicht von der Zustimmung anderer abhängig. Akzeptieren Sie die Gefühle anderer, auch wenn Sie sich nicht mit ihnen identifizieren können. Klären Sie andere über Ihre Bedürfnisse auf. Ein richtiges Wort zur richtigen Zeit wirkt Wunder.

5. Juli

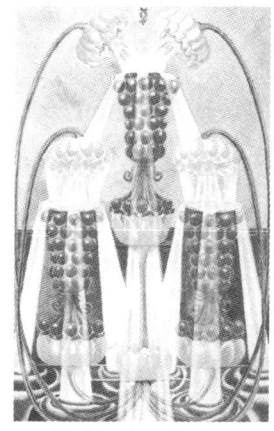

Drei Kelche (Crowley-Tarot)

186. Tag. 14. Krebs-Tag.
Merkur in Krebs.

Die Suche nach dem Zauberwort: Gefühle zu benennen, ist die Basis dafür, Gefühle zu verstehen. Verständliche und verstandene Gefühle aber heilen die Seele und sorgen auch in intimen Beziehungen für die richtige Mischung aus Nähe und Abstand.

Tragen Sie dazu bei, daß jede und jeder in Ihrer Familie oder Lebensgemeinschaft sich wohlfühlen kann, ohne auf die eigene Individualität zu verzichten. Legen Sie Wert darauf, Gefühle und persönliche Betroffenheiten in vielfältiger Weise auszudrücken: Sprechen Sie „mit Händen und Füßen", mit der Körpersprache ebenso wie mit der Kraft der Argumente. Suchen Sie auch nach neuen Begriffen, um Ihre speziellen Eindrücke oder Bedürfnisse zu vermitteln.

PERSÖNLICHE TAGESKARTE:

....

....

ERLEBNISSE EREIGNISSE:

....

....

....

....

....

....

....

....

....

....

4. Tag der zweiten Krebs-Dekade

6. Juli

187. Tag. 15. Krebs-Tag.
Merkur in Krebs.

Drei Kelche (Waite-Tarot)

PERSÖNLICHE TAGESKARTE:

....

....

ERLEBNISSE EREIGNISSE:

....

....

....

....

....

....

....

....

....

....

....

Fassen Sie Vertrauen zu dem, was Ihnen auf dem Herzen liegt, auch wenn es Ihnen in sich widersprüchlich erscheint. Wenn Sie ein Zusammenleben mit anderen erreichen wollen, das in sich einfach stimmig und menschlich klar ist, muß die wechselseitige Anerkennung auch die Schattenseiten eines/r jeden/r Beteiligten einschließen. Und der/die Einzelne muß die Chance haben, die Seiten bei der, dem oder den Anderen zurückzuweisen, die für ihn oder sie selber unverträglich sind.

Scheuen Sie sich nicht vor „emotionalen" Reaktionen, und scheuen Sie auch nicht davor zurück, gewissen Gefühlen und Emotionen „auf den Zahn zu fühlen". Gehen Sie auf andere zu oder grenzen Sie sich von ihnen ab, auch wenn es Ihnen vielleicht unkonventionell erscheint.

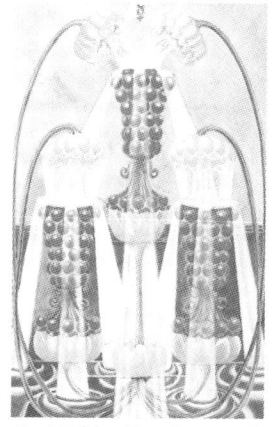

Drei Kelche (Crowley-Tarot)

7. Juli

188. Tag. 16. Krebs-Tag.
Merkur in Krebs.

Die Freude, die wir in uns selbst entdecken und mit anderen teilen, ist einer der Gründe für unsere „lange Reise durch ein kurzes Leben". Lassen Sie diese Freude sich immer weiter entfalten, schaffen Sie ihr neue Bereiche.

In diesem Sinne zählt die jetzige Dekade und die ihr zugeordnete Tarot-Karte der „Drei Kelche" (vgl. Abb. auf dieser und der gegenüberliegenden Seite) zu den schönsten überhaupt. Überfließende, unerschöpfliche Gefühle stellen sich hier dar und symbolisieren ein umfassendes, reiches und erfülltes Leben.

Zu berücksichtigen ist dabei - an diesem 7.7., der zeitlichen Mitte des Tierkreiszeichens Krebs -, daß in Beziehungen von zwei und mehreren Menschen Seelenkräfte wirksam werden, die größer sind, als jede/r der Beteiligten. Glück und Unglück in Familien und anderen Lebensgemeinschaften vermitteln jene Höhen und Tiefen großer Lebenskräfte, die früher einmal in Begriffen wie „Himmel" und „Hölle" gefaßt wurden.

PERSÖNLICHE TAGESKARTE:

....

....

ERLEBNISSE EREIGNISSE:

....

....

....

....

....

....

....

....

....

....

6. Tag der zweiten Krebs-Dekade

8. Juli

189. Tag. 17. Krebs-Tag. Merkur in Krebs.

Drei Kelche (Waite-Tarot)

PERSÖNLICHE TAGESKARTE:

....

....

ERLEBNISSE EREIGNISSE:

....

....

....

....

....

....

....

....

....

....

....

Himmel und Hölle gehören zum Sommer und speziell zum Tierkreiszeichen Krebs genauso wie die hochstehende Sonne und die brunnenhafte Tiefe der Sommersonnenwende.

Himmelhoch jauchzende und zu Tode betrübte Gefühle zeigen in ihren Extremen dennoch nur die normale Bandbreite des Seelenlebens. Himmlische Verzückung oder Entrücktheit und höllische Niedertracht oder Rückkehr zu den innersten Bedürfnissen - die ganze Klaviatur der seelischen Erfahrungen steht Ihnen zur Verfügung, in diesen Tagen aber können Sie dabei noch Neues und Besonderes hinzulernen.

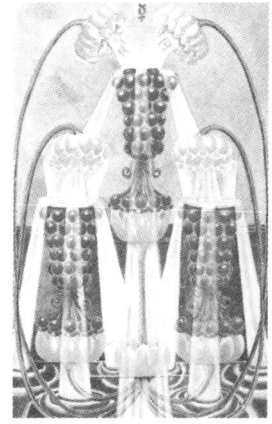

Drei Kelche (Crowley-Tarot)

9. Juli

190. Tag. 18. Krebs-Tag.
Merkur in Krebs.

Namentlich die großen und extremen Gefühle vermitteln Erfahrungen, die in früheren Zeiten nur in religiösen Begriffen beschrieben wurden. Wenn heute nun die Glaubensvorstellungen sich geändert haben und in vielen Fällen „Gott" kein Thema ist, so müssen Sie sich dennoch darüber im klaren sein, daß die seelischen Erfahrungen, zu deren Erklärung einst u.a. die Religion herangezogen wurde, auch heute weiterexistieren können.

Es macht einen großen Unterschied, ob Sie Höhen und Tiefen des Lebens jeweils nur einzelnen Individuen „in die Schuhe schieben". Oder ob Sie wissen: So sehr ein einzelner Mensch für Sie wie ein Engel oder ein Teufel wirken kann, so stellt der oder die Betreffende doch auch eine Art Sprachrohr oder Blitzableiter für ein kosmisches Geschehen dar. Es macht einen Unterschied, ob Sie sich mit Einzelnen auseinandersetzen oder mit dem „Schicksal" und „Gott".

PERSÖNLICHE TAGESKARTE:

....

....

ERLEBNISSE EREIGNISSE:

....

....

....

....

....

....

....

....

....

....

....

8. Tag der zweiten Krebs-Dekade

10. Juli

191. Tag. 19. Krebs-Tag.
Merkur in Krebs.

Drei Kelche (Waite-Tarot)

**PERSÖNLICHE
TAGESKARTE:**

....

....

**ERLEBNISSE
EREIGNISSE:**

....

....

....

....

....

....

....

....

....

....

● Die verbleibenden knapp zwei Wochen
im Tierkreiszeichen Krebs können Sie
am besten zu einer weiteren
Verfeinerung oder Pflege der persönlichen Gefühle und Betroffenheiten nutzen. In der Praxis hilft es bereits sehr viel
weiter, wenn Sie täglich ebenso viel
Aufwand wie für die Brotzeit auch für
die Traumzeit betreiben und sich mit
derselben Selbstverständlichkeit wie die
tägliche Körperpflege auch eine alltägliche Seelenpflege gönnen.

Die Seele ist nicht alles, doch die
Befriedigung, die Erfüllung und das
Glück, die Sie in Ihrem Leben finden oder
nicht, hängen vom Fluß der Seelenkräfte
ab.

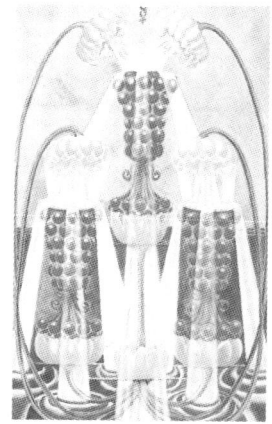

Drei Kelche (Crowley-Tarot)

11. Juli

192. Tag. 20. Krebs-Tag.
Merkur in Krebs.

Zur täglichen Seelenpflege gehören Zeit und Freiraum, um einmal abzuschalten und nach innen zu lauschen. Achten Sie auf Bedürfnisse und Emotionen, auch wenn sie Ihnen in (scheinbar) unlogischen, undeutlichen oder bruchstückhaften Zusammenhängen erscheinen.

Nutzen Sie alles, was es Ihnen erleichtert, „mit zwei Beinen auf dem Boden zu stehen": Mit der Logik des Verstandes und der Logik der Gefühle und Träume. Die seelische Realität ist nicht wichtiger als alles andere, doch sie will ernstgenommen und gelebt werden, wie die anderen Aspekte der Wirklichkeit auch.

PERSÖNLICHE TAGESKARTE:

....

....

ERLEBNISSE EREIGNISSE:

....

....

....

....

....

....

....

....

....

....

....

10. Tag der zweiten Krebs-Dekade

12. Juli

193. Tag. 21. Krebs-Tag.
Merkur in Krebs.

Drei Kelche (Waite-Tarot)

**PERSÖNLICHE
TAGESKARTE:**

....

....

**ERLEBNISSE
EREIGNISSE:**

....

....

....

....

....

....

....

....

....

....

....

....

● Hören Sie Ihrer inneren Stimme zu - und
reden Sie ihr zu. Viele Wege, wie
Meditieren und Träumen, Tarot, Tagebuch u.a.m., sind dazu geeignet. Diese
Hilfsmittel erleichtern eine kontinuierli-
che Beschäftigung und sind auch deshalb so wichtig, weil die innere Stimme
mehr zu sagen hat und eine größere
Weisheit verkörpert als lediglich das
eine oder andere Stichwort zur aktuellen
Situation. Die innere Stimme wirkt wie
ein persönliches Kursbuch. Wenn Sie
ihre Sprache verstehen, entdecken Sie
darin das „Script", das Drehbuch oder
den Leitfaden des Seelenlebens.

Diesen roten Faden benötigen Sie auch,
um die eigenen Gefühle mit denen der
anderen zu einem schönen Lebenstep-
pich zu verweben.

Vier Kelche (Waite-Tarot)

13. Juli

194. Tag. 22. Krebs-Tag.
Mond in Krebs.

Mit dem Mond als Regentin kündigt sich die letzte Dekade des Tierkreiszeichens Krebs als eine Phase der Selbstfindung an. Die Fixierung auf vordergründige oder allzu enggefaßte Bedürfnisse löst sich auf, wenn die Seele an ihre Quelle zurückkehrt, und vage, undeutliche Gefühle verwandeln sich in greifbare Bedürfnisse, wenn sich die Seele wie der Mond periodisch erneuert.

Schalten Sie äußeren Lärm ab, um Ihre innere Stimme umso besser verstehen zu können. Andererseits kann es aber sein, daß Sie so voll von einem permanenten Selbstgespräch sind, daß es gut wäre, dieses „innere Radio" einmal abzustellen! Setzen Sie Ihre Gefühle und Stimmungen in die Tat, in konkrete Ergebnisse um: An ihren Früchten werden Sie Ihre wahren Gefühle erkennen.

PERSÖNLICHE TAGESKARTE:

....

....

ERLEBNISSE EREIGNISSE:

....

....

....

....

....

....

....

....

....

....

1. Tag der dritten Krebs-Dekade

14. Juli

195. Tag. 23. Krebs-Tag.
Mond in Krebs.

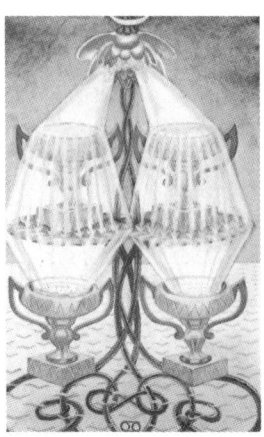

Vier Kelche (Crowley-Tarot)

PERSÖNLICHE
TAGESKARTE:

....

....

ERLEBNISSE
EREIGNISSE:

....

....

....

....

....

....

....

....

....

....

....

....

„Vier Kelche" signalisieren ein ausgebautes Gefühlsleben nach allen vier Himmelsrichtungen, nach allen Seelenseiten hin.

Das bedeutet im negativen Falle eine unselige Besessenheit: Ein und dasselbe Gefühl wird in alle möglichen Richtungen übertragen und damit ausgeweitet. Wohin man sich auch wendet, man findet doch nur wieder die Bestätigung des seelischen Zustandes, von dem man ausgegangen war. Auf der anderen Seite bedeutet dieselbe Symbolik auch eine Vollständigkeit und Ganzheit in Gefühlsdingen, die gedeihliche Fähigkeit, im Rhythmus mit den seelischen Wechsellagen zu leben. Sie finden sich dann im guten Sinne überall zurecht.

Vier Kelche (Waite-Tarot)

15. Juli

196. Tag. 24. Krebs-Tag.
Mond in Krebs.

Sommerfrische, Urlaub, Ruhe und Meditation können Stationen der Selbstfindung sein. Aber auch Momente der Verschlossenheit, der Abgeschiedenheit oder der Verweigerung begleiten nicht selten den Prozeß von Selbstfindung und seelischer Erneuerung. Diese verschiedenen Aspekte lassen sich im obigen Bild wiedererkennen.

Wenn Sie etwas auszuloten haben, wenn freudige Ereignisse Sie besonders berührt oder wenn schlechte Nachrichten Sie getroffen haben, dann suchen Sie Ihre Wurzeln. Finden Sie erneut zu Ihren seelischen Grundlagen zurück, zu einem Einklang, der auch die neue Erfahrung aufnimmt.

PERSÖNLICHE TAGESKARTE:

....

....

ERLEBNISSE EREIGNISSE:

....

....

....

....

....

....

....

....

....

....

....

....

3. Tag der dritten Krebs-Dekade

16. Juli

197. Tag. 25. Krebs-Tag.
Mond in Krebs.

Vier Kelche (Crowley-Tarot)

**PERSÖNLICHE
TAGESKARTE:**

....

....

**ERLEBNISSE
EREIGNISSE:**

....

....

....

....

....

....

....

....

....

....

• Üppige Gefühle sind eine Gnade, doch
sie können eine/n auch ganz schön fer-
tigmachen. Fertig - allerdings in doppel-
tem Sinne von erschöpft und reif.

Manchmal meint man, man hätte
zuviele Gefühle und dies sei die Wurzel
wenn nicht allen Übels, so doch ver-
schiedentlicher Enttäuschung. Beobachten Sie sich einmal: Die psychologische Erfahrung sagt, daß wir in den sel-
tensten Fällen zuviele Gefühle und
zuviel Liebe haben; das Problem besteht
vielmehr darin, zu wissen, wohin mit
den Gefühlen und Bedürfnissen.

---

4. Tag der dritten Krebs-Dekade

Vier Kelche (Waite-Tarot)

17. Juli

198. Tag. 26. Krebs-Tag.
Mond in Krebs.

Den heutigen Tag und die folgenden fünf Tage können Sie gut nutzen, um mit Ihren Gefühlen ins reine zu kommen. (Umso besser werden Sie in der anschließenden Löwe-Phase Ihren Willen formulieren und durchsetzen können).

Wenn Sie etwas versäumen oder vermissen, dann gestehen Sie es (sich) jetzt ein. Wenn Sie etwas loswerden oder ablehnen möchten, dann dies ebenfalls jetzt. Entwickeln Sie „konkrete Utopien" (ein Begriff von Ernst Bloch, der seinerseits auch im Zeichen des Krebs geboren ist). Akzeptieren Sie Ihre Zuneigung oder Ihre Abneigung, und machen Sie etwas daraus.

PERSÖNLICHE TAGESKARTE:

....

....

ERLEBNISSE EREIGNISSE:

....

....

....

....

....

....

....

....

....

....

....

....

5. Tag der dritten Krebs-Dekade

18. Juli

199. Tag. 27. Krebs-Tag.
Mond in Krebs.

Vier Kelche (Crowley-Tarot)

**PERSÖNLICHE
TAGESKARTE:**

....

....

**ERLEBNISSE
EREIGNISSE:**

....

....

....

....

....

....

....

....

....

....

....

- Wünsche und Ängste, Sympathien und Antipathien können und sollen jetzt genauer untersucht und unterschieden werden, um ein neues und ganzes Bild zu gestalten! Es geht jetzt weder um Abwarten und Aussitzen noch um Wunderglauben oder Fatalismus. Vielmehr um das Wagnis, die eigene Person - wie jeden Menschen - in der jeweiligen Beschaffenheit zu lieben.

Wenn Sie Ihre Gefühle ernstnehmen und Ihre „konkrete Utopien" verwirklichen möchten, so müssen Sie viel Liebe haben!

Vier Kelche (Waite-Tarot)

19. Juli

200. Tag. 28. Krebs-Tag.
Mond in Krebs.

Der Mond gilt in der Symbolik als Mittlerin zwischen Sonne und Erde. Seine Bewegung um die Erde zeigt die Anziehungskraft der Erde wie auch die Fliehkraft von der Erde weg. Sein Licht ist ein Reflex der Sonne, ein besonderes Licht, das weit mehr als die Sterne die Nacht erhellt. Der Mittlerrolle des Mondes zwischen Sonne und Erde (zwischen Licht und Finsternis, Weiß und Schwarz) entspricht im menschlichen Verhalten die Mittlerrolle der Gefühle und Seelenkräfte zwischen Bewußtem und Unbewußtem.

Indem Sie Ihre Gefühle, Träume, Stimmungen usw. deuten und verstehen, bauen Sie gleichsam ständig eine Brücke zwischen Kopf und Bauch, Theorie und Praxis.

PERSÖNLICHE TAGESKARTE:

....

....

ERLEBNISSE EREIGNISSE:

....

....

....

....

....

....

....

....

....

7. Tag der dritten Krebs-Dekade

20. Juli

201. Tag. 29. Krebs-Tag.
Mond in Krebs.

Vier Kelche (Crowley-Tarot)

<u>PERSÖNLICHE
TAGESKARTE:</u>

....

....

<u>ERLEBNISSE
EREIGNISSE:</u>

....

....

....

....

....

....

....

....

....

....

....

- Viele Wachstumsprozesse und Lebenszyklen auf der Erde sind mit den
Rhythmen des Mondes verbunden. So
ist der Mond auch ein Symbol für das
„Programm", für die Selbststeuerung
und die Eigendynamik in vielen
Lebensvorgängen.

Im menschlichen Verhalten betrifft der
„Mond" u.a. den „Eigensinn". Besinnung
ist in diesen Tagen gefordert und stellt
Sie vor die anspruchsvolle Aufgabe,
unproduktiven Eigensinn zu begraben,
damit der „Sinn des Eigenen" sich umso
besser entfalten kann.

Vier Kelche (Waite-Tarot)

21. Juli

202. Tag. 30. Krebs-Tag. Mond in Krebs.

An diesem Datum betrat im Jahre 1969 zum ersten Mal ein Mensch den Mond. Wie beim Fliegen überhaupt, wurde hier ein Traum wahr, den die Menschheit seit Urzeiten gehegt hatte. Insbesondere wurde es auf praktischer Ebene möglich, auch die andere, die dunkle Seite des Mondes zu beleuchten und zu erkunden.

Diese Tatsachen haben eine symbolische Bedeutung: Der Mond als Sinnbild der Seelenkräfte ist seitdem nicht mehr zur einen Hälfte unbekannt (vgl. dazu den Text vom 10. Mai). Das Unbewußte im Seelenleben ist (u.a. durch die Entwicklung in Psychoanalyse und Tiefenpsychologie) nicht mehr unerreichbar!

Für Sie heißt das praktisch, daß Sie jetzt verbesserte Chancen besitzen, auch in Ihrem Seelenleben, die andere, bisher unbekannte Seite zu erfahren und zu verstehen.

PERSÖNLICHE TAGESKARTE:

....

....

ERLEBNISSE EREIGNISSE:

....

....

....

....

....

....

....

....

....

....

....

9. Tag der dritten Krebs-Dekade

22. Juli

203. Tag. 31. Krebs-Tag.
Mond in Krebs.

Vier Kelche (Crowley-Tarot)

**PERSÖNLICHE
TAGESKARTE:**

....

....

**ERLEBNISSE
EREIGNISSE:**

....

....

....

....

....

....

....

....

....

....

....

....

....

● Was die „andere Seite des Mondes" für
Sie persönlich bedeutet, können Sie z.B.
so testen: Schauen Sie sich ein Päckchen
Tarot-Karten an, und sortieren Sie die
Karten heraus, die Ihnen entweder nur
positiv oder nur negativ erscheinen.
Tatsächlich besitzt jede Karte positive
und negative Bedeutungen. So stellen
Sie fest, bei welchen Themen bei Ihnen
ein „blinder Fleck" besteht.

Manchmal haben wir unseren „blinden
Fleck" bei Themen, die besonders dunkel
und unbekannt sind. Manchmal aber
auch bei Erfahrungen, die besonders hell
und gleichsam überbeleuchtet sind, so
daß Sie blenden.

Im Tierkreiszeichen Krebs war und ist
viel von den Gefühlen zu erfahren.
Oftmals sind die Gefühle aber auch
Vermittler. Dahinter stehen „dunkle"
körperliche Triebe und „blendende"
Ideen und geistige Ideale, mit denen wir
es nun im Monat des Löwen noch unmittelbar zu tun bekommen.

---

10. Tag der dritten Krebs-Dekade

Löwe

23.7. - 22.8.

Empfohlene Auslage
„Wachstumskarten"

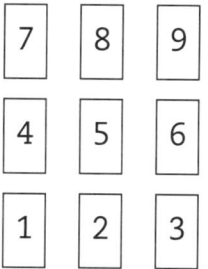

7, 4, 1 - Das bringen Sie mit
8, 5, 2 - Darum geht es im Augenblick
9, 6, 3 - Dahin bewegen Sie sich
1, 2, 3 - ...in der Liebe
4, 5, 6 - ...in der Kreativität
7, 8, 9 - ...in Ihrer Berufung.

Die Dekaden

1. Dekade 23.7. - 2.8.
Saturn in Löwe
Tarot-Karte „Fünf Stäbe"
Löwe ist der Meister des Willens, Saturn der Meister des Talents.
Was werden sie zusammen tun?

2. Dekade 3. - 12.8.
Jupiter in Löwe
Tarot-Karte „Sechs Stäbe"
Jupiter in Löwe: Wer Stärken und Schwächen versteht, kann nur gewinnen.

3. Dekade 13. - 22.8.
Mars in Löwe
Tarot-Karte „Sieben Stäbe"
Mars in Löwe: Extrem, stark, mächtig. Kein weiterer Kommentar.

23. Juli

204. Tag. 1. Löwe-Tag.
Saturn in Löwe.

Fünf Stäbe (Waite-Tarot)

**PERSÖNLICHE
TAGESKARTE:**

....

....

**ERLEBNISSE
EREIGNISSE:**

....

....

....

....

....

....

....

....

....

....

....

....

Die Zeit des Löwen ist die Sommermitte, die Zeit der Hitze und der Ferien, der gesammelten und komplexen Energien, der vollen Kraft und der entwickelten Reifung, oftmals auch schon Erntemonat. Die astrologische Definition des Löwen lautet: „Ich will". Was wollen Sie jetzt - und was in diesem kommenden Löwe-Monat??

In den Löwe-Abschnitt des Jahres fallen bereits Erntedankfeste, u.a. mit Freudenfeuern (Stoppelfest), im älteren Brauchtum zu Ehren der „Wilden Frau", die auch Roggenweib oder Kornmutter genannt wird. Darin ist u.a. eine weibliche Version des alten Saturns zu erblicken - Saturn, „der Hüter der Schwelle", der auch für die erste Löwe-Dekade zuständig ist.

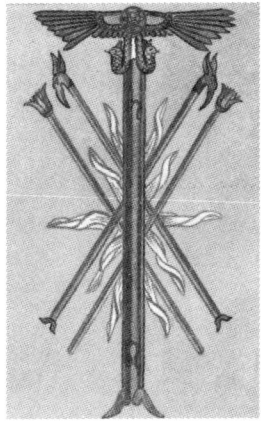

Fünf Stäbe (Crowley-Tarot)

24. Juli

205. Tag. 2. Löwe-Tag.
Saturn in Löwe.

„Manchmal
stolpert mein Herz
Schweiß tritt mir
auf die Stirn.
Dann behaupte ich
mein Kreislauf
macht nicht mehr mit.
Wenn ich jedoch
meinen
Kreislauf
unterbreche
hüpft mein Herz
als sei es
gesund"
(Harald Utecht)

**PERSÖNLICHE
TAGESKARTE:**

●........................

●........................

**ERLEBNISSE
EREIGNISSE:**

●........................

●........................

●........................

●........................

●........................

●........................

●........................

●........................

●........................

●........................

●........................

●........................

●........................

●........................

2. Tag der ersten Löwe-Dekade

25. Juli

206. Tag. 3. Löwe-Tag.
Saturn in Löwe.

Fünf Stäbe (Waite-Tarot)

**PERSÖNLICHE
TAGESKARTE:**

....

....

**ERLEBNISSE
EREIGNISSE:**

....

....

....

....

....

....

....

....

....

....

....

Kennen Sie auch diese Sehnsucht nach Sonne? Es muß ja nicht gerade der tägliche Gang auf die „Sonnenbank" sein. Das Bedürfnis nach Sonne ist ein Bedürfnis nach Leben.

So schön und notwendig das Streben nach Sonne ist, so sehr wird aber oft die andere Seite der Medaille vergessen. Wir brauchen nicht nur Sonne; Tatsache ist auch, daß wir große Energiemengen in uns und mit uns tragen und häufig gar nicht wissen, wohin mit diesen großen Energien. „Müdigkeit" zum Beispiel ist im Zeichen des Löwen nicht nur als Erholungsbedürfnis zu verstehen, sondern auch als Ausdruck ungenutzter Lebensenergien, die quasi auf „Sparflamme" brennen.

Der heutige Tag steht im Zeichen einer Symbolfigur, die viel Energie besitzt, diese bewegt und auch nach außen trägt: Es ist Christopherus, der Mann mit dem Gotteskind, der Mensch mit der Sonne, eine fröhliche Variante des lastentragenden Atlas und, wie das „Roggenweib", eine weitere Version des in diesen Tagen herrschenden Saturns.

Stellen Sie Ihr Licht nicht unter den Scheffel!

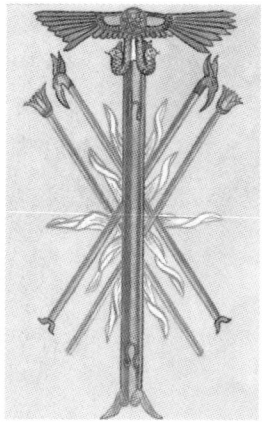

Fünf Stäbe (Crowley-Tarot)

26. Juli

207. Tag. 4. Löwe-Tag.
Saturn in Löwe.

„Schmiede das Eisen, solange es heiß ist", und das heißt für Sie konkret, daß Sie die laufenden Ereignisse nutzen, um herauszufinden, was für Ihren persönlichen Willen jetzt wesentlich ist und was nicht.

Lassen Sie sich berühren - von den Menschen, Ideen und Geschehnissen in Ihrer Umwelt. Spielen Sie mit Ihnen und spüren Sie die Energie. Lassen Sie sich nicht einmachen, und versuchen Sie nicht, andere zu dominieren.

PERSÖNLICHE TAGESKARTE:

....

....

ERLEBNISSE EREIGNISSE:

....

....

....

....

....

....

....

....

....

....

....

....

4. Tag der ersten Löwe-Dekade

27. Juli

208. Tag. 5. Löwe-Tag. Saturn in Löwe.

Fünf Stäbe (Waite-Tarot)

PERSÖNLICHE TAGESKARTE:

....

....

ERLEBNISSE EREIGNISSE:

....

....

....

....

....

....

....

....

....

....

....

Behaupten Sie sich! Vermeiden Sie einen Entweder-Oder-Standpunkt sich selbst und anderen gegenüber. Bewahren Sie den Blick für das Ganze und für das Wesentliche. Halten Sie Ihre Kräfte zusammen.

Gleichgültig, welches Alter Sie erreicht haben, hier ist eine Phase des jugendlichen Werdens angezeigt. Mit anderen Menschen oder in Ihnen selber („fünf Flammen in Ihrer Brust") erleben Sie ein produktives Kräftemessen (vgl. Abb. oben). Hüten Sie sich vor Halbheiten, doch beachten und genießen Sie, was noch unvollendet ist, weil es im Wachstum begriffen ist.

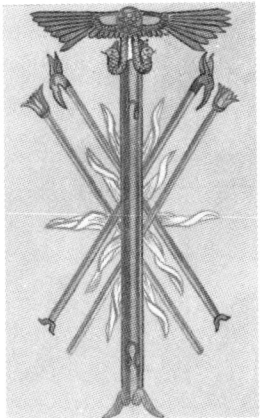

Fünf Stäbe (Crowley-Tarot)

28. Juli

209. Tag. 6. Löwe-Tag.
Saturn in Löwe.

Der Weg in die Mitte: Ohne eigene Elle, ohne eigenen Maß-Stab, gibt es keinen wirksamen Gestaltungsspielraum, keinen freien Willen, sondern nur Gewohnheit oder Willkür.

Beachten sie den kleinen, aber wesentlichen Unterschied: Man kann den eigenen Willen zum Maßstab für alles andere machen; man vermag aber auch, aus „allem" (aus allen zugänglichen Erfahrungen) den persönlichen Willen herauszufiltern!

Öffnen Sie sich dem Spiel der Kräfte, und entscheiden Sie sich, welche Ziele Sie erreichen wollen.

PERSÖNLICHE TAGESKARTE:

....

....

ERLEBNISSE EREIGNISSE:

....

....

....

....

....

....

....

....

....

....

....

....

6. Tag der ersten Löwe-Dekade

29. Juli

210. Tag. 7. Löwe-Tag. Saturn in Löwe.

Fünf Stäbe (Waite-Tarot)

● Was Sie - und was andere - wirklich wollen, steht nicht einfach fest, sondern ist in permanenter Bewegung. So ist es von großem Vorteil, wenn immer wieder die unterschiedlichen Triebe und Interessen, die in Ihnen stecken, (wie die „Halbstarken" in der obigen Darstellung) miteinander ringen und darum wetteifern, wo es jetzt im Moment langgehen soll.

Die eine Seite in Ihnen möchte sich z.B. „'mal richtig ausschlafen", eine andere „endlich wieder eine Nacht durchmachen".

Fassen Sie die verschiedenen Energien und Interessen zusammen, und teilen Sie sie - Stück für Stück - ein!

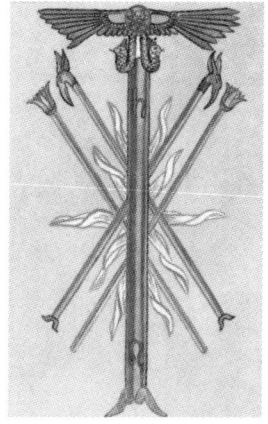

Fünf Stäbe (Crowley-Tarot)

30. Juli

211. Tag. 8. Löwe-Tag.
Saturn in Löwe.

„Der Mensch spielt nur, wo er in voller Bedeutung des Wortes Mensch ist, und er ist nur da ganz Mensch, wo er spielt" (Friederich Schiller). Was uns von anderen Lebewesen unterscheidet, sind Bewußtsein und Willensfreiheit. Diese bewähren sich darin, daß wir unsere Gemeinsamkeit mit allen Lebewesen, d.h. unsere Animalität und Lebendigkeit, nutzen und produktiv gestalten können.

„Animalisch" können aber sowohl „dunkle, wilde" Triebe sein, wie auch „wildes Denken", ein „heller Wahn". Beide Grenzbereiche des Seelischen müssen Sie kennen und bearbeiten, um - nach dem Schiller'schen Wort - ganz Mensch zu sein.

PERSÖNLICHE TAGESKARTE:

....

....

ERLEBNISSE EREIGNISSE:

....

....

....

....

....

....

....

....

....

....

....

....

8. Tag der ersten Löwe-Dekade

31. Juli

212. Tag. 9. Löwe-Tag.
Saturn in Löwe.

Fünf Stäbe (Waite-Tarot)

**PERSÖNLICHE
TAGESKARTE:**

....

....

**ERLEBNISSE
EREIGNISSE:**

....

....

....

....

....

....

....

....

....

....

....

Beobachten Sie sich selbst und andere - testen Sie: Welche Bestrebungen des Willens entsprechen wirklichen Wünschen und können deshalb etwas bewegen? Welche Willens- oder Kraftakte sind überflüssig, weil sie etwas erzwingen wollen, das keine wirksame Bedeutung besitzt?

Sorgen Sie für Spielraum in Ihrem Alltag und nutzen Sie ihn. Dazu können Mußestunden oder etwa die Einrichtung eines eigenen Zimmers verhelfen. Aber auch in Ihren privaten Beziehungen und Ihren beruflichen Aufgaben warten neue Alternativen darauf, daß Sie sie abklopfen und durchspielen. Tun Sie es!

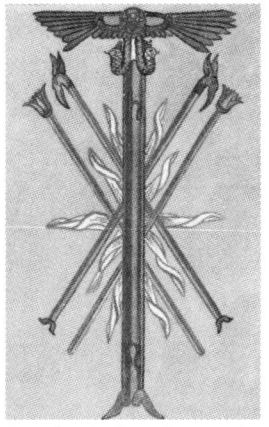

Fünf Stäbe (Crowley-Tarot)

1. August

213. Tag. 10. Löwe-Tag.
Saturn in Löwe.

Der Monatsname geht auf den ersten römischen Kaiser Augustus zurück. Sinngemäß gelten hier die Bemerkungen über Kaiser- und Cäsarentum vom 1. Juli (siehe dort). - In freier Assoziation läßt sich auch das Wort augustus als eine gewisse Umkehrung des ebenfalls lateinischen Wortes angustus auffassen. „Angustus" aber heißt „eng" und ist die Wurzel des deutschen Wortes „Angst". Demnach wäre der Löwe-Monat August mit dem Thema Angst verwandt - und gerade auch gut für Umkehrung und Aufhebung von Ängsten...

Schauen Sie jetzt, ob es Lebensbereiche oder Gewohnheiten für Sie gibt, wo Sie Ihre Energien und Ihre Kräfte verspielen. Schauen Sie, ob Sie mit anderen spielen können und ob Sie Ihre Mitmenschen dabei auch ernstnehmen...

PERSÖNLICHE TAGESKARTE:

....

....

ERLEBNISSE EREIGNISSE:

....

....

....

....

....

....

....

....

....

....

10. Tag der ersten Löwe-Dekade

2. August

214. Tag. 11. Löwe-Tag.
Saturn in Löwe.

Fünf Stäbe (Waite-Tarot)

PERSÖNLICHE
TAGESKARTE:

....

....

ERLEBNISSE
EREIGNISSE:

....

....

....

....

....

....

....

....

....

....

....

....

....

Entspannen Sie sich, so daß aus Ihrer Mitte heraus sich Ihre Lebensenergie entfaltet und Ihr Wille frisch und geschmeidig bleibt.

Tun Sie, was Sie wirklich wollen. Verzichten Sie auf unproduktive Spiele. Verschleißen Sie Ihre Energien nicht - weder als Täter noch als Opfer - in jenen „games people play".

Bringen Sie jetzt Ihre ganzen Energien zum Einsatz. Halbe Sachen „nerven", sie stören oder zerstören auf Dauer.

Sechs Stäbe (Waite-Tarot)

3. August

215. Tag. 12. Löwe-Tag.
Jupiter in Löwe.

Engagieren Sie sich. Bringen Sie sich ein, und setzen Sie sich durch. Sie haben die Kraft.

Ihr Feuer speist sich aus den großen Träumen und Idealen tief in Ihrem Innern. Manchmal bricht es aus Ihnen hervor. Wie ein Vulkan spucken Sie aus, was sich in Ihnen angesammelt hat. Aber warten Sie nicht zu lange! Je mehr Sie kontinuierlich Ihren Willen äußern (und auch den Willen anderer respektieren), umso weniger müssen Sie die „Notbremse" ziehen oder Ihr Heil in plötzlichen oder sogar gewaltsamen Ausbrüchen suchen.

Stellen Sie Ihr Feuer auf „Dauerbetrieb" um, und Sie sind auf der glücklichen Seite.

PERSÖNLICHE TAGESKARTE:

....

....

ERLEBNISSE EREIGNISSE:

....

....

....

....

....

....

....

....

....

....

1. Tag der zweiten Löwe-Dekade

4. August

216. Tag. 13. Löwe-Tag. Jupiter in Löwe.

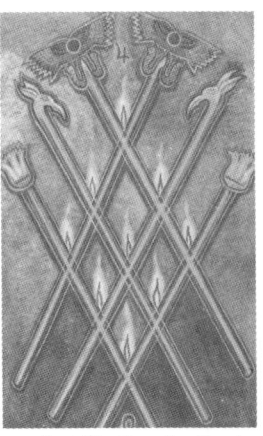

Sechs Stäbe (Crowley-Tarot)

PERSÖNLICHE TAGESKARTE:

....

....

ERLEBNISSE EREIGNISSE:

....

....

....

....

....

....

....

....

....

....

....

....

„Ohne Sonne ist der Himmel - Luft", sagt ein Sprichwort. In dieser Löwe-Dekade, die zugleich „die Mitte der Sommermitte" darstellt, geht es um die Sonne in Ihrem Leben.

Es gibt eine psychologische Lebensmitte, die unabhängig vom Alter ist. Die psychologische Lebensmitte bezeichnet gerade die „Sonne" in Ihnen. Jupiter, der Herrscher dieser Dekade, steht für eine Autonomie in Eigenregie und mit Eigenverantwortung, die dafür sorgen soll, daß sich Ihre Sonne entfalten, von innen nach außen entwickeln und darstellen kann.

Diese Sonne ist nichts anderes als Lebendigkeit - Leben als Selbstzweck:

„Ich macht' ihm deutlich, daß das Leben/Zum Leben eigentlich gegeben.../Solang man lebt, sei man lebendig!" (J. W. v. Goethe).

Sechs Stäbe (Waite-Tarot)

5. August

217. Tag. 14. Löwe-Tag.
Jupiter in Löwe.

Wenn Sie Ihren Wünschen und Notwendigkeiten folgen, Ihre Energie und Ihren Willen zur Geltung bringen, dann ist für Sie immer Sommer. Ihre Durchblutung ist in Schwung, Sie sind „gut drauf" und haben „alles beieinander", wenn nicht erst der nächste Sonnentag oder ein Besuch im Sonnenstudio Ihnen das gibt, was schon immer in Ihnen steckt - die Sonne in Ihnen.

Äußern Sie, was Ihnen auf dem Herzen liegt. Tun Sie etwas für Ihre Wünsche und Bedürfnisse. Nutzen Sie dabei die Fingerzeige, die sogenannten „Zufälle" des Lebens.

PERSÖNLICHE TAGESKARTE:

....

....

ERLEBNISSE EREIGNISSE:

....

....

....

....

....

....

....

....

....

....

....

....

3. Tag der zweiten Löwe-Dekade

6. August

218. Tag. 15. Löwe-Tag.
Jupiter in Löwe.

Sechs Stäbe (Crowley-Tarot)

PERSÖNLICHE TAGESKARTE:

....

....

ERLEBNISSE EREIGNISSE:

....

....

....

....

....

....

....

....

....

....

....

- Ihre optimale Kraft entfalten Sie dann, wenn Sie Ihre Stärken und Ihre Schwächen ins Feld führen. Auch mit Ihren schwachen Seiten können Sie etwas anfangen. Es stimmt nicht, daß Sie sich nur von Ihrer Sonnenseite zeigen müßten, um einen Sieg zu erringen.

   Wenn Sie dem folgen, wofür Sie eine Schwäche besitzen, laufen Sie zu voller Form auf, sind ganz in Ihrem Element und fühlen sich wohl. In diesem Sinne haben Sie immer schon gewonnen, was Sie auch tun, wenn Sie vorhandene Schwachpunkte berücksichtigen (natürlich ohne die vorhandenen Stärken zu vergessen).

Sechs Stäbe (Waite-Tarot)

7. August

219. Tag. 16. Löwe-Tag.
Jupiter in Löwe.

Heute ist die (zeitliche) Mitte des Tierkreiszeichens Löwe. Die „Mitte der Mitte" ist damit symbolisch erreicht, und es liegt an Ihnen, was Sie daraus machen. Mittelmaß oder Mittelpunkt - „...mächtig voll oder vollmächtig sein/Du bist am Zug,/Du entscheidest allein" (Pe Werner).

Keine Scheu vor Aufgaben, die Ihren Mut erfordern. Sie können sie bewältigen und gestalten. Es ist gut, wenn Sie für das, was Sie auf dem Herzen haben, durch's Feuer gehen. Erfolge, die sich lohnen, vergrößern den Radius, den Geltungsbereich des Menschlichen und Lebendigen, das sich eben in der Stimme des Herzens verständlich macht.

PERSÖNLICHE
TAGESKARTE:

....

....

ERLEBNISSE
EREIGNISSE:

....

....

....

....

....

....

....

....

....

....

....

....

8. August

220. Tag. 17. Löwe-Tag.
Jupiter in Löwe.

Sechs Stäbe (Crowley-Tarot)

**PERSÖNLICHE
TAGESKARTE:**

....

....

**ERLEBNISSE
EREIGNISSE:**

....

....

....

....

....

....

....

....

....

....

....

• In Ihren aktuellen Fragen wächst etwas
heran, das noch ganz „grün", ganz jung
und unentwickelt ist. Daher brauchen -
und besitzen - Sie komplexe Antworten,
Aktionsformen und Muster, die verschiedene Interessenlagen, unterschiedliche Ebenen und Richtungen von
Energie zur gleichen Zeit berücksichten.
   Komplexe Antworten vergrößern den
Spielraum, in dem Sie mit vielen Kräften
zusammenleben und zusammenarbeiten können, während Sie genau das sind
und das tun, was Sie wollen. Dann sind
Sie wie ein Lauffeuer: Nicht aufzuhal-
ten.

Sechs Stäbe (Waite-Tarot)

9. August

221. Tag. 18. Löwe-Tag.
Jupiter in Löwe.

Vertreten Sie, was Sie innerlich bewegt und setzen Sie sich ganz dafür ein. Hüten und schützen Sie sich vor einem falschen Heldentum, daß von Schwächen nichts wissen möchte. Genauso wie vor einer falschen Schüchternheit oder ohnmächtigen Bescheidenheit, die von den eigenen Stärken nichts erwartet.

Besonders wichtig ist es derzeit, daß Sie sich über Ihre persönlichen Wünsche klarwerden, um mit großen Schritten auf diese zuzugehen.

PERSÖNLICHE TAGESKARTE:

....

....

ERLEBNISSE EREIGNISSE:

....

....

....

....

....

....

....

....

....

....

....

7. Tag der zweiten Löwe-Dekade

10. August

222. Tag. 19. Löwe-Tag.
Jupiter in Löwe.

Sechs Stäbe (Crowley-Tarot)

**PERSÖNLICHE
TAGESKARTE:**

....

....

**ERLEBNISSE
EREIGNISSE:**

....

....

....

....

....

....

....

....

....

....

....

● Beanspruchen Sie verstärkt das Recht
auf Ihre persönliche Eigenart, und
vergrößern Sie den Spiel-Raum, in dem
Sie das ausdrücken und verwirklichen
können, was Sie wirklich wollen.

Machen Sie sich nicht abhängig von
Bewunderung und Anerkennung. Je
selbstverständlicher es für Sie ist,
Stärken und Schwächen zu akzeptieren
und einzusetzen, umso ehrlicher und
leichter können Sie auch jetzt und
jederzeit „Ja" zu sich selber sagen.

Auch wenn es Ihnen einmal schlecht-
geht, sparen Sie nicht mit Bewunderung
und Zustimmung für die, die es verdient
haben. Lieben Sie (sich), auch wenn
andere (Sie) nicht lieben sollten.

Sechs Stäbe (Waite-Tarot)

11. August

223. Tag. 20. Löwe-Tag.
Jupiter in Löwe.

Wie für jeden anderen Menschen, so gilt auch für Sie, daß der Wille eine elementare Kraft und zugleich eine recht komplexe Angelegenheit darstellt. Stärken und Schwächen, Bestrebungen und Gegenstrebungen sind Ausdruck für die verschiedenen Komponenten Ihres Willens. Solange Sie sich nicht selbst blockieren bzw. sich in Ihrem Willen unnötig verzetteln oder verhärten, dürfen Sie Ihrer Tatkraft und Ihrer Leistungsfähigkeit jetzt ohne weiteres Erhebliches zutrauen.

Der Erfolg wird auf Ihrer Seite sein, wenn Sie jetzt auf der Bildfläche erscheinen und zeigen, was in Ihnen steckt. Bekennen Sie Farbe, kommen Sie (mehr) aus sich heraus! Warten Sie nicht, bis Sie abgeholt werden.

Sie sind am unwiderstehlichsten, wenn Sie aus sich heraus handeln und weder halbe Sachen noch irgendetwas Aufgesetztes machen. So werden sie in der Lage sein, mit dem, was Sie bewegt, auch andere in Bewegung zu setzen...

PERSÖNLICHE TAGESKARTE:

....

....

ERLEBNISSE EREIGNISSE:

....

....

....

....

....

....

....

....

....

....

9. Tag der zweiten Löwe-Dekade

12. August

224. Tag. 21. Löwe-Tag.
Jupiter in Löwe.

Sechs Stäbe (Crowley-Tarot)

**PERSÖNLICHE
TAGESKARTE:**

....

....

**ERLEBNISSE
EREIGNISSE:**

....

....

....

....

....

....

....

....

....

....

....

....

„Des Menschen Wille ist sein Himmelreich": Machen Sie sich bereit für eine „Himmelfahrt" (wie sie auch der traditionelle Feiertag „Mariä Himmelfahrt" am kommenden 15.8. zum symbolischen Inhalt hat). Die Zeichen der Zeit stehen auf freie Fahrt für Ihren Willen. Und das bedeutet auch: Die hauptsächlichen Auseinandersetzungen, falls es Schwierigkeiten oder mangelnde Fortschritte geben sollte, müssen Sie in diesem Zusammenhang nicht mit anderen, sondern mit sich selber ausmachen.

Hüten und schützen Sie sich jetzt und in den kommenden Tagen besonders vor den Gefahren des „Subjektivismus", einer geistigen Egozentrik, die zwischen überzogener Eigenverantwortung und Verantwortungslosigkeit schwankt. Nicht minder zu beachten ist der „Idealismus", dem es Mühe macht, zwischen Wunsch und Wirklichkeit zu unterscheiden (hierunter fällt oft auch das sogenannte „positive Denken").

Wenn Sie Ihren Willen prüfen und läutern, gewinnen Sie Ihr Optimum an Kraft.

Sieben Stäbe (Waite-Tarot)

13. August

225. Tag. 22. Löwe-Tag.
Mars in Löwe.

Stäbe (s. Abb. oben) symbolisieren u.a. Ihre Trieb- und Ihre Wachstumskräfte. „Über-treiben" Sie nicht. Doch vermeiden Sie auch Untätigkeit und Unterforderung.. Wenn Sie Ihren Bedürfnissen untreu werden oder sich auf zu kleine, zu begrenzte Ziele versteifen, geht Ihnen Ihr Feuer aus.

Wenn es jetzt um eine Auseinandersetzung geht, stehen Sie auf vergleichsweise sicherem Posten. Vielleicht kommen nun neue „Triebe" aus der Tiefe auf Sie zu, vielleicht erhöhen Sie Ihren persönlichen Standpunkt, die Ebene Ihrer Bemühungen, Ihr Energie- und Lebensniveau.

PERSÖNLICHE TAGESKARTE:

....

....

ERLEBNISSE EREIGNISSE:

....

....

....

....

....

....

....

....

....

....

....

1. Tag der dritten Löwe-Dekade

14. August

226. Tag. 23. Löwe-Tag.
Mars in Löwe.

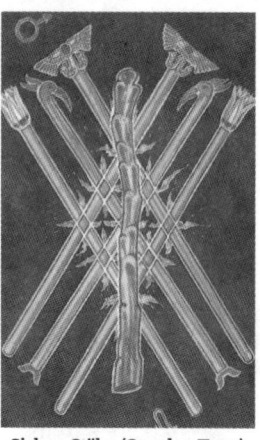

Sieben Stäbe (Crowley-Tarot)

PERSÖNLICHE TAGESKARTE:

....

....

ERLEBNISSE EREIGNISSE:

....

....

....

....

....

....

....

....

....

....

....

Lieben Sie Feuerproben? Jetzt jedenfalls kommt es darauf an, daß Sie für das, was Ihrem wirklichen Willen entspricht, durch's Feuer gehen. Dabei sollten Sie wissen: Sie können Feuerproben nicht nur aushalten. Sie brauchen sie sogar: Denn nur im Feuer können Ballaststoffe verbrennen, die Schlacke setzt sich ab, und das Edle tritt hervor. Ihre gesamten Kräfte verschmelzen zu einem Ganzen. Verzettelung, Vorbehalte oder Vermeidungsversuche schwinden dahin.

Wenn Sie Feuerproben grundsätzlich bejahen, vermögen Sie erst, eine Grenze zu ziehen und sich vor ungesundem Streß effektiv zu schützen.

Nehmen Sie also die Herausforderung, die Notwendigkeiten oder Angebote, die vor Ihnen liegen, an.

---

2. Tag der dritten Löwe-Dekade

Sieben Stäbe (Waite-Tarot)

15. August

227. Tag. 24. Löwe-Tag.
Mars in Löwe.

Angebote, Herausforderungen und Notwendigkeiten bieten sich Ihnen jetzt an. Und zwar ist damit nicht nur der Sommerschlußverkauf gemeint, der in diesen Tagen zu Ende ging. Es geht in gewisser Weise wieder und erneut um das „Eingemachte".

Es kann sich um Aufgaben, Chancen usw. im privaten wie auch im beruflichen Bereich handeln. Und auch bisher unerfüllte sexuelle Wünsche (bzw. die Beseitigung bisher ungelöster sexueller Ängste) drängen sich jetzt als Tagesthema vor.

Mariä Himmelfahrt, eins der christlich-katholischen Hauptfeste, wird am heutigen Tag gefeiert. Es steht für die Hochzeit von Himmel und Erde, für die Erlösung von unnötigen Übeln und für eine neue Lust am Fliegen!

PERSÖNLICHE TAGESKARTE:

....

....

ERLEBNISSE EREIGNISSE:

....

....

....

....

....

....

....

....

....

....

....

16. August

228. Tag. 25. Löwe-Tag.
Mars in Löwe.

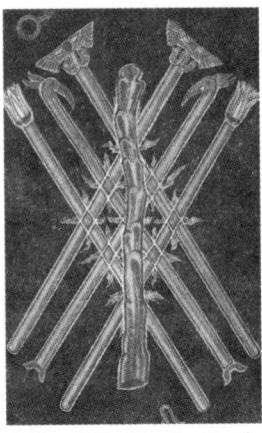

Sieben Stäbe (Crowley-Tarot)

**PERSÖNLICHE
TAGESKARTE:**

....

....

**ERLEBNISSE
EREIGNISSE:**

....

....

....

....

....

....

....

....

....

....

Die „Hochzeit von Himmel und Erde" ist ein anderer Ausdruck für eine Fahrt „ins Blaue", für eine alltägliche Ekstase und Himmelfahrt. Hier geht es um die Hoch-Zeiten des Löwen, der Lebendigkeit, der Begeisterung und der Lust, die in jeder/m von uns aktiv ist oder schlummert.

Es kommt für Ihre aktuellen Fragen darauf an, daß Sie sich bei sich selber auf diese Löwenkräfte stützen, wie auch darauf, daß Sie die Menschen, mit denen Sie zu tun haben, nicht nur von der Verstandesseite her ansprechen, sondern auch als „Löwen", die genauso wie Sie ein Bedürfnis nach Wildheit und Zärtlichkeit, nach Faszination und Abenteuer und vielem anderen mehr besitzen.

4. Tag der dritten Löwe-Dekade

252

Sieben Stäbe (Waite-Tarot)

17. August

229. Tag. 26. Löwe-Tag. Mars in Löwe.

Die „Hoch-Zeiten" des „Löwen" in Ihnen handelt stets auch von der Sexualität. Sie stellt für den Löwen sozusagen einen Selbstzweck dar. Das bedeutet, die Sexualität hat ihre Zwecke in sich selbst (wie Leben, Lust und Liebe); und zugleich ist ein Zweck der Sexualität die Herausbildung des Selbst. Der sexuelle Höhepunkt ist auch ein Gleichnis, ein Beispiel dafür, wie wir - in jedem Bereich des Lebens - alle persönliche Kraft und Lust versammeln, im Brennpunkt des jeweiligen Augenblicks konzentrieren und einsetzen können. Nichts anderes nämlich bedeutet der Begriff des Selbst, als im Moment als ganzer Mensch anwesend zu sein.

PERSÖNLICHE TAGESKARTE:

....

....

ERLEBNISSE EREIGNISSE:

....

....

....

....

....

....

....

....

....

....

....

18. August

230. Tag. 27. Löwe-Tag.
Mars in Löwe.

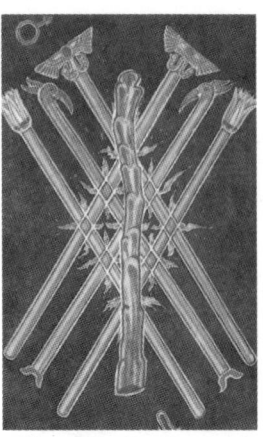

Sieben Stäbe (Crowley-Tarot)

**PERSÖNLICHE
TAGESKARTE:**

....

....

**ERLEBNISSE
EREIGNISSE:**

....

....

....

....

....

....

....

....

....

....

....

● Mysterium conjunctionis, das Geheimnis der Vereinigung, nannten die Alchemisten des Mittelalters die Vereinigung der Gegensätze und die „Hochzeit von Himmel und Erde". Es war für sie gleichbedeutend mit dem Stein der Weisen, mit dem gesuchten „Gold", das sie auch „Roter Löwe" nannten.

Was die Alchemisten damit suchten, läßt sich konkret so beschreiben: Wille und Notwendigkeit, Wunsch und Wirklichkeit müssen sich vereinigen, damit sich der berühmte „wahre Wille" herauskristallisiert.

Darauf kommt es jetzt auch für Sie an: Den Weg in die Mitte zu finden und damit die bisherigen Gegensätzlichkeiten zu transformieren.

Sieben Stäbe (Waite-Tarot)

19. August

231. Tag. 28. Löwe-Tag.
Mars in Löwe.

Es gibt Sachaufgaben, geistige und seelische Klärungen - und daneben gibt es u.a. die Energiearbeit. Wie Gefühle nicht vom Himmel fallen, so besitzen auch Energien ihre Gründe, erfahren Triebe ein gewisses Schicksal und ist der Wille bestimmten Bedingungen unterworfen. - Es ist vielerorts unbekannt, daß es überhaupt eine Energiearbeit mit einer Klärung und Verwandlung des Willens gibt. Dennoch ist sie vorhanden, und diese „Alchemie des Herzens" entscheidet ganz wesentlich über den Erfolg, den Sie auf vielen Lebensgebieten haben können.

Ohne einen geprüften und stimmigen Willen gibt es keine Einheit der Person - und auch nicht die Fähigkeit, sich über gewisse Schwierigkeiten hinwegzusetzen. Ansatzpunkt der Energiearbeit ist und bleibt die Sonne im Herzen, wie es in einem Zen-Spruch zum Ausdruck kommt: „Wenn man in der Mitte zieht, kommt alles Übrige von selbst mit".

PERSÖNLICHE TAGESKARTE:

....

....

ERLEBNISSE EREIGNISSE:

....

....

....

....

....

....

....

....

....

....

7. Tag der dritten Löwe-Dekade

20. August

232. Tag. 29. Löwe-Tag.
Mars in Löwe.

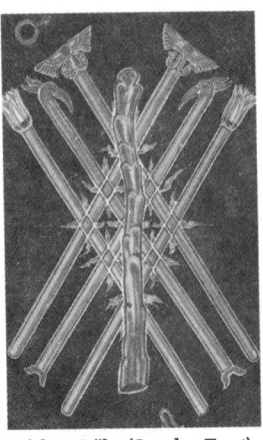

Sieben Stäbe (Crowley-Tarot)

**PERSÖNLICHE
TAGESKARTE:**

....

....

**ERLEBNISSE
EREIGNISSE:**

....

....

....

....

....

....

....

....

....

....

....

....

Die Einheit der Gegensätze besteht in der Überbrückung von Wunsch und Wirklichkeit. Die Läuterung des Willens hat zum Inhalt, daß unbefragte Selbstverständlichkeiten sich in bewußt gewählte Selbst-Verständlichkeiten (in ein funktionierendes Selbstverständnis) verwandeln. - Die Energiearbeit (die möglichst optimale Nutzung der einzelnen Energien) bewährt sich darin, daß die Vielfalt der Interessen und Richtungen bei den vorhandenen Kräfte gewahrt bleibt, während es zugleich gelingt, in jedem Augenblick eine Hauptsache, einen Brennpunkt auszumachen. Darin können sich im Augenblick enorme Energiemengen konzentrieren und kanalisieren, die sich im nächsten Moment schon in einem anderen Zielpunkt bündeln.

Spitzen Sie Ihre Kräfte zu, entspannen Sie sich, um sich zu konzentrieren.

Sieben Stäbe (Waite-Tarot)

21. August

233. Tag. 30. Löwe-Tag. Mars in Löwe.

Aktivismus und Ehrgeiz schaden jetzt nur. Entscheidend ist vielmehr ein neues Niveau, ein neuer Stil im Einsatz Ihrer Kräfte. Ziel und Lohn: Sie erreichen mehr, während Sie sich selber weniger verschleißen. - Das wirkt wie ein Wunder, und es ist wunderbar! Und doch ist es nichts Unerfindliches, die Erklärung liegt auf der Hand:

Wir alle haben uns in den ersten Schuljahren recht kräftig anstrengen müssen, wenn wir das kleine Einmaleins oder andere Berechnungen anwenden wollten. Es liegt am Fortschritt - in diesem Fall der geistigen Kapazitäten -, daß wir später wesentlich größere Rechenoperationen anstellen, die uns zugleich dennoch leichter fallen. Ein solches Wachstum und Training steht Ihnen aber auch im energiemäßigen Bereich zur Verfügung.

Diese Botschaft des „Löwen" wird Sie im weiteren Verlauf des Jahres begleiten, auch wenn morgen bereits der letzte Tag des Löwe-Monats angesagt ist.

PERSÖNLICHE TAGESKARTE:

....

....

ERLEBNISSE EREIGNISSE:

....

....

....

....

....

....

....

....

....

....

....

9. Tag der dritten Löwe-Dekade

22. August

234. Tag. 31. Löwe-Tag.
Mars in Löwe.

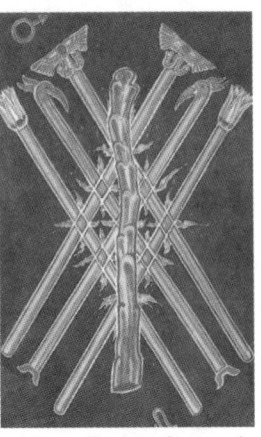

Sieben Stäbe (Crowley-Tarot)

PERSÖNLICHE TAGESKARTE:

....

....

ERLEBNISSE EREIGNISSE:

....

....

....

....

....

....

....

....

....

....

....

● Wenn der Wille nicht mit Lust und Laune verwechselt wird und sich auch nicht darin erschöpft, Handlanger für Ziele zu sein, die man sich vorher in den Kopf gesetzt hat, dann wird der Wille frei. Er wird neugeboren, und Sie persönlich kommen in die Lage, mit bewußtem Einsatz sich Ihrem Weg in der Welt und den Gegebenheiten des Augenblicks anzuvertrauen.

Seien Sie offen für das Wachstum, für Veränderungen und Entwicklungen in Ihnen und in Ihrer Umgebung. Durch Ihr Dazutun können bestimmte Tatsachen verändert werden. (Denn Tatsachen sind eine Sache der Tat!)

Vermeiden Sie Harmlosigkeit und Leerlauf genauso wie Verkrampfung und Verbissenheit. Bringen Sie sich selbst ins Geschehen ein, und vertrauen Sie dem „Spiel der Kräfte". Entscheidend ist, daß Sie in jedem Augenblick einfach da und ganz präsent sind. Dann wird Ihnen der Gang der Dinge stets neue Argumente und die erforderlichen Kräfte verleihen, um das zu vertreten, was Ihnen am Herzen liegt.

---

10. Tag der dritten Löwe-Dekade

Jungfrau

23.8. - 22.9.

Empfohlende Auslage
„Bestandsaufnahme"

1	2	3	Vergangenheit
4	5	6	Gegenwart
7	8	9	Zukunft

Die Dekaden

1. Dekade 23.8. - 2.9.
Sonne in Jungfrau
Tarot-Karte „Acht Münzen/Scheiben"
Jungfrau beschränkt sich auf das, was sie braucht. Das verwirklicht sie auch. Sonne sorgt für ein großes Herz.

2. Dekade 3. - 12.9.
Venus in Jungfrau
Tarot-Karte „Neun Münzen/Scheiben"
Venus in Jungfrau - keine leichte Konstellation, aber eine sehr lohnende: Die Schönheit des Lebens in wahrer Pracht.

3. Dekade 13. - 22.9.
Merkur in Jungfrau
Tarot-Karte „Zehn Münzen/Scheiben"
Jungfrau lebt im Hier und Jetzt. Merkur sorgt für Kommunikation und Austausch mit allem.

23. August

235. Tag. 1. Jungfrau-Tag.
Sonne in Jungfrau.

Acht Münzen (Waite-Tarot)

**PERSÖNLICHE
TAGESKARTE:**

....

....

**ERLEBNISSE
EREIGNISSE:**

....

....

....

....

....

....

....

....

....

....

....

....

Heute und in den kommenden 30 Tagen werden Sie auf den Wegen der Jungfrau wandeln. Die „Jungfrau" als Beschreibung eines Charakterzugs in uns allen wird oft falsch verstanden. Hier geht es weder um eine Altersangabe noch um die sexuelle Jungfräulichkeit.

Der Dichter Bertolt Brecht hat einmal in anderem Zusammenhang gesagt: „Die Unschuld ist nichts, was man verlieren, sondern eher etwas, was man gewinnen kann". Dieser Gedanke umschreibt viel eher, was hier der Begriff „Jungfrau" bedeutet.

„Unschuld" will erworben werden. Das ist eine Absage an Verantwortungslosigkeit und Ahnungslosigkeit, an Unzuständigkeit und Inkompetenz. Gebraucht werden Menschen, die zur gegebenen Zeit ihre Probleme lösen und ihre Aufgaben erledigen, ohne etwas unter den Teppich zu kehren. Darum geht es auch in Ihren aktuellen Fragen.

24. August

236. Tag. 2. Jungfrau-Tag.
Sonne in Jungfrau.

Acht Scheiben (Crowley-Tarot)

„Jungfrau" bedeutet auch: Jede und jeder von uns bringt etwas völlig Neues mit auf die Welt. Darin besteht im übrigen der symbolische Hintergrund des Brauchs, sich zum Geburtstag Geschenke zu machen: Jeder Mensch stellt selber ein Geschenk dar. Sie - wie jede/r andere - verkörpern ein Stück „jungfräuliches Neuland", ein unbeschriebenes Blatt. Und wenn die zum Geburtstag überreichten Geschenke nicht nur Floskeln oder Fetische sein sollen, so gilt es, die Freude über die Besonderheiten des Einzelnen herauszustellen, die jeweiligen persönlichen Talente zu fördern und neugierig zu sein auf das, was der oder die Einzelne denn nun entwickeln wird. - Das gilt in diesen Tagen besonders nachdrücklich, aber es ist auch der Einfluß oder das Prinzip der „Jungfrau", die uns wie jedes Tierkreiszeichen stets begleitet und inspiriert.

Achten Sie heute verstärkt darauf, inwieweit sich Ihre Sicht der Dinge von der der anderen unterscheidet und welche Besonderheiten in Ihrer Optik und Logik enthalten sind.

PERSÖNLICHE TAGESKARTE:

....

....

ERLEBNISSE EREIGNISSE:

....

....

....

....

....

....

....

....

....

....

....

　　　　　2. Tag der ersten Jungfrau-Dekade

25. August

237. Tag. 3. Jungfrau-Tag.
Sonne in Jungfrau.

Acht Münzen (Waite-Tarot)

**PERSÖNLICHE
TAGESKARTE:**

....

....

**ERLEBNISSE
EREIGNISSE:**

....

....

....

....

....

....

....

....

....

....

....

Was Sie in diesen Tagen auch erleben und erledigen, Sie sollten sich noch bewußter auf Ihre persönliche Wahrnehmung und Empfindung stützen.

Ihre persönliche Wahrnehmungsweise ist ein greifbarer Ausdruck für Ihre persönliche Eigenart! Verstehen Sie jetzt die Besonderheiten und den Inhalt Ihrer Individualität in neuer Klarheit. Erleben Sie erneut, was Sie mit vielen oder allen gemeinsam haben und worin auf der anderen Seite Ihr persönlicher Unterschied begründet ist.

Mit jedem Menschen wird nicht nur die Weltgeschichte ein Stück weit fortgeschrieben; jeder Mensch sieht sich mehr oder weniger auch vor die Notwendigkeit gestellt, die „Weltgeschichte" in sich noch einmal zu wiederholen - und eigene Antworten darauf zu finden.

Acht Scheiben (Crowley-Tarot)

26. August

238. Tag. 4. Jungfrau-Tag.
Sonne in Jungfrau.

Bevorzugen Sie solche Lösungen für Ihre aktuellen Fragen, die zu dauerhaften Regelungen führen und die die Probleme nicht vertagen, sondern lösen.

Die „Unschuld", die im Zeichen der Jungfrau zum Tagesthema wird, ist auch Gegenstand großer religiöser, philosophischer und politischer Programme. Im Christentum ist es die „Tilgung der Erbsünde", während es im Hinduismus heißt: „Arbeite dein Karma ab, ohne neues Karma zu setzen." Die philosophischen Antworten auf die „Schuldfrage" spiegeln sich z.B. in den Theorien der Tragödie oder des Kriminalromans, während die politischen Programme sich etwa auf Abbau der Staatsverschuldung oder Schuldentilgung für unterprivilegierte Länder und Regionen beziehen.

Im persönlichen Sinne geht es hier darum, private Schulden und Schuldgefühle aufzuheben und Lösungen zu finden, worin die persönlichen Talente die größten Früchte tragen.

PERSÖNLICHE TAGESKARTE:

....

....

ERLEBNISSE EREIGNISSE:

....

....

....

....

....

....

....

....

....

....

4. Tag der ersten Jungfrau-Dekade

27. August

239. Tag. 5. Jungfrau-Tag.
Sonne in Jungfrau.

Acht Münzen (Waite-Tarot)

**PERSÖNLICHE
TAGESKARTE:**

....

....

**ERLEBNISSE
EREIGNISSE:**

....

....

....

....

....

....

....

....

....

....

....

....

„Das Pferd macht den Mist im Stall, und obgleich der Mist Unsauberkeit und üblen Geruch an sich hat, so zieht doch das selbe Pferd den selben Mist mit großer Mühe auf das Feld; und daraus wächst der edle schöne Weizen und der edle süße Wein, die niemals so wüchsen, wäre der Mist nicht da.

Nun, der Mist, das sind deine Mängel, die du nicht beseitigen, nicht überwinden noch ablegen kannst. Die trage mit Mühe und Fleiß auf den Acker des liebreichen Willen Gottes in rechter Gelassenheit deiner selbst. Streue deinen Mist auf dieses edel Feld, daraus sprießt ohne allen Zweifel in demütiger Gelassenheit edle, wonnigliche Frucht auf „ (Johannes Tauler, mittelalterlicher deutscher Mystiker).

---

28. August

240. Tag. 6. Jungfrau-Tag. Sonne in Jungfrau.

Acht Scheiben (Crowley-Tarot)

Wenn sogar der eigene Mist noch zu gebrauchen ist (als Dünger), um wieviel mehr die eigenen Talente? Die „Entsorgung" gewisser persönlicher Probleme ist nur die Kehrseite, die andere Seite der Medaille bei der Entdeckung und Entfaltung der persönlichen Talente. Ihr Glück hängt im Zeichen der Jungfrau ganz deutlich davon ab, ob Sie das Eigene herauskristallisieren.

Bei vielen Verhaltensweisen oder Lebenszielen meinen wir nur, daß diese den eigenen Überzeugungen oder den persönlichen Wertvorstellungen entsprechen würden. Tatsächlich haben wir jedoch vieles eher unverdaut übernommen oder befolgen es schlicht aus Gewohnheit. Viele andere Möglichkeiten, die tatsächlich der persönlichen Eigenart entsprechen würden, besitzen wir zunächst noch nicht; nur wenn wir andere Personen entweder bewundern oder ablehnen, begegnen wir wie in einem Spiegel eigenen Qualitäten, die noch fehlen. „Vieles war nicht nötig/und gerade das/wäre das Nötigste gewesen" (E. Vahrenhorst).

PERSÖNLICHE TAGESKARTE:

....

....

ERLEBNISSE EREIGNISSE:

....

....

....

....

....

....

....

....

....

....

6. Tag der ersten Jungfrau-Dekade

29. August

241. Tag. 7. Jungfrau-Tag.
Sonne in Jungfrau.

Acht Münzen (Waite-Tarot)

**PERSÖNLICHE
TAGESKARTE:**

....

....

**ERLEBNISSE
EREIGNISSE:**

....

....

....

....

....

....

....

....

....

....

....

Sie haben etwas zu erledigen! Jeder Mensch - und so auch Sie - hat ein Bedürfnis nach Sinn- und Erfolgserlebnissen, und jede/r bringt auch die Fähigkeit zu Sinn und Erfolg mit. Lassen Sie sich nicht für unproduktive Zwecke verschleißen. Widersetzen Sie sich einem fruchtlosen Gehorsam und einer sinnlosen Routine. Begraben Sie falschen Stolz, doch verteidigen Sie Ihr Selbstbewußtsein.

Analysieren Sie Ihren Eigensinn: Inwieweit handelt es sich um Sturheit, um Trotzreaktion oder Selbstverliebtheit - und wo und wieweit drückt sich der wahre und berechtigte „Sinn des Eigenen" aus?

Acht Scheiben (Crowley-Tarot)

30. August

242. Tag. 8. Jungfrau Tag.
Sonne in Jungfrau.

Jede Sachaufgabe, die Sie bewältigen, ist auch ein Spiegel der Arbeit an Ihnen selbst. Und umgekehrt, jeder Fortschritt, den Sie in Ihrer inneren Entwicklung machen, bewahrheitet sich in veränderten äußeren Bedingungen.

Talent ist heute nicht mehr die Sonderbegabung oder die zirkusreife Sonderleistung. „Talent" bezeichnet vielmehr die Prägungen, die jeder Mensch in seinem Leben erfahren hat und die er andererseits selber vollbringt.

In Ihren Begabungen wie in Ihren Behinderungen, in Ihrem „Mist" und in Ihren „Glanzleistungen", zusammen verkörpern sich Ihre Talente, und diese gilt es jetzt, in praktische Resultate „umzumünzen".

PERSÖNLICHE TAGESKARTE:

....

....

ERLEBNISSE EREIGNISSE:

....

....

....

....

....

....

....

....

....

....

....

8. Tag der ersten Jungfrau-Dekade

31. August

243. Tag. 9. Jungfrau-Tag.
Sonne in Jungfrau.

Acht Münzen (Waite-Tarot)

....

....

....

....

....

....

....

....

....

....

....

....

....

Sie sehen sich vor bestimmte Notwendigkeiten gestellt. Doch Sie bringen auch bestimmte Begabungen mit, um diese Aufgaben nicht nur zu lösen, sondern um die Welt insgesamt ein Stück weit menschlicher und angenehmer zu gestalten. Diese Notwendigkeiten und Begabungen sind noch einmal ein anderer Ausdruck für Ihr Talent. Auf dieses sollten Sie sich jetzt konzentrieren.

Finden Sie Ihr Metier, und schaffen Sie sich Ihren Rahmen, in dem Sie Ihr Talent voll entwickeln und einsetzen können. Je deutlicher Ihnen Ihre Begabungen und Begrenzungen, Ihre Notwendigkeiten und Möglichkeiten werden, umso mehr werden Sie zum Meister oder Meisterin in eigener Sache! Sorgen Sie für zahlreiche Ergebnisse, die nach außen ausdrücken, was Sie innerlich bewegt.

Acht Scheiben (Crowley-Tarot)

1. September

244. Tag. 10. Jungfrau-Tag.
Sonne in Jungfrau.

Die Monatsnamen von September bis Dezember stammen von lateinischen Zahlwörtern. „Septem" heißt z.B. sieben, und der September war im alten römischen Kalender der 7. Monat.

In der Symbolik ist der September mit dem Feuer im Herd oder mit dem Licht in einer Laterne zu vergleichen: Es geht jetzt und in den kommenden Wochen bis zur Herbsttagundnachtgleiche am 22./23.9. darum, der Kraft des Sommers und der Wärme des Feuers eine haltbare, dauerhafte Gestalt zu verleihen.

„Power nutzt nur auf Dauer" - so lautet die Logik der Jungfrau, die dafür sorgt, daß die Ernte gut verwertet und aufbereitet wird, so daß all die Energien, die im Reifungsprozeß in die Früchte eingegangen sind, noch lange zur Verfügung stehen.

Für den Erhalt des Lebens zu sein, heißt auch, gegen die gigantischen Vernichtungen von Lebenskraft und Menschlichkeit einzutreten, woran heute beim Anti-Kriegstag gedacht wird.

PERSÖNLICHE TAGESKARTE:

....

....

ERLEBNISSE EREIGNISSE:

....

....

....

....

....

....

....

....

....

....

....

10. Tag der ersten Jungfrau-Dekade

2. September

245. Tag. 11. Jungfrau-Tag.
Sonne in Jungfrau.

Acht Münzen (Waite-Tarot)

**PERSÖNLICHE
TAGESKARTE:**

....

....

**ERLEBNISSE
EREIGNISSE:**

....

....

....

....

....

....

....

....

....

....

....

....

Achtsamkeit ist das Gebot der Stunde. Gehen Sie aufmerksam mit dem um, was Sie in Händen halten und selbst begreifen können, genauso wie mit dem, was über jedes persönliche Fassungsvermögen hinausgeht.

Finden Sie heraus, welche Aufgaben jetzt für Sie von besonderer Bedeutung sind - und welcher Lösungsweg für Sie der geeignetste ist. Seien Sie wachsam. Verstehen Sie die Botschaft „zwischen den Zeilen". Entspannen Sie sich, meditieren Sie! In Ihren aktuellen Fragen kommen Sie schneller voran, wenn Sie „den Fuß vom Gas" nehmen.

Neun Münzen (Waite-Tarot)

3. September

246. Tag. 12. Jungfrau-Tag.
Venus in Jungfrau.

„Der Feind des Guten ist das Beste" - tun Sie, was notwendig ist, ohne sich von hehren Idealen oder dunklen Mutmaßungen irritieren zu lassen. Seien Sie bereit, Neues zu lernen. Vermeiden Sie es, andere „von oben herab" zu belehren. Genießen Sie Ihre bisherigen Errungenschaften, und ermuntern Sie Ihre Mitmenschen auf deren Weg.

„In der Beschränkung zeigt sich der Meister" oder die Meisterin, und das gibt Ihnen die Kraft, die es Ihnen ermöglicht, sowohl loszulassen wie auch zu ernten. Beenden Sie eine unangemessene Bescheidenheit, und setzen Sie sich für das Erforderliche mit ganzer Kraft ein.

Auf alles Unnötige können Sie jetzt gut und gerne verzichten.

PERSÖNLICHE TAGESKARTE:

....

....

ERLEBNISSE EREIGNISSE:

....

....

....

....

....

....

....

....

....

....

....

1. Tag der zweiten Jungfrau-Dekade

4. September

247. Tag. 13. Jungfrau-Tag. Venus in Jungfrau.

Neun Scheiben (Crowley-Tarot)

PERSÖNLICHE TAGESKARTE:

....

....

ERLEBNISSE EREIGNISSE:

....

....

....

....

....

....

....

....

....

....

....

....

Ob Sie auf der Welt sind oder nicht, das macht einen großen Unterschied aus. Sie bringen etwas mit, das die Erde reicher macht. Darum: Verstecken Sie Ihren Glanz, Ihre Schönheit nicht! Seien Sie großzügig, und zeigen Sie Ihren Mitmenschen, welche Schätze Sie zu bieten haben, weil Sie selbst ein „Schatz" sind.

Vorhandene Kräfte, Werte und Talente hervorzuheben, hat nichts mit Schönfärberei oder der berühmten „rosa Brille" zu tun. Sondern es ist wichtig, sich und anderen Mut zu machen, damit die vorhandenen Anlagen sich wirklich entfalten können.

IX

Neun Münzen (Waite-Tarot)

5. September

248. Tag. 14. Jungfrau-Tag. Venus in Jungfrau.

Die Weintrauben in der oben abgebildeten Darstellung sind Zeichen der Ernte und des Genusses, aber auch Symbol der harten Arbeit im Weinberg. Auch hier steht das Symbol u.a. für Sie persönlich: Sie selber gleichen dem Weinberg. Indem Sie an sich arbeiten, kristallisieren sich Ihre Talente heraus; so bekommt alles, was Sie tun, auch einen persönlichen Zuschnitt, der Ihre Handschrift verrät.

Wenn Sie sich aber mit Stärken und Schwächen ernstnehmen, dann zeigen Sie, ja, dann kultivieren Sie den Wert und den Sinn Ihrer unverwechselbaren persönlichen Eigenart. Was Sie auch tun und erleben, - „es" bekommt eine besondere und festliche Note.

PERSÖNLICHE TAGESKARTE:

....

....

ERLEBNISSE EREIGNISSE:

....

....

....

....

....

....

....

....

....

....

....

　　　3. Tag der zweiten Jungfrau-Dekade

6. September

249. Tag. 15. Jungfrau-Tag.
Venus in Jungfrau.

PERSÖNLICHE
TAGESKARTE:

....

....

ERLEBNISSE
EREIGNISSE:

....

....

....

....

....

....

....

....

....

....

....

- Körper, Geist und Seele stellen hier im Bild einen besonderen Dreiklang dar. Auch Ich, Es, und Über-Ich oder die drei Sphären von Himmel, Welt und Unterwelt werden durch die drei Kreise in der Mitte der obigen Darstellung symbolisiert.
- Das signalisiert für Sie eine günstige Gelegenheit, Ihre verschiedenen Lebensbereiche miteinander in eine glückliche Verbindung zu bringen. Halten Sie sich an die Venus, an Lust und Liebe, die in Ihnen schwingen.
- Zeigen Sie die Schönheit und den Zauber, die zu entdecken sind, wenn man die Welt mit Ihren Augen sieht. Singen Sie Ihr „Lied" im großen Konzert des Lebens...

---

4. Tag der zweiten Jungfrau-Dekade

Neun Münzen (Waite-Tarot)

7. September

250. Tag. 16. Jungfrau-Tag. Venus in Jungfrau.

Sie finden in Ihrem Leben zunächst Gewohnheiten vor, die auch ohne Sie existieren würden, - Gepflogenheiten, die nicht unbedingt nach Ihrem Geschmack und nach Ihrer Logik eingerichtet sind. Für die Entfaltung Ihrer persönlichen Wahrheit ist es daher notwendig, daß Sie Ihren Lebensumständen eine eigene Gestalt, ein persönliches Gepräge geben:

Wie kleiden Sie sich? Wie atmen und wie essen Sie? Wie drücken Sie Freude, Enttäuschung, Alleinsein, Erregung, Bewunderung oder Ablehnung körperlich aus? Und wie andere Gefühle und Emotionen?

PERSÖNLICHE TAGESKARTE:

....

....

ERLEBNISSE EREIGNISSE:

....

....

....

....

....

....

....

....

....

....

....

5. Tag der zweiten Jungfrau-Dekade

8. September

251. Tag. 17. Jungfrau-Tag.
Venus in Jungfrau.

Neun Scheiben (Crowley-Tarot)

**PERSÖNLICHE
TAGESKARTE:**

....

....

**ERLEBNISSE
EREIGNISSE:**

....

....

....

....

....

....

....

....

....

....

....

....

● Leben Sie so, wie Sie es wirklich lieben?!
● Es ist eine Frage der persönlichen
● Wahrhaftigkeit, daß sich die inneren
● Überzeugungen auch nach außen dar-
● stellen und daß persönliche Werte und
● Erfahrungen auch eine gewisse Geltung
● in der Welt beanspruchen. Ein Verzicht
● auf dieses Stück gelebter persönlicher
● Wahrheit verursacht - mit Recht! - ein
● Gefühl von Sinnlosigkeit und Hohlheit.
● „... in schön tapezierten Wänden/wirst
● du sonst enden" (Ina Deter).
● Wenn die persönliche Wahrheit zu
● kurz kommt, leiden die Sinne. Nichts
● will so richtig schmecken, der eigene
● Geschmack erscheint bedeutungslos. -
● Umgekehrt, wenn die persönliche
● Wahrheit die einzige ist, wenn also die
● Wahrheit des anderen ungeliebt bleibt,
● dann leidet der Sinn. Überdruß und eine
● „Jagd nach dem Glück" sind die üblichen
● Folgen - „Liebe ist die Mutter der
● Wahrheit" - die Liebe zu sich genauso
● wie die Liebe zu der oder dem anderen.

Neun Münzen (Waite-Tarot)

9. September

252. Tag. 18. Jungfrau-Tag.
Venus in Jungfrau.

Wenn Sie lieben und geliebt werden, dann blüht Ihre Natur auf - Ihre menschliche, persönliche Natur, die stets eine doppelte ist. Dort, wo der Sinn und die Sinne ihre Chancen erhalten, entfalten sich Menschlichkeit und Persönlichkeit.

Im antiken Griechenland fanden im September die großen neuntägigen Eleusinischen Mysterien statt, Festlichkeiten zu Ehren der Göttin Demeter und ihrer Tochter Kore. Dem Einweihungsritual ging ein neuntägiges Fasten voraus (das kalendarisch etwa um das heutige Datum begann). - Fasten als Verzicht auf Unnötiges und Besinnung - eine neue Phase für die sinnlichen und die sinnhaften Seiten des Lebens - sind jetzt auch für Sie angezeigt.

PERSÖNLICHE TAGESKARTE:

....

....

ERLEBNISSE EREIGNISSE:

....

....

....

....

....

....

....

....

....

....

....

7. Tag der zweiten Jungfrau-Dekade

10. September

253. Tag. 19. Jungfrau-Tag.
Venus in Jungfrau.

Neun Scheiben (Crowley-Tarot)

**PERSÖNLICHE
TAGESKARTE:**

....

....

**ERLEBNISSE
EREIGNISSE:**

....

....

....

....

....

....

....

....

....

....

....

....

- „Wenn ich an einem anderen Menschen
hänge, weil ich nicht auf eigenen Füßen
stehen kann, kann er vielleicht mein
Lebensretter sein, aber unsere Beziehung ist keine Liebe. Paradoxerweise ist
die Fähigkeit, allein sein zu können, die
Vorbedingung für die Fähigkeit zu lieben" (Erich Fromm, Die Kunst des
Liebens).

Neun Münzen (Waite-Tarot)

11. September

254. Tag. 20. Jungfrau-Tag.
Venus in Jungfrau.

Liebe kann sich entwickeln, wenn die persönliche Wahrheit - die eigene wie die des anderen - so reiche Früchte trägt, wie es für die jetzige Erntezeit typisch ist. Entwickeln und vervollkommnen Sie Ihre Fähigkeit, sich selbst und Ihre Mitmenschen zur gleichen Zeit zu lieben! Sie besitzen und Sie brauchen jetzt Mut: Mut, über den eigenen Schatten zu springen, um bei sich selber neu anzukommen. Ebenfalls den Mut, sich selber treu zu bleiben, auch wenn sich innerlich und/oder äußerlich manches ändert.

Teilen Sie dem und den Menschen, die Sie lieben, Ihre Liebe mit. Berücksichtigen Sie dabei die verschiedenen Ebenen und Bedürfnisse - Liebeserklärungen auf körperlichen, seelischen und geistigen Wegen!

PERSÖNLICHE TAGESKARTE:

....

....

ERLEBNISSE EREIGNISSE:

....

....

....

....

....

....

....

....

....

....

9. Tag der zweiten Jungfrau-Dekade

12.September

255. Tag. 21. Jungfrau-Tag.
Venus in Jungfrau.

Neun Scheiben (Crowley-Tarot)

PERSÖNLICHE TAGESKARTE:

....

....

ERLEBNISSE EREIGNISSE:

....

....

....

....

....

....

....

....

....

....

....

Die persönlichen Lebensumstände so zu gestalten, daß Ihre Logik und Ihre Liebe darin wiederzufinden sind, das ist manchmal eine harte Arbeit wie in einem Weinberg. Doch auch das Ergebnis gleicht den Früchten des Weinbergs: Den reifen Trauben und dem aus ihnen gewonnenen Wein.

„Im Wein liegt Wahrheit" - machen Sie Ihre persönliche Wahrheit fruchtbar. „Wer meint, alle Früchte würden gleichzeitig mit den Erdbeeren reifen, versteht nichts von den Trauben" (Paracelsus).

Zehn Münzen (Waite-Tarot)

13.September

256. Tag. 22. Jungfrau-Tag. Merkur in Jungfrau.

Wo zwei oder mehr Menschen in Liebe zusammenwirken, da offenbart sich etwas „Göttliches", inmitten des Menschlichen und Allzumenschlichen. Sind Sie dafür bereit?!

PERSÖNLICHE TAGESKARTE:

....

....

ERLEBNISSE EREIGNISSE:

....

....

....

....

....

....

....

....

....

....

....

14. September

257. Tag. 23. Jungfrau-Tag.
Merkur in Jungfrau.

Zehn Scheiben (Crowley-Tarot)

**PERSÖNLICHE
TAGESKARTE:**

....

....

**ERLEBNISSE
EREIGNISSE:**

....

....

....

....

....

....

....

....

....

....

....

....

- Neun Tage zählt der Sommer noch. Dem
Sommerende sind die großen Erntedankfeste verbunden, die im übrigen in der Geschichte manchmal eher fromme Formen und manchmal eine recht ungezügelte und ausschweifende Gestalt annahmen, „aus lauter Lebenslust, voller Übermut".
- das Mysterium überhaupt.
  In symbolischer Betrachtung besteht das Faszinierende der Ernte u.a. darin, daß z.B. in Körnern und Wein die Ergebnisse einer ganzen Wachstumsperiode oder Lebensphase so aufgehoben werden, daß Sie noch lange zu gebrauchen und zu genießen sind.

Zehn Münzen (Waite-Tarot)

15. September

258. Tag. 24. Jungfrau-Tag.
Merkur in Jungfrau.

Ihr Glück hängt damit zusammen, daß Sie Ihre aktuellen Fragen als Teil des großen Lebensbogens begreifen und Sie Ihr Leben vor einem großen und weiten Horizont erfahren.

Witzigerweise ist Individualität nicht im Alleingang zu erreichen. Vieles, das scheinbar Ihre Einzigartigkeit unterstreicht, haben Sie, bewußt oder unbewußt, von anderen kopiert. Und vieles wiederum, was tatsächlich zum Inhalt Ihrer Individualität gehört, besitzen Sie noch nicht, sondern haben es unmerklich auf andere übertragen, die Sie als besonders faszinierend oder besonders störend erleben.

Sie brauchen daher die Brücke zum Anderen, zum Fremden - in Ihnen und in Ihren Mitmenschen - . Dann verschwindet die Einsamkeit, dieser Schatten einer fehlenden Individualität, genauso wie die Gefahr, in der Masse unterzugehen.

PERSÖNLICHE TAGESKARTE:

....

....

ERLEBNISSE EREIGNISSE:

....

....

....

....

....

....

....

....

....

....

....

3. Tag der dritten Jungfrau-Dekade

16. September

259. Tag. 25. Jungfrau-Tag. Merkur in Jungfrau.

Zehn Scheiben (Crowley-Tarot)

PERSÖNLICHE TAGESKARTE:

....

....

ERLEBNISSE EREIGNISSE:

....

....

....

....

....

....

....

....

....

....

....

- Nutzen Sie die Gunst oder die Last der Stunde, um festzustellen, wo Sie sich mehr abgrenzen und wo mehr öffnen möchten. Setzen Sie sich mit den Gegensätzen des Lebens auseinander, doch achten Sie auf die Verbindung, auf die Gemeinsamkeit, die oft hinter den Gegensätzen zu erkennen ist. Lernen Sie, auch Ihnen fremde menschliche Eigenschaften zu verstehen.

Noch sieben Tage, einschließlich heute, bis zum Herbstanfang. Was wollen Sie aus dem Sommer mitnehmen in den Herbst und in den Winter? Was beenden oder loslassen?

Bereiten Sie ein persönliches „Erntedankfest" vor...

Zehn Münzen (Waite-Tarot)

17. September

260. Tag. 26. Jungfrau-Tag. Merkur in Jungfrau.

Nicht nur für die engste Zweierbeziehung ist die Liebe der geeignete Maßstab. Sie ist es auch, die uns verläßliche Orientierungen im Geflecht der täglichen Beziehungen, Begegnungen und Ereignisse gibt. Riskieren Sie also mehr Liebe und etwas weniger Exklusivität in der Liebe. Nehmen Sie sich vieler Menschen und vieler Begebenheiten tagtäglich in Liebe an.

Zugleich ist die Liebe Ihr größter Reichtum. Bekanntlich ist sie „the one thing that money can't buy" - das Einzige, das für Geld nicht zu kaufen ist. Wenn Sie lieben, sind Sie nicht käuflich und - unbezahlbar.

PERSÖNLICHE TAGESKARTE:

....
....

ERLEBNISSE EREIGNISSE:

....
....
....
....
....
....
....
....
....
....
....
....

5. Tag der dritten Jungfrau-Dekade

18.September

261. Tag. 27. Jungfrau-Tag.
Merkur in Jungfrau.

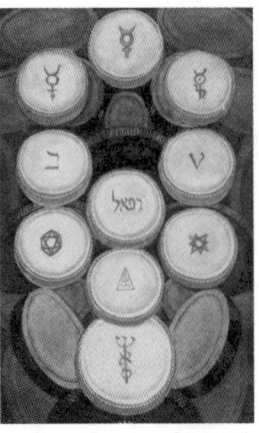

Zehn Scheiben (Crowley-Tarot)

**PERSÖNLICHE
TAGESKARTE:**

....

....

**ERLEBNISSE
EREIGNISSE:**

....

....

....

....

....

....

....

....

....

....

....

....

- Worin auch immer Ihre konkrete Begabung und Ihre persönliche Aufgabenstellung bestehen mögen - die Liebe ist der Keim aller Talente, und nur da entfalten sich die persönlichen Anlagen zu voller Pracht, wo sie von Liebe geleitet sind.
- Egoismus und Altruismus (Selbstlosigkeit) dagegen lassen die persönlichen Talente verkümmern. Wenn Sie Ihre Liebe nur wahlweise Ihrem Partner oder Ihrer Partnerin, den Kindern, dem Beruf usw. widmen, dann bleibt vieles von Ihren besten Möglichkeiten ungenutzt und unerfüllt. Liebe in jeder Beziehung ist Voraussetzung und Ergebnis einer optimalen Förderung aller wesentlichen Bedürfnisse und Talente.
- Denn was anderes als Liebe sorgt dafür, daß wir in den vielfältigen Geschehnissen nicht achtlos aneinander vorbeigehen, daß wir vielmehr Talente fördern, Bedürfnisse realisieren, Notwendigkeiten berücksichtigen, Nöte aufheben und der Wahrheit, die in jedem Menschen, in jedem Ding und Ereignis liegt, zum Durchbruch verhelfen?

Zehn Münzen (Waite-Tarot)

19. September

262. Tag. 28. Jungfrau-Tag. Merkur in Jungfrau.

Der 19.9. war angeblich der Anfangstag für manche der großen Einweihungskulte im alten Griechenland. Worin auch immer das Leben Sie eingeweiht hat und und einweihen wird, die größte Frage und die größte Antwort ist - die Liebe.

Der Wein, der aus den bearbeiteten und vergorenen Trauben gewonnen wird, steht symbolisch für eine Art „zweiter Ernte", die die Früchte von Natur und Kultur zusammenfaßt. Ein anderes Symbol für die Früchte der menschlichen Reifung ist der Diamant.

Wußten Sie es schon: Asche und Diamant haben die gleiche chemische Zusammensetzung; beide sind von gleicher Natur, nur der erfahrene Druck in der Erde ist unterschiedlich und besorgt die verschiedene Gestalt.- So liegt es an Ihnen, ob und wie Sie Drucksituationen verarbeiten und Belastungsproben als Reifungschancen nutzen.

PERSÖNLICHE TAGESKARTE:

....

....

ERLEBNISSE EREIGNISSE:

....

....

....

....

....

....

....

....

....

....

7. Tag der dritten Jungfrau-Dekade

20.September

263. Tag. 29. Jungfrau-Tag. Merkur in Jungfrau.

Zehn Scheiben (Crowley-Tarot)

PERSÖNLICHE TAGESKARTE:

....

....

ERLEBNISSE EREIGNISSE:

....

....

....

....

....

....

....

....

....

....

....

....

- Die Tage kurz vor und kurz nach der Herbsttagundnachtgleiche am 22./23.9. sind auch deshalb mit überlieferten Einweihungsritualen und -geschichten verbunden, weil die jetzige Erntezeit eine Nahtstelle zwischen Leben und Tod markiert. Der Sensemann oder Schnitter, der in früheren Zeiten die Ernte einbrachte, ist ohnehin sinnbildlich für den „Tod". „Was hast Du geerntet? Und was willst Du ernten?" Diese Fragen stellt uns der Sensemann.
- Andererseits sind aber auch die geernteten Früchte und Körner Sinnbild für ein Weiterleben nach dem Tod. Das Saatkorn mußte „sterben", damit viele Körner aus ihm hervorgingen. In der Ernte stecken die Kräfte von Feuer, Wasser, Luft und Erde, die Einflüsse der Gezeiten und Gestirne und manches mehr. Im reifen Korn sind diese alle aufgehoben und existieren fort. Wie ein Bauwerk, das weiter besteht und von den Persönlichkeiten des Baumeisters und der Bauleute kündet, auch wenn diese längst das Zeitliche gesegnet haben.

Zehn Münzen (Waite-Tarot)

21. September

264. Tag. 30. Jungfrau-Tag. Merkur in Jungfrau.

Die folgenden Worte aus dem „Faust"
von Goethe lesen sich wie eine unmittel-
bare Deutung des obigen Bildes:
„Ja! diesem Sinne bin ich ganz er geben,
Das ist der Weisheit letzter Schluß:
Nur der verdient sich Freiheit wie das
Leben,
Der täglich sie erobern muß.
Und so verbringt, umrungen von
Gefahr,
Hier Kindheit, Mann und Greis sein
tüchtig Jahr.
Solch ein Gewimmel möcht' ich sehn,
Auf freiem Grund mit freiem Volke
stehn.
Zum Augenblicke dürft' ich sagen;
Verweile doch, du bist so schön!
Es kann die Spur von meinen
Erdentagen,
Nicht in Äonen untergehn."

PERSÖNLICHE TAGESKARTE:

....
....

ERLEBNISSE EREIGNISSE:

....
....
....
....
....
....
....
....
....
....
....
....

22. September

265. Tag. 31. Jungfrau-Tag. Merkur in Jungfrau.

Zehn Scheiben (Crowley-Tarot)

PERSÖNLICHE TAGESKARTE:

....

....

ERLEBNISSE EREIGNISSE:

....

....

....

....

....

....

....

....

....

....

....

- In der Landwirtschaft war oder ist es üblich, die letzte Garbe zu widmen und zu weihen. Oft wird oder wurde ein Rest des Hafers (als dem zuletzt reifenden Getreide) auf dem Acker stehengelassen als Weihe und Zeichen der Dankbarkeit.
- In diesem Sinne ist es nützlich, wenn Sie heute einmal innehalten, Pause machen oder sich vom „Hafer" stechen lassen! Ein Tag der Freude, des Abschieds und der Dankbarkeit. Wenn Sie mit jemanden noch „ein Hühnchen zu rupfen" haben, falls Sie sich entschuldigen möchten, wenn es etwas zu bereuen oder nachzuholen gibt, wenn jemand Ihren Dank verdient oder eine Liebeserklärung fällig ist (nicht zuletzt auch von Ihnen an Sie selber), - dann tun Sie es jetzt.
- Schließen Sie die Augen für etwa eine Minute und atmen Sie dabei gut durch. Die ersten drei Personen oder Dinge, die Ihnen dann einfallen, sollten Sie heute mit besonderer Dankbarkeit behandeln...

Waage

23.9. - 22.10.

Empfohlene Auslage
„Beziehungs-Weise"

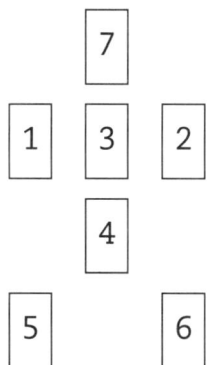

1 - „Partner/in"
2 - „Ich"
3 - „Eine verbindende Kraft"
4 - „Die gemeinsame Basis"
5 - „Die Quellen der Partnerin/des Partners"
6 - „Meine Quelle"
7 - „Brennpunkt / gemeinsames Ziel"

Die Dekaden

1. Dekade 23.9. - 2.10.
Mond in Waage
Tarot-Karte „Zwei Schwerter"
Waage schafft Bewußtheit und kräftigen Atem. Mond steht für die Macht der Stimmungen und Schwingungen.

2. Dekade 3. - 12.10.
Saturn in Waage
Tarot-Karte „Drei Schwerter"
Waage betont auch das Gegenteil. Saturn verlangt Ehrlichkeit.

3. Dekade 13. - 22.10.
Jupiter in Waage
Tarot-Karte „Vier Schwerter"
Waage findet ihr Gleichgewicht, wenn ihr Geist zur Ruhe kommt. Jupiter steht für Selbstverantwortung oder aber Selbstbezogenheit.

23. September

266. Tag. 1. Waage-Tag. Mond in Waage.

Zwei Schwerter (Waite-Tarot)

PERSÖNLICHE TAGESKARTE:

....

....

ERLEBNISSE EREIGNISSE:

....

....

....

....

....

....

....

....

....

....

....

....

- Die Herbsttagundnachtgleiche leitet heute die dritte Jahreszeit und das Tierkreiszeichen Waage ein. Jetzt sind Tag und Nacht wieder annähernd gleich lang. Das weist in diesem Falle nicht nur auf den Wechsel der Jahreszeiten hin, sondern auch bereits auf die Charakteristik des neuen Tierkreiszeichens: Die Waage steht u.a. für einen ausgeglichenen Zustand, der Ihre bewußten und unbewußten Seiten in gleicher Weise berücksichtigt.

Der Herbstanfang bedeutet für Sie die Möglichkeit zu Einkehr, Rückzug und Neuanfang. Das, was Sie bisher versäumt oder vermißt haben, bekommt nun eine neue Chance. Die „linke Hand" und die „rechte Hand", Vergangenheit und Zukunft, Lust und Pflicht und viele andere Gegensätzlichkeiten Ihres Lebens sollen und können in diesen Tagen in ein abgewogenes, gerechtes und ausgeglichenes Verhältnis gebracht werde.

Jetzt ist eine gute Zeit für mehr Verständnis, für einen mutigen Schritt zur persönlichen Ganzheit und vor allem zur Verwirklichung der wahren Bedürfnisse ...

Zwei Schwerter (Crowley-Tarot)

24.September

267. Tag. 2. Waage-Tag.
Mond in Waage.

Linke Körperhälfte und rechte Gehirnhälfte stehen für Ihre unbewußten Einstellungen und Verhaltensweisen, die rechte Körperhälfte und die linke Gehirnhälfte stehen für Ihre bewußten Gewohnheiten und Handlungen. Die obige Abbildung gibt eine abstrakte Darstellung für die Verbindung von links und rechts, von oben und unten. In Gestalt des weißen Lotus (in der Mitte des Bildes) zeigt diese Tarot-Karte auch Ihre blühende Lebensmitte an. Damit sind das Wohlbehagen und die Zufriedenheit gemeint, die aus persönlicher Ausgeglichenheit und Ganzheit resultieren.

Hüten Sie sich in diesen Tagen besonders vor Halbheiten, und lassen Sie sich nicht zu schnell aus dem Lot bringen. „Schwert" und „Waage" sind Symbole für die Waffen des Geistes. Diese sind ein Angebot, daß Sie Ihre eigenen Bedürfnisse und das, was Ihre Mitmenschen Ihnen geben oder Ihnen abverlangen wollen, immer besser beurteilen und beherzigen.

PERSÖNLICHE TAGESKARTE:

....

....

ERLEBNISSE EREIGNISSE:

....

....

....

....

....

....

....

....

....

....

....

2. Tag der ersten Waage-Dekade

25. September

268. Tag. 3. Waage-Tag. Mond in Waage.

Zwei Schwerter (Waite-Tarot)

PERSÖNLICHE TAGESKARTE:

....

....

ERLEBNISSE EREIGNISSE:

....

....

....

....

....

....

....

....

....

....

Mit verbundenen Augen zu schauen (s. Abb. oben) heißt auch, daß das Sehen beider Augen miteinander verbunden ist. Diese andere Art zu sehen heißt: Verstehen!

Die Bildfigur in dieser Abbildung befindet sich an einer Nahtstelle von Bewußtem und Unbewußtem. Die Augenbinde warnt dabei vor einem mangelnden Durchblick, der hier immer dann zu befürchten ist, wenn eine der beiden Seiten, Geist und Gefühl - zu kurz kommt. Zugleich stellt diese Augenbinde aber auch eine Ermunterung dar, weiter zu denken und nicht dem äußeren Schein aufzusitzen!

Jenseits des Augenscheins beginnt das Reich des Geistes! Nur die geistige Orientierung verhilft Ihnen jetzt zu Erfolg und Zufriedenheit. Schauen Sie hinter die Kulissen und unter die Oberfläche der Erscheinungen. Verschanzen Sie sich nicht in Unentschiedenheit oder Ungewißheit. Bleiben Sie am Ball, und bemühen Sie sich um Verständnis und Verständigung. So vertreiben Sie den „Grauschleier" aus Ihrem Alltag ...

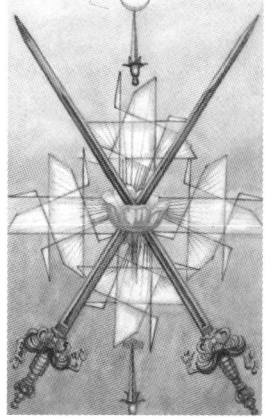

Zwei Schwerter (Crowley-Tarot)

26. September

269. Tag. 4. Waage-Tag.
Mond in Waage.

Je einseitiger Sie in den letzten Wochen und Monaten gelebt haben, umso drastischer kann sich jetzt die andere Seite der Ganzheit melden und ihr Gewicht in die Waagschale werfen.

Im Jahreskreis (und auch im Lebenskreis) stellt der Herbst vor allem eine Phase der bewußteren Lebensplanung und Lebensgestaltung dar. Hier geht es um Bewußtwerdung und Ergänzung.

Erschrecken Sie nicht, wenn Sie jetzt auf den einen oder anderen Widerstand treffen oder Dinge nun nicht mehr funktionieren, die sich lange eingespielt hatten. Nehmen Sie es als Chance zur Neubesinnung, und entdecken Sie darin eine andere Seite, eine neue Wahrheit, die Ihre Möglichkeiten und Ihre Lebensqualität ab sofort sogar erweitert und bereichert.

PERSÖNLICHE TAGESKARTE:

....

....

ERLEBNISSE EREIGNISSE:

....

....

....

....

....

....

....

....

....

....

....

4. Tag der ersten Waage-Dekade

27.September

270. Tag. 5. Waage-Tag.
Mond in Waage.

Zwei Schwerter (Waite-Tarot)

PERSÖNLICHE TAGESKARTE:

....

....

ERLEBNISSE EREIGNISSE:

....

....

....

....

....

....

....

....

....

....

....

Die Sommerzeit geht in diesen Tagen zu Ende. Während damit die dunkle Jahreshälfte eröffnet wird, stellen der Herbstanfang und das Tierkreiszeichen Waage in der astrologischen Symbolik gerade umgekehrt den Beginn der Tagseite des Jahreskreises dar.

Nach allgemeiner Auffassung durchschreitet der Tierkreis von Widder bis Jungfrau seine Nachthälfte. Von Waage bis Fische folgt - als zweite Hälfte - die Tagseite des Jahreskreises. Das Tierkreiszeichen Waage symbolisiert damit gleichsam den Tagesanbruch und die Morgenröte. Im Judentum wird in diesen Tagen das Neujahrsfest gefeiert (Rosch ha-Schan'ah); es leitet zehn Bußtage ein, die am Jom Kippur (Versöhnungstag) enden. Das Fest wird auch als Tag des Posaunenschalls bezeichnet, als himmlischer Gerichtstag. - Auch das germanische Thing, die alljährliche Volks- und Gerichtsversammlung, zu der sich alle freien, wehrfähigen Männer einfinden mußten, fand zur Herbsttagundnachtgleiche statt.

28. September

271. Tag. 6. Waage-Tag.
Mond in Waage.

Zwei Schwerter (Crowley-Tarot)

Die Seele gibt uns eine innere Stimme, ein Echo, einen inneren Resonanzboden. Und der Geist erlaubt es, uns von außen zu betrachten, von allen Seiten und auch wie aus Vogelperspektive wahrzunehmen. Diese Fähigkeit, sich selbst wie von außen gegenüberzutreten, stellt sich unter anderem im Symbol der Waage dar.

Die Definition dieses Tierkreiszeichens lautet: „Ich gleiche aus". Auch damit wird auf den menschlichen Geist verwiesen. Denn wenn wir unseren Geist benutzen und ein geeignetes Bewußtsein entwickeln, sind wir in der glücklichen Lage, allerlei Einschränkungen, Schwierigkeiten und Hindernisse des Lebens auszugleichen!

Das heißt für Sie jetzt praktisch: Was immer auch geschieht, es gibt (mindestens) eine Alternative! Nutzen Sie Ihre Urteilskraft und Ihre geistige Freiheit. Seien Sie sorgsam in Ihren Bewertungen und liebevoll in Ihren Beurteilungen.

PERSÖNLICHE TAGESKARTE:

....

....

ERLEBNISSE EREIGNISSE:

....

....

....

....

....

....

....

....

....

....

....

6. Tag der ersten Waage-Dekade

29. September

272. Tag. 7. Waage-Tag.
Mond in Waage.

Zwei Schwerter (Waite-Tarot)

**PERSÖNLICHE
TAGESKARTE:**

....

....

**ERLEBNISSE
EREIGNISSE:**

....

....

....

....

....

....

....

....

....

....

....

- Profitieren Sie von der Gunst der Stunde, und trennen Sie hindernde Verpflichtungen auf. Zeigen Sie Profil. Machen Sie deutlich, was Sie meinen. Riskieren Sie ein freies, unabhängiges Urteil.

Befreien Sie sich von Vorurteilen, die da z.B. lauten: „Keine Zeit", „Kein Geld", „Keine Kraft" und dergleichen. Je mehr Sie sich von Vor-Beurteilungen verabschieden und dazu übergehen, die tatsächlichen Erfahrungen zu Hypothesen, zu vorläufigen Urteilen zu verarbeiten, umso freier und sicherer werden Sie sich fühlen.

Hüten und schützen Sie sich vor Ungerechtigkeiten. Akzeptieren Sie andere, auch wenn Sie sie nicht verstehen. Und machen Sie sich nicht abhängig vom Verständnis, der Zuwendung oder der Anerkennung durch andere.

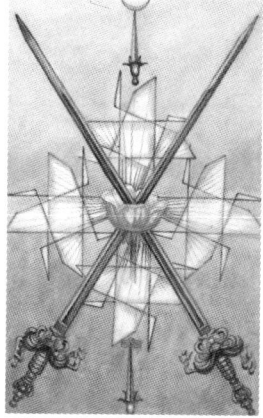

Zwei Schwerter (Crowley-Tarot)

30.September

273. Tag. 8. Waage-Tag.
Mond in Waage.

Mit dem Monatsletzten des Septembers wiederholt sich noch einmal der Abschied vom Sommer. Der Herbstanfang gleicht symbolisch einem Tagesanbruch; doch dieser bringt vor der Morgenröte auch das Morgengrauen mit sich. Zu der Waage gehört das Vage.

Bei Tagesanbruch sind Licht und Schatten zunächst noch gemischt. Der Moment des Erwachens ist ein Augenblick der Offenheit, auch der Ungeformtheit. Gerade um sich in vagen Fragen orientieren zu können, um sich in „dünner Luft" zu bewegen und in geistiges Neuland hineinzugehen, brauchen Sie Herz und Verstand, Geist und Gefühl. Eben das macht uns das Symbol der Waage deutlich: Jede Einseitigkeit wäre hier fehl am Platz.

Vagheiten sind aber nicht nur nicht zu vermeiden; sie sind wünschenswert und notwendig. So öffnen Sie sich für neue Gedanken und Vorstellungen. Damit können Sie neue Erfahrungen vorbereiten, anstatt die Tretmühle der Gewohnheiten weiter zu bedienen.

PERSÖNLICHE TAGESKARTE:

....

....

ERLEBNISSE EREIGNISSE:

....

....

....

....

....

....

....

....

....

....

....

8. Tag der ersten Waage-Dekade

1. Oktober

274. Tag. 9. Waage-Tag. Mond in Waage.

Zwei Schwerter (Waite-Tarot)

PERSÖNLICHE TAGESKARTE:

....

....

ERLEBNISSE EREIGNISSE:

....

....

....

....

....

....

....

....

....

....

....

....

- Der Name „Oktober" geht auf das lateinische Wort für „acht" zurück. Achtung! Kalendarisch beginnt heute das letzte Quartal. Halten Sie in Ihrer Erinnerung fest, welche Erfahrungen Sie in diesem Jahr gemacht haben, und denken Sie voraus, stellen Sie sich vor, wohin Sie in diesem Jahr noch gelangen werden. Konkret: Wo werden Sie heute hingehen, was ist Ihr nächster Schritt?

- Akzeptieren Sie unbeantwortete Fragen und offene Situationen. Vermeiden Sie jedoch Unverständnis und Unverständlichkeiten. Deuten Sie den Inhalt Ihrer Träume und Ihrer Gedanken. Mit „verbundenen Augen" (s. Abb.) zu schauen, heißt, in sich zu gehen und über den Tellerrand hinauszuschauen. Achten Sie die Sinne, aber mißtrauen Sie dem bloßen Augenschein.

- Bringen Sie Ihre Fantasie ins Spiel, und erweitern Sie Ihre Vorstellungskraft. Seien Sie realistisch, und rechnen Sie auch mit der Macht der Fantasie und der Träume. Je bewußter Sie mit Gedanken und Gefühlen umgehen, desto größer Ihr Vergnügen und Ihre Lebensfreude!

9. Tag der ersten Waage-Dekade

Zwei Schwerter (Crowley-Tarot)

2. Oktober

275. Tag. 10. Waage-Tag.
Mond in Waage.

Mit der Waage betreten Sie neue geistige Räume. Damit sind Sie jetzt besonders gut in der Lage, Denkverbote zu durchbrechen und (geistigen) Schwindel aufzudecken oder zu beenden. Immer dann aber, wenn neue Erfahrungen ins Bewußtsein einströmen, kann es auch geschehen, daß die Waage vorübergehend aus dem Gleichgewicht gerät und daß Ihnen dann schwindelig wird. Doch dies stellt nur einen vorübergehenden Zustand dar. Je mehr Sie sich im Luftelement des Geistes tatsächlich bewegen, umso vertrauter werden Sie damit und umso weniger verursachen die unvermeidlichen Unstetigkeiten oder Turbulenzen Ihnen Angst oder Übelkeit.

Im christlich-katholischen Bereich wird heute der „Tag des Schutzengel" gefeiert (am 29.9. bereits die Erzengel Gabriel, Michael und Raphael). Die Schutzengel sind ein schönes Symbol für das sogenannte „höhere Selbst", für die höhere Einsicht und das tiefere Verständnis, die Sie gewinnen, wenn Sie Gefühl und Geist, Tag und Traum in geeigneter Weise miteinander verbinden, wenn Sie mit den Augen denken und mit dem Herzen sehen.

PERSÖNLICHE TAGESKARTE:

....

....

ERLEBNISSE EREIGNISSE:

....

....

....

....

....

....

....

....

....

....

....

....

10. Tag der ersten Waage-Dekade

3. Oktober

276. Tag. 11. Waage-Tag. Saturn in Waage.

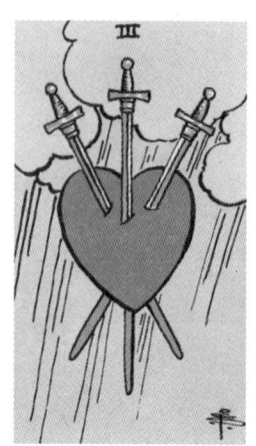

Drei Schwerter (Waite-Tarot)

PERSÖNLICHE TAGESKARTE:

....

....

ERLEBNISSE EREIGNISSE:

....

....

....

....

....

....

....

....

....

....

....

....

Auf den ersten Blick erscheint die oben abgebildete Tarot-Karte als ein schlimmes Bild, das Leid und Kummer signalisiert. Es gibt jedoch auch ein anderes Bild, das bei dieser Karte mitschwingt und das eine völlig anders geartete Bedeutung vertritt: Das Bild vom Herzen, das von den Pfeilen des Amors durchdrungen ist! „Hier wächst zusammen, was zusammengehört": Das gilt für den politischen Feiertag am heutigen 3.10. - und es gilt auch für die allgemeine Symbolik in diesen Tagen.

In der obigen Bilddarstellung bedeuten die Schwerter, wie immer im Tarot, auch die „Waffen des Geistes". Diese berühren und durchdringen hier das Herz. Was bedeutet das? Es geht um eine „Schnittstelle". Bildhaft wird hier dargestellt, was in der Computertechnik ebenfalls „Schnittstelle" oder „Interface" heißt: Eine Verbindung und Vernetzung verschiedener Systeme, hier von Herz und Verstand, Bewußtem und Unbewußtem, innerem und äußerem Erleben! Herzenswünsche können und wollen jetzt besonders gut verstanden und verwirklicht werden!

Drei Schwerter (Crowley-Tarot)

4. Oktober

277. Tag. 12. Waage-Tag.
Saturn in Waage.

Die jetzige Dekade bietet Ihnen eine außergewöhnliche Gelegenheit, zu ermitteln, zu benennen und auszudrücken, was Ihnen am Herzen und im Blute liegt. Äußern Sie Ihre Betroffenheit! Machen Sie aus Ihrem Herzen keine Mördergrube und keine Liebesfalle. Sorgen und Schmerzen, Wut, Rache oder Neid, aber auch Liebe und Sehnsucht, Hoffen und Bangen können und müssen Sie jetzt auf den Punkt bringen!

Das Prinzip der astrologischen Waage besteht nicht nur darin, das jeweilige Gegenteil ebenfalls zur Geltung zu bringen; die verschiedenen Gegensätze wollen auch vermittelt, auseinander dividiert oder aber versöhnt werden! Durchleuchten Sie die Emotionen mit kritischem Geist und liebevollem Verständnis. Spüren Sie die enorme Erleichterung, die es bedeutet, wenn Ihr Herz wieder frei wird für seine eigentliche Funktion - als Schaltstelle der Unterscheidung und der Abgrenzung, der Verständigung und der Gerechtigkeit.

PERSÖNLICHE TAGESKARTE:

....

....

ERLEBNISSE EREIGNISSE:

....

....

....

....

....

....

....

....

....

....

2. Tag der zweiten Waage-Dekade

5. Oktober

278. Tag. 13. Waage-Tag.
Saturn in Waage.

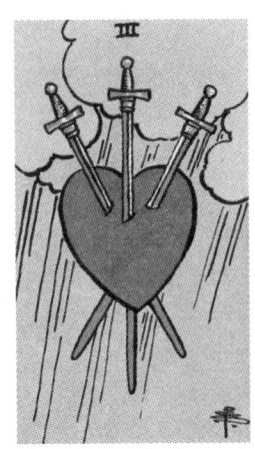

Drei Schwerter (Waite-Tarot)

**PERSÖNLICHE
TAGESKARTE:**

....

....

**ERLEBNISSE
EREIGNISSE:**

....

....

....

....

....

....

....

....

....

....

....

„Man sieht nur mit dem Herzen gut", heißt es in einer Geschichte aus „Der kleine Prinz". Und das trifft auch das, was Shakespeare in die bekannten Worte faßte: „Die Augen der Liebe sind die Augen des Geistes"!

Nur die Liebe kann Sie so verwunden, wie es das Bild in der einen Weise zeigt. Nur das Wunder der Liebe kann auf der ganz anderen Seite eine beglückende Betroffenheit schenken, die Ihr Inneres und Ihr Äußeres erblühen läßt.

Die Karte zeigt ein Bild der Verwundung, aber auch der Verwunderung und der Heilung. Liebe ohne Geist ist so schmerzhaft wie Geist ohne Liebe. Wenn Sie aber Ihre Betroffenheit bejahen und Herz und Verstand zusammenbringen, werden Sie Wunden kurieren und Wunder realisieren.

---

3. Tag der zweiten Waage-Dekade

Drei Schwerter (Crowley-Tarot)

6. Oktober

279. Tag. 14. Waage-Tag.
Saturn in Waage.

Saturn verkörpert in der astrologischen Symbolik den „Hüter der Schwelle", er symbolisiert die Macht des Bestehenden und die Gültigkeit einer kosmischen Ordnung. Ursprünglich vertritt der Saturn ein uraltes, „goldenes" Zeitalter. Er gilt als Inbegriff der Kräfte der Erde und wird als solches auch als weibliche Kraft verstanden. Später wird der Saturn umdefiniert und gilt nun als „alter Griesgram" - ganz so, wie etliche Fabeln auch den „Mann im Mond" beschreiben. Viele Jahrhunderte lang herrscht diese Beschreibung des Saturns vor. - Heute halten sich in der Deutung des Saturns Vorzüge und Nachteile die Waage. Als Verkörperung der Macht des Bestehenden gilt er heute auch als Meister oder Meisterin der persönlichen Talente. Saturn sorgt für die Beschränkung auf das Wesentliche und fordert Ehrlichkeit. Er hemmt den bloßen Eigensinn und er fördert den wirklichen Sinn des Eigenen.

Saturn ist nicht nur der Herrscher der jetzigen Dekade. Er ist auch im Zeichen der Waage insgesamt erhöht. Das bedeutet: In und mit der Waage wirkt der Saturn am stärksten.

PERSÖNLICHE TAGESKARTE:

....

....

ERLEBNISSE EREIGNISSE:

....

....

....

....

....

....

....

....

....

....

....

4. Tag der zweiten Waage-Dekade

7. Oktober

280. Tag. 15. Waage-Tag.
Saturn in Waage.

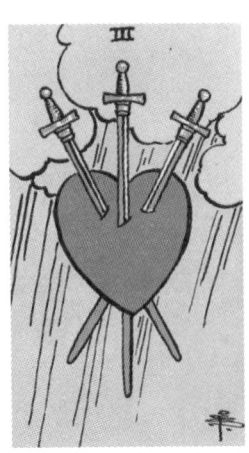

Drei Schwerter (Waite-Tarot)

PERSÖNLICHE TAGESKARTE:

....

....

ERLEBNISSE EREIGNISSE:

....

....

....

....

....

....

....

....

....

....

....

- Forschen Sie so lange, bis Sie eine Sache durchdrungen und verschiedene Argumente auf einen Nenner gebracht haben. Möglicherweise sind damit anstrengende oder auch schmerzhafte Lernprozesse verbunden. Akzeptieren Sie diese, im Bewußtsein, daß Sie damit alte Wunden heilen und Ihr Herz entlasten und erleichtern. „Saturn" steht symbolisch für langandauernde, manchmal „chronische" Prozesse. Die Hindernisse oder die neuen Aufgaben, vor denen Sie jetzt stehen, hängen unter dem Aspekt des Saturns durchaus mit Entwicklungen und Ereignissen zusammen, die vor 7, 14, 21 oder 28 bis 29 Jahren geschehen sind. Es geht auch um die Entsorgung von Altlasten in diesen Tagen. Umso andauernder und erquicklicher wird Ihre neue Lust sein, wenn die alte Last beseitigt ist.

Heute und morgen befinden wir uns in der zeitlichen Mitte des Waage-Monats. Und auch völlig unabhängig von der Bedeutung des „Saturn" stellt uns auch die Waage-Symbolik vor eine Kernfrage: Was wiegt im Leben? Was zählt und was nicht?

Drei Schwerter (Crowley-Tarot)

8. Oktober

281. Tag. 16. Waage-Tag.
Saturn in Waage.

Was zählt im Leben - finden Sie heraus, was Ihr Herz begehrt, was Ihre Mitmenschen wirklich wollen und brauchen. Filtern Sie die Werte heraus, die für Ihr Leben und Ihr Zusammenleben am besten geeignet sind. Geben Sie den unterschiedlichen Interessen, Argumenten und Bedürfnissen jeweils einen angemessenen und abgewogenen Platz.

„Gerechtigkeit" handelt nicht so sehr von ewigen Werten oder von vorübergehenden Justizprozessen. Symbolisch vertritt die „Gerechtigkeit" vielmehr ein Urbild - die archetypische Erfahrung, daß alles, was existiert, eine eigene Zeit, ein eigenes Maß und ein eigenes Gewicht besitzt.

Alle Erfahrungen von Gerechtigkeit oder Ungerechtigkeit in Ihrem Leben können damit zusammenhängen, wie Sie es schaffen, allen beteiligten Kräften und Bedürfnissen gerecht zu werden, auch denen, die auf dem Grunde des Herzens wohnen.

PERSÖNLICHE TAGESKARTE:

....
....

ERLEBNISSE EREIGNISSE:

....
....
....
....
....
....
....
....
....
....

6. Tag der zweiten Waage-Dekade

9. Oktober

282. Tag. 17. Waage-Tag.
Saturn in Waage.

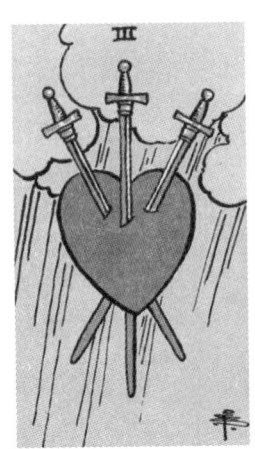

Drei Schwerter (Waite-Tarot)

**PERSÖNLICHE
TAGESKARTE:**

....

....

**ERLEBNISSE
EREIGNISSE:**

....

....

....

....

....

....

....

....

....

....

....

....

Weil die Waage dem Anfang des Jahreskreises genau gegenüberliegt, gilt sie nicht nur als Start in die zweite Lebenshälfte, sondern auch als Sinnbild für den „Hafen des Lebens". Es geht in diesen Tagen tatsächlich auch darum, Hindernisse abzubauen und den Weg freizumachen, damit Sie Ihr Ziel und die Bestimmung in Ihrem Leben finden. Was bringen Sie mit, und was wollen Sie in diesem Leben neu erwerben und erlernen?

Im Zeichen der Waage geht es um ein Leben jenseits der Halbheiten. Nur am Bewährten und Vertrauten festzuhalten, erscheint dabei genauso halbherzig wie stets nach „mehr", nach neuen und besseren Leistungen und Errungenschaften zu suchen. Was hier zählt, sind ein Lebensniveau und ein Rahmen des eigenen Daseins (eben ein „Hafen"), worin die verschiedenen Seiten Ihrer Person sowie die verschiedenen Personen einer Lebensgemeinschaft dauerhaft, bekömmlich und erfolgreich zusammenleben können.

10. Oktober

283. Tag. 18. Waage-Tag.
Saturn in Waage.

Drei Schwerter (Crowley-Tarot)

In der Mathematik heißt es, Parallelen schneiden sich im Unendlichen. Und dieser Satz bringt auch manche Vorlieben der astrologischen Waage auf den Punkt. Zum einen geht es um die Gewißheit, daß noch so große Gegensätze sich überbrücken und vermitteln lassen, wenn man nur genügend Geduld aufbringt und die Zeit für sich arbeiten läßt. Zum anderen tritt hier aber auch die Vorstellung auf, die gesuchten Ziele lägen gleichsam im Unendlichen und, das heißt dann, in unerreichbarer Ferne. So kann es unter dem Einfluß der Waage geschehen, daß wir in nostalgischer Wehmut von früheren Zeiten schwärmen oder uns für noch nie dagewesene perfekte Idealzustände ereifern. Doch es geht um Jetzt und Hier. Das ist der springende Punkt. Der „jüngste Tag" ist - heute.

Das Symbol der Waage ist als Ansporn zu verstehen, geistige Radikalität und Unbedingtheit mit praktischen Notwendigkeiten und Bedingtheiten zu verbinden: Global denken, vor Ort handeln.

PERSÖNLICHE TAGESKARTE:

....

....

ERLEBNISSE EREIGNISSE:

....

....

....

....

....

....

....

....

....

....

8. Tag der zweiten Waage-Dekade

11. Oktober

284. Tag. 19. Waage-Tag.
Saturn in Waage.

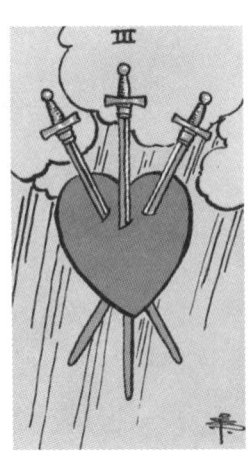

Drei Schwerter (Waite-Tarot)

**PERSÖNLICHE
TAGESKARTE:**

....

....

**ERLEBNISSE
EREIGNISSE:**

....

....

....

....

....

....

....

....

....

....

....

Die größte Harmonie und Ausgeglichenheit, zugleich aber auch Ihr Maximum an Kraft erreichen Sie, wenn Sie allen vorhandenen Kräften jeweils den Platz zuweisen können, auf dem diese sich am besten entfalten können. Sie erreichen damit eine wesentlich höhere Stufe, als wenn Sie einfach alle Energien „ins Kraut schießen" lassen oder wenn Sie allem, was wachsen und sich entfalten will, eine geistige Zensur und gedankliche Kontrolle überstülpen.

In diesem Sinne müssen Sie - wie jeder andere Mensch - zur Richterin oder zum Richter werden: Zum Manager oder zur Dirigentin vieler, unterschiedlicher und gleichzeitiger Kräfte. Das ist eine Frage der Gerechtigkeit, aber auch der praktischen Effektivität. Durch die zugleich liebevolle und kritische Berücksichtigung möglichst aller vorhandenen Kräfte steigern Sie das gesamte Potential, das in einem Menschen oder in einer Angelegenheit steckt, ohne sich selber dabei mehr anstrengen zu müssen...

9. Tag der zweiten Waage-Dekade

12. Oktober

285. Tag. 20. Waage-Tag.
Saturn in Waage.

Drei Schwerter (Crowley-Tarot)

Riskieren Sie (mehr) Aufrichtigkeit. Sie können dabei jetzt nur gewinnen. Bauen Sie Vorbehalte, Vorwände und Vorurteile ab. Vertrauen Sie der Kraft der Unmittelbarkeit, wenn Herz und Verstand dabei gleichermaßen zum Zuge kommen.

Natürlich treffen Sie auf Widerstände, Fehler und Schwächen. Auch wenn es manchmal vielleicht verlockend ist: Hüten Sie sich, diese zu übergehen oder niederzumachen. Verzeihen Sie sich selber und den anderen, nicht perfekt zu sein.

Fassen Sie sich ein Herz, und vertreten Sie ausdrücklich, was Ihnen auf demselben liegt. Haben sie den Mut zu Kritik und Selbstkritik, zu Kampfansagen und Liebeserklärungen.

PERSÖNLICHE TAGESKARTE:

....

....

ERLEBNISSE EREIGNISSE:

....

....

....

....

....

....

....

....

....

....

13. Oktober

286. Tag. 21. Waage-Tag.
Jupiter in Waage.

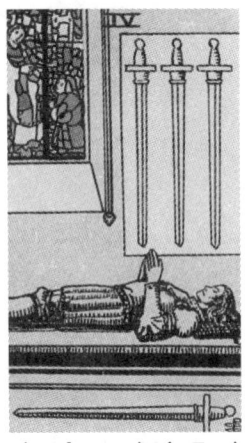

Vier Schwerter (Waite-Tarot)

PERSÖNLICHE TAGESKARTE:

....

....

ERLEBNISSE EREIGNISSE:

....

....

....

....

....

....

....

....

....

....

....

- Ihr Geist braucht Ruhe, damit er voll
- funktionieren und ungestört arbeiten
- kann. Entspannen Sie sich, so daß Ihr
- Geist sich konzentrieren und schärfen
- kann (vgl. Abb. oben).
- Lassen Sie Ihre Gedanken schweifen
- und konzentrieren Sie Ihre Aufmerk-
- samkeit. Viele Eindrücke und Erfahrun-
- gen sollen zu einem Bild verarbeitet wer-
- den, bis aus vielen Mosaiksteinchen ein
- Ganzes entsteht. Schreiten Sie in Ihren
- geistigen und gedanklichen Bemühun-
- gen fort, bis das Puzzle komplett ist!
- Bringen Sie Ordnung in Ihre Gedanken,
- und durchleuchten Sie Ihre Erfahrungen.
- Gehen Sie Störungsquellen, die Sie in
- Ihrem Denken behindern, nach, und
- beheben Sie sie.

14. Oktober

287. Tag. 22. Waage-Tag.
Jupiter in Waage.

Vier Schwerter (Crowley-Tarot)

Der menschliche Geist ruht nie. Wie die Atmung ist er dauernd in Betrieb. Selbst im Schlaf überschüttet er uns mit Kaskaden innerer Bilder, die uns teilweise als Träume bewußtwerden. Nur wenn er lebendig und ungestört ist, findet unser Geist seine Ruhe. Auch das ist mit der Atmung zu vergleichen, die dann keinen Grund zur Beunruhigung gibt, wenn sie ungestört arbeitet.

Ein Mandala, wie es die obige Karten-Abbildung zeigt, ist Ausdruck und Inbegriff eines kristallklaren Geistes, der seine Ruhe und seinen Frieden eben deshalb findet, weil er sich nach allen Seiten hin betätigen kann, weil er lebt und pulsiert.

Investieren Sie jetzt in Ihre geistigen Kapazitäten, und pflegen Sie sie. Je mehr Sie sie gebrauchen, desto stärker werden sie. Nur ein ungenutzter Geist verschleißt.

PERSÖNLICHE TAGESKARTE:

....

....

ERLEBNISSE EREIGNISSE:

....

....

....

....

....

....

....

....

....

....

....

2. Tag der dritten Waage-Dekade

15. Oktober

288. Tag. 23. Waage-Tag.
Jupiter in Waage.

Vier Schwerter (Waite-Tarot)

PERSÖNLICHE TAGESKARTE:

....

....

ERLEBNISSE EREIGNISSE:

....

....

....

....

....

....

....

....

....

....

....

- Jupiter, der mythische Göttervater (griechisch: Zeus), ist weniger als Inbegriff göttlicher Allwissenheit und Erleuchtung zu verstehen, wie es mit dem christlichen Gottesbegriff oder auch mit dem astrologischen Symbol der Sonne verbunden wird. Jupiter oder Zeus ist eher ein Sinnbild für Eigenwilligkeit und Eigenmächtigkeit. In der landläufigen Vorstellung vom Märchenkönig ist einiges von diesem Jupiter lebendig: „Wenn ich König wäre, könnte ich machen, was ich will..."
- Rechnen Sie besonders mit Aufschneiderei (Angeberei) und Vorspiegelung falscher Tatsachen wie auch auf der anderen Seite mit Unterdrückung, Beschwichtigung, Ablenkung oder Verharmlosung gegenüber tatsächlichen Wünschen und Ängsten. Schärfen Sie Ihren Geist, und vergessen Sie nicht, wo Sie stehen. Verlangen Sie die Begründung von Vermutungen und Beweise für Behauptungen. Deuten Sie, was jemand zu Ihnen sagt und wie er oder sie es sagt.

Vier Schwerter (Crowley-Tarot)

16. Oktober

289. Tag. 24. Waage-Tag.
Jupiter in Waage.

Wenn Sie wie Jupiter Ihr eigener Chef oder Ihre eigene Chefin sein möchten, dann müssen Sie u.a. wissen, was in der Welt vor sich geht. Wenn Sie Ihre Träume verwirklichen möchten, so gelingt Ihnen dies nicht im Traum.

Es gibt zwei völlig unterschiedliche Formen der Einbildungskraf. Fantasien und Einbildungen, die keine Grundlage in Ihren wirklichen Erfahrungen besitzen, können Sie lähmen, ja, sogar schachmatt setzen. Denken und Vorstellungskraft werden dann benutzt, um in eine fiktive oder virtuelle Welt zu gelangen. - Wenn Ihre Fantasien und Einbildungen jedoch auf Ihren Erfahrungen beruhen und zu diesen auch wieder zurückkehren, dann bedeutet Einbildungskraft die wunderbare Fähigkeit, Zerstreuung und Fixierung des Denkens zu überwinden, indem Sie immer wieder neu aus vielen Erfahrungen, eigenen wie fremden, sich ein Bild zu machen verstehen. Denken und Vorstellungskraft verhelfen Ihnen dann dazu, Probleme zu lösen, Lebensqualität zu steigern und Vergnügen zu verfeinern.

PERSÖNLICHE TAGESKARTE:

....

....

ERLEBNISSE EREIGNISSE:

....

....

....

....

....

....

....

....

....

....

....

4. Tag der dritten Waage-Dekade

17. Oktober

290. Tag. 25. Waage-Tag.
Jupiter in Waage.

**PERSÖNLICHE
TAGESKARTE:**

....

....

**ERLEBNISSE
EREIGNISSE:**

....

....

....

....

....

....

....

....

....

....

....

....

....

Sie haben jetzt eine besondere Chance, auch vage Gefühle wahrzunehmen und Wünsche und Ängste zu verstehen, auch wenn diese sich noch undeutlich darstellen. Jetzt können und sollen Sie besonders gut abwägen, was für Sie die richtigen Wünsche sind, große und kühne Träume, die Sie mit Mut, Wissen und Witz anpacken können, und was auf der anderen Seite Extravaganzen sind, die für Sie persönlich entweder illusorisch oder tatsächlich überflüssig sind.

Das vierte Schwert in der obigen Abbildung (unterhalb der liegenden Bildfigur) symbolisiert u.a. einen unbekannten Teil Ihres Wissens. Es liegt an Ihnen, jetzt vom Bekannten auch auf Unbekanntes zu schließen und damit Schattenbereiche Ihres Lebens zu erhellen - seien es Schatten der Vergangenheit oder die Schatten einer noch unbekannten Zukunft.

Legen Sie sich ein Notiz- oder Tagebuch zu, in dem Sie Ihre Eindrücke und Einfälle notieren.

5. Tag der dritten Waage-Dekade   316

Vier Schwerter (Crowley-Tarot)

18. Oktober

291. Tag. 26. Waage-Tag.
Jupiter in Waage.

Alles ist wichtig, wenn Sie Ihre Gedanken beobachten und Ihre Vorstellungen zu einem ganzen Bild zusammenbringen möchten. Vergessen Sie erst einmal jede Bewertung. Hauptsache ist, daß Sie Ihre Gedanken und Fantasien möglichst so anschauen, wie sie sind. Oft entwickeln sich dabei mehrere Handlungsebenen zugleich. Achten Sie darauf, und legen Sie sich Zeugnis davon ab, was im Traum oder in Ihrer Fantasie geschehen ist. Alles ist wichtig. Drücken Sie dann den Ablauf oder den Inhalt in Ihren Worten aus. Sie können es sich sagen. Besser ist es, wenn Sie Ihr „Geistesleben" einmal beschreiben und deshalb in Worten aufschreiben. Möglich ist es auch, daß Sie Ihre Gedanken formulieren und z.B. auf eine Cassette diktieren.

Erst danach kommt es darauf an, die Gedanken-Vorstellungen und Fantasien zu deuten, sie in ihrer Logik oder Unlogik zu verstehen, um sie zu interpretieren und schließlich praktische Konsequenzen daraus zu ziehen.

PERSÖNLICHE TAGESKARTE:

....

....

ERLEBNISSE EREIGNISSE:

....

....

....

....

....

....

....

....

....

....

....

6. Tag der dritten Waage-Dekade

19. Oktober

292. Tag. 27. Waage-Tag.
Jupiter in Waage.

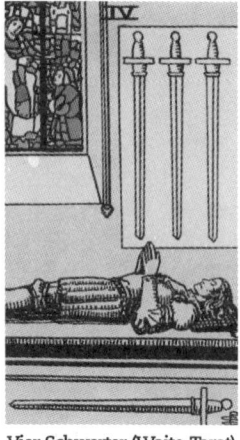

Vier Schwerter (Waite-Tarot)

**PERSÖNLICHE
TAGESKARTE:**

....

....

**ERLEBNISSE
EREIGNISSE:**

....

....

....

....

....

....

....

....

....

....

Eine Idee ist nur so gut, wie das, was man daraus macht. Schützen Sie sich vor Fantasten und und Spekulanten, und vermeiden Sie es, wichtige Wünsche und Ängste über längere Zeit in einem Schwebezustand zu belassen. Das wären unproduktive Träume, die Ihnen Kraft entziehen und Sie daran hindern, Ihre wirklichen Möglichkeiten auszuschöpfen: „Da stehst Du vor Deinen Träumen. Was Du Dir alles wünschst! Was Du alles sein könntest! Ist es Traum oder Wirklichkeit? Du schwankst: Alles ist da, alles ist möglich, es ist toll. Und: Alles ist weg, eine Illusion, nichts wird wahr. Wenn Du zupackst könnte sich die Vorstellung als Fata Morgana erweisen. Dann lieber die schöne Erscheinung betrachten und ausmalen" (aus: „Tarot - Spiegel Deiner Möglichkeiten").

Gelebte Träume sind die besten Träume...

Vier Schwerter (Crowley-Tarot)

20. Oktober

293. Tag. 28. Waage-Tag.
Jupiter in Waage.

Nutzen Sie Ihre Fantasie und Ihre Vorstellungskraft (Imagination) dazu, Wünsche und Ängste aufzuklären. Erlebte Einschränkungen und Handicaps werden Ihnen in diesen Tagen wieder bewußt, aber auch neue Wege und zusätzliche Möglichkeiten, um Ihre Bedürfnisse nach Liebe, Sex und Zärtlichkeit, nach Freude und Wohlergehen zu realisieren.

Sie werden sich wieder neu dessen bewußt, daß Sie der Dramaturg oder Regisseurin in Ihrem Leben sind. Selbstverständlich ist das Schicksal größer als Sie selber; aber wie Sie mit Ihrem Schicksal umgehen und was Sie damit anfangen, ist allein Ihre Sache...

PERSÖNLICHE TAGESKARTE:

....

....

ERLEBNISSE EREIGNISSE:

....

....

....

....

....

....

....

....

....

....

8. Tag der dritten Waage-Dekade

21. Oktober

294. Tag. 29. Waage-Tag.
Jupiter in Waage.

Vier Schwerter (Waite-Tarot)

Ein wacher und aktiver Geist wird meistens zuerst durch äußere Ruhe gefördert. Eine Kur, ein Urlaub, eine Therapie, eine „Zwangspause" oder eine unverhoffte Mußestunde... Wenn Schulkinder eine neue Rechenart lernen, gelingt ihnen dies leichter, wenn sie nicht gleichzeitig mit körperlichen Aktivitäten beschäftigt sind. Ist die Rechenoperation aber vertraut und in Fleisch und Blut übergegangen, läßt sie sich mühelos auch bei körperlicher Betätigung bewältigen. Ebenso verhält es sich mit unseren geistigen Aktivitäten.

Denksportaufgaben, Rätsel und anderes mehr stellen ein „Gehirnjogging" dar. Am meisten kommt Ihr Geist jedoch in Wallung, und er wird auch am besten genutzt, wenn er dabei hilft, wichtige Wünsche tatsächlich zu erfüllen und wesentliche Ängste zu beseitigen und aufzuheben. Üben Sie dieses heute, indem Sie sich einmal fünf Minuten mit gekreuzten Beinen auf den Boden setzen und über drei konkrete Konsequenzen für Ihre derzeitigen Wünsche und Ängste nachdenken - und diese dann anpacken!

22. Oktober

295. Tag. 30. Waage-Tag.
Jupiter in Waage.

Vier Schwerter (Crowley-Tarot)

Morgen beginnt der Skorpion, der u.a. von Tod und Wiedergeburt handelt und damit auch ins Reich der Schatten hinein- und wieder hinausführt. Der Schatten ist inzwischen auch psychologischer Begriff geworden und bezeichnet das Unbewußte: Alles das, was zu Ihnen gehört oder gehören könnte und was Sie im Moment nicht wahrnehmen. Nun gehört es zu den Merkmalen der Waage, immer auch das Gegenteil zur Geltung zu bringen. Damit liegt es schon in der Logik der Waage, daß Schattenseiten, nämlich bisher unbemerkte oder unbewußt gebliebene Wahrheiten berücksichtigt werden. Diese setzt sich im Skorpion nur weiter fort.

Thema der Waage war und ist die Entdeckung des anderen. Alles, was wovon man sich aber noch eine Vorstellung machen kann, gehört im weitesten Sinne zum eigenen Gesichtskreis. Erst dahinter beginnt das Andere, das jenseits der eigenen Vorstellungs- und Gedankenwelt liegt. Und genau dieser Schritt über die Grenzen von Fantasie und Vorstellungskraft hinaus stellt symbolisch den Übergang von Waage und Skorpion dar.

PERSÖNLICHE TAGESKARTE:

....

....

ERLEBNISSE EREIGNISSE:

....

....

....

....

....

....

....

....

....

....

....

10. Tag der dritten Waage-Dekade

Skorpion

23.10. - 21.11.

Empfohlene Auslage
„Der Weg der Wünsche"

| 1 | 3 | 4 | 5 | 2 |

Bei dieser Auslage werden die Karten nicht gezogen, sondern ausgesucht. Insgesamt benötigen Sie fünf Karten. Zuerst eine für das, was ist. Wählen Sie mit Ruhe und Konzentration ein Bild für Ihre momentane Situation. Wenn Sie diese Karte gefunden haben, legen Sie diese vor sich hin. Dann finden Sie eine für das, was sein soll, das heißt, für das, was Sie sich wünschen. Nehmen Sie sich dafür soviel Zeit wie Sie brauchen.

Wenn dann diese beiden Karten vor Ihnen liegen, schieben Sie diese auseinander, und suchen Sie drei weitere Karten aus, die als Verbindungsstück, als Brücke dienen können, um von dem, was ist, zu dem gewünschten Ziel zu gelangen. Achten Sie bei der Auswahl darauf, daß es eine tragfähige Brücke wird und daß Sie auf der anderen Seite ankommen! Zum Schluß betrachten Sie die Karten durchgängig als einen Weg und als eine Geschichte.

Die Dekaden

23.10. - 1.11.
Mars in Skorpion
Tarot-Karte „Fünf Kelche"
Mars in Skorpion - seelisches Neuland löst ungewohnte und oft heftige Emotionen aus.

2. Dekade 2. - 11.11.
Sonne in Skorpion
Tarot-Karte „Sechs Kelche"
Aufhebung von Schattenbereichen: Scheinbarer Rückfall in alte Probleme, jedoch Wandlungsmöglichkeiten; dadurch besonderes Glück.

3. Dekade 12. - 21.11.
Venus in Skorpion
Tarot-Karte „Sieben Kelche"
Venus in Skorpion - wahres Verlangen.

Fünf Kelche (Waite-Tarot)

23. Oktober

296. Tag. 1. Skorpion-Tag.
Mars in Skorpion.

„Stirb und werde" - dieses Motto gilt seit alten Zeiten als typisch für den Skorpion. Tod und Wiedergeburt spiegeln sich u.a. in den großen Feiertagen des Skorpion-Monats, wie Allerheiligen, Allerseelen oder Totensonntag. Doch in die Skorpion-Zeit fällt auch ausgerechnet am 11.11., dem Martinstag, die Eröffnung der Karnevals- oder Faschings-Saison. Außerdem lautet die traditionelle Definition dieses Tierkreiszeichens: „Ich begehre". Wenn im Skorpion Schattenseiten sichtbar werden, so geschieht das jedenfalls möglicherweise auf vielen Ebenen und in ganz unterschiedlichen Bedeutungen.

Es ist so, als würden die in der Außenwelt oftmals rauhen und ungastlichen November-tage dazu anspornen, in der Innenwelt ein Licht anzuzünden. Bisherige Schattenseiten werden damit angestrahlt; alte Probleme und neue Möglichkeiten können damit ins Licht gerückt und sogar erleuchtet werden! Draußen wehen vielleicht die Novembernebel; aber drinnen fällt es Ihnen „wie Schuppen von den Augen". Das Verhüllende wird aufgetrennt (wie in der Legende der Mantel des Martin, siehe 11.11.), und zuvor Unsichtbares wird erkennbar.

PERSÖNLICHE TAGESKARTE:

....

....

ERLEBNISSE EREIGNISSE:

....

....

....

....

....

....

....

....

....

....

....

....

1. Tag der ersten Skorpion-Dekade

24. Oktober

297. Tag. 2. Skorpion-Tag.
Mars in Skorpion.

Fünf Kelche (Crowley-Tarot)

PERSÖNLICHE TAGESKARTE:

● Es ist jetzt wichtig, daß Sie Ihre Gefühle
fließen lassen. Auch unbekannte, auch
unerwartete oder auch unangenehme
Gefühle...

....

....

ERLEBNISSE EREIGNISSE:

....

....

....

....

....

....

....

....

....

....

....

....

Fünf Kelche (Waite-Tarot)

25. Oktober

298. Tag. 3. Skorpion-Tag.
Mars in Skorpion.

Freude und Trauer, Erfüllung und Verlust - wo gegensätzliche Gefühle aufeinanderstoßen und wo starke Gefühle aufbrechen, begegnen wir dem Schatten. Wir kommen an die Grenze dessen, was wir (bisher) seelisch zu erfassen vermögen. Aber Vorsicht! Nicht allein Finsternis und düstere Stimmung sind angezeigt. Die Seele (das Gefühlsleben) wirkt wie ein Spiegel. Auch und gerade das erscheint der Psyche als dunkel, von dem sie noch kein Bild besitzt, welches sie reflektieren kann!

Alles, was noch „ganz fremd" ist, erscheint der Seele als finster und unfaßbar. Es ist ein Vorteil, wenn die ansonsten eher unsichtbar oder nur schwer zu erkennenden Schattenseiten jetzt so deutlich sichtbar und (be)greifbar werden, wie es die schwarze Figur im obigen Bild anzeigt.

PERSÖNLICHE TAGESKARTE:

....

....

ERLEBNISSE EREIGNISSE:

....

....

....

....

....

....

....

....

....

....

....

3. Tag der ersten Skorpion-Dekade

26. Oktober

299. Tag. 4. Skorpion-Tag.
Mars in Skorpion.

Fünf Kelche (Crowley-Tarot)

PERSÖNLICHE TAGESKARTE:

....

....

ERLEBNISSE EREIGNISSE:

....

....

....

....

....

....

....

....

....

....

....

....

Von allem, was für Sie wirklich neu ist, besitzt die Seele zunächst nichts als eine dunkle Ahnung! Die Ahnen und die Ahnungen sind denn auch der Hauptinhalt des Schattens. Im psychologischen Sinne gilt das Unbewußte als Schatten. Das bedeutet: Alles, was zu Ihnen gehört oder gehören könnte, aber derzeit Ihrem Bewußtsein nicht präsent ist, liegt im Schattenbereich des Unbewußten. Und da tummeln sich die Schatten der Vergangenheit, sofern diese noch nicht erledigt ist, - und die Schatten, welche die Zukunft vorauswirft, solange Sie Ihre Wünsche und Ängste, die Sie für die Zukunft besitzen, noch nicht sämtlich bewußt registriert haben.

Kurz, der „Schatten" darf nicht im moralischen Sinne mit Dunkelheit oder Bosheit verwechselt werden. Es geht um Unerkanntes und noch Unbegriffenes, und so heißt das Motto in diesen Tagen: „Stunde der Wahrheit" und „Ende der Täuschung".

Fünf Kelche (Waite-Tarot)

27. Oktober

300. Tag. 5. Skorpion-Tag. Mars in Skorpion.

In der antiken Mythologie war der Schatten typischerweise unsichtbar. Die Unterwelt, die sich die alten Griechen vorstellten (und die nicht mit der christlichen Hölle verwechselt werden darf), war ein Schattenreich, in dem die Verstorbenen als wesenlose Schatten fortexistierten. Diese Unterwelt hieß Hades, und der Gott der Unterwelt, ein Bruder des Zeus, hieß ebenfalls Hades. „Hades" aber bedeutet im Altgriechischen wörtlich: Der, die oder das Nichtwahrnehmbare.

Symbole des Schattens sind z.B. die Tarnkappe, Vorgänge „hinter dem Rücken", Grau als Farbe des Unscheinbaren oder der Blinde Fleck in der Optik. Wenn nun die zunächst unsichtbaren Schattenseiten deutlich werden und als Licht und Finsternis faßbare Konturen annehmen (wie im obigen Bild), so stellt dies eine erstrebenswerte Begegnung dar. Wenn man den Schatten vor Augen hat, so steht die Sonne im Rücken. Eine vorteilhafte Position!

PERSÖNLICHE TAGESKARTE:

....

....

ERLEBNISSE EREIGNISSE:

....

....

....

....

....

....

....

....

....

....

5. Tag der ersten Skorpion-Dekade

28. Oktober

301. Tag. 6. Skorpion-Tag.
Mars in Skorpion.

Fünf Kelche (Crowley-Tarot)

PERSÖNLICHE TAGESKARTE:

....

....

ERLEBNISSE EREIGNISSE:

....

....

....

....

....

....

....

....

....

....

....

....

....

- Lassen Sie „es" fließen... Trinken Sie, baden Sie, lachen und/oder weinen Sie heute, soviel Sie können!
- Ungeweinte Tränen verursachen körperliche Schmerzen, und ein verhindertes Lachen führt zu Verkrampfungen.
- Rechnen Sie mit neuen Gefühlen und neuen seelischen Bedürfnissen. Sie haben die Möglichkeit, alten Seelen-Streß zu verabschieden und Ihre innere Kraft, Ihre ganze Liebe wirken zu lassen. Dafür lassen Sie „es" jetzt fließen...

Fünf Kelche (Waite-Tarot)

29. Oktober

302. Tag. 7. Skorpion-Tag.
Mars in Skorpion.

Wenn die Seele „schwarz" sieht, so ist dies entweder ein Alarmsignal oder eine Ankündigung von seelischem Neuland oder eine Mischung aus beidem.

Es gehört zur Vorbereitung auf neue Lebensabschnitte, daß in Träumen z.B. dunkle und ängstigende Szenen erscheinen. Es gilt sogar die psychologische Regel, daß Sie schlecht auf einen neuen Lebensabschnitt vorbereitet sind, wenn Sie nie von Ihren Ängsten oder unbekannten Gefühlen, die Sie mit dem Neuen verbinden, geträumt haben.

Suchen Sie Hilfe und Begleitung oder ziehen Sie sich zurück, je nachdem, was Ihnen am besten hilft, um Ihren Gefühlen freien Lauf zu lassen. - Trauern Sie um das, was verloren ist, und fangen Sie etwas an für das, was noch nachzuholen ist.

PERSÖNLICHE TAGESKARTE:

....

....

ERLEBNISSE EREIGNISSE:

....

....

....

....

....

....

....

....

....

....

....

7. Tag der ersten Skorpion-Dekade

30. Oktober

303. Tag. 8. Skorpion-Tag.
Mars in Skorpion.

Fünf Kelche (Crowley-Tarot)

**PERSÖNLICHE
TAGESKARTE:**

....

....

**ERLEBNISSE
EREIGNISSE:**

....

....

....

....

....

....

....

....

....

....

....

....

....

- „Ein Abschied schmerzt immer, auch wenn man sich schon lange auf ihn freut" (Arthur Schnitzler).
- Die Kelche im obigen Bild sind alle leer. Das bedeutet, daß Sie in Ihren Gefühlen einen Strich unter die Vergangenheit ziehen können und sollten, um vollkommen offen für einen seelischen Neuanfang zu sein.

V

Fünf Kelche (Waite-Tarot)

31. Oktober

304. Tag. 9. Skorpion-Tag.
Mars in Skorpion.

Daß der Reformationstag am heutigen Tag gefeiert wird, ist symbolisch sehr treffend: Nicht nur, weil Martin Luther selber im Zeichen des Skorpions geboren war, weil „Reformation" eine (innere) Umgestaltung bedeutet und der Skorpion, getreu dem Motto „Stirb und werde", eine Zeit der Wandlung markiert. Die Reformation ereignete sich beim Anbruch der Neuzeit (15./16. Jhd.), einem Epochen-Umbruch, der ganze Völker in seelisches Neuland führte (u.a. parallel zur tatsächlichen „Entdeckung" von Amerika und anderen Kontinenten).

Was „ganz anders" als die Summe der bisherigen Eindrücke und Erfahrungen ist, erscheint der Seele als Finsternis (black-out). Diese Art der Konfrontation mit dem Schatten, diese „Begegnung der unbekannten Art", gleicht tatsächlich einer erfolgreichen Überfahrt, wie wenn nach langer Schiffsreise wieder Land im dunklen, ersten Umrissen in Sicht kommt. Diese „schwarze Nacht der Seele" ist kein Grund zur Beunruhigung, sondern Anlaß zur Freude!

PERSÖNLICHE TAGESKARTE:

....

....

ERLEBNISSE EREIGNISSE:

....

....

....

....

....

....

....

....

....

....

....

1. November

305. Tag. 10. Skorpion-Tag.
Mars in Skorpion.

Fünf Kelche (Crowley-Tarot)

**PERSÖNLICHE
TAGESKARTE:**

....

....

**ERLEBNISSE
EREIGNISSE:**

....

....

....

....

....

....

....

....

....

....

....

- Das wichtigste symbolische Moment heute und in diesen Tagen ist der Brauch, die Friedhöfe und Gräber zu besuchen, der Verstorbenen zu gedenken, Blumen aufzustellen und Lichter anzuzünden. Uralte Ahnenkulte finden hier bis heute ihre Fortsetzung.

  Leben und Sterben, Tod und Wiedergeburt sind insgesamt in der Skorpion-Phase ein besonderes Thema. Zusätzlich ist der 1.11. jedoch dadurch bestimmt, daß in katholischen Regionen das Fest Allerheiligen gefeiert wird (dort als regulärer Feiertag sogar arbeitsfrei!). Als „Heilige" gelten in christlich-katholischer Auffassung die Menschen, von denen man erklärtermaßen sicher sein kann, daß sie „sich der Anschauung Gottes erfreuen", das heißt mit anderen Worten, daß sie das „ewige Leben" haben und wieder im Paradies weilen.

  „Paradies" aber ist die andere Seite des Schattens! Mehr dazu unter dem 2.11.

  Unabhängig von allen religiösen Erwägungen läßt sich festhalten: Zweck der Aufarbeitung von früheren Schattenseiten ist es, daß Ihnen bewußt wird, was Ihnen für Ihr Leben lieb und heilig ist.

10. Tag der ersten Skorpion-Dekade

Sechs Kelche (Waite-Tarot)

2. November

306. Tag. 11. Skorpion-Tag. Sonne in Skorpion.

Zu Allerheiligen und Allerseelen: „Paradies" heißt aus dem Sanskrit „fremdes, bestes, schönstes Land". Dieses „fremde Land" nennen wir auch Jenseits, Anderland, das ganz Andere, Anderswelt, Fantásien... Damit kommen wir aber zu einem sehr bemerkenswerten Resultat: Das Paradies finden wir in den anderen, den unbekannten Seiten in, an und um uns! „Die andere Seite", das Unbekannte und Unbewußte, ist jedoch auch das, was wir als Schatten zu bezeichnen gewohnt sind. Die Begriffe „Paradies" und „Schatten" beziehen sich auf den gleichen Gegenstand! Paradies und Schatten sind wie Zwillinge. Kennt man nur den einen, begegnet man voll Überraschung dem anderen!

Die Erkenntnis und Aufhebung der persönlichen Schattenbereiche ist gleichbedeutend mit der Wegbereitung und Verwirklichung des persönlichen Paradieses!!

PERSÖNLICHE TAGESKARTE:

....

....

ERLEBNISSE EREIGNISSE:

....

....

....

....

....

....

....

....

....

....

....

1. Tag der zweiten Skorpion-Dekade

3. November

307. Tag. 12. Skorpion-Tag.
Sonne in Skorpion.

Sechs Kelche (Crowley-Tarot)

Alte Träume und tiefe Wünsche werden Ihnen neu bewußt. Alte Erlebnisse, Erinnerungen und Fantasien kommen wieder hoch. Vielleicht macht sich dies in vermehrten Träumen und Tagträumen bemerkbar, vielleicht auch in Unruhe oder Schlaflosigkeit, vielleicht jedoch in einer gewissen Mattigkeit oder dem Gefühl von Betäubung...

So oder so ist es jetzt an der Zeit, daß Sie sich mit tiefsitzenden Hoffnungen und Ängsten auseinandersetzen. Die jetzige Zeit bietet Ihnen die besondere Chance, für alte (seelische und persönliche) Probleme neue Lösungen und Antworten zu finden.

2. Tag der zweiten Skorpion-Dekade

Sechs Kelche (Waite-Tarot)

4. November

308. Tag. 13. Skorpion-Tag. Sonne in Skorpion.

Die kleine Frau (in der Abb. rechts) besitzt ein Doppelgesicht. In der einen Sichtweise bietet sie dem Zwerg in der Bildmitte einen aufschauenden Blick und eine zugewandte Haltung an. In einer zweiten Betrachtungsweise wendet sie sich ab und schlägt die Augen nieder. Beide Blickrichtungen sind notwendig. Zuwendung und Abneigung, die Gefühle von Sympathie und von Antipathie halten das Seelenleben in Fluß.

Auch viele Erinnerungen besitzen einen solchen Doppelcharakter und werden z.B. von angenehmen und unangenehmen Gefühlen begleitet. Wichtig, diese emotionalen Widersprüche auszuhalten und auszuloten.

PERSÖNLICHE TAGESKARTE:

....

....

ERLEBNISSE EREIGNISSE:

....

....

....

....

....

....

....

....

....

....

....

3. Tag der zweiten Skorpion-Dekade

5. November

309. Tag. 14. Skorpion-Tag.
Sonne in Skorpion.

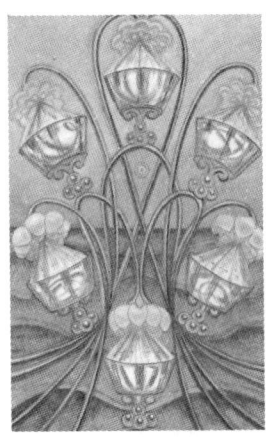

Sechs Kelche (Crowley-Tarot)

PERSÖNLICHE
TAGESKARTE:

....

....

ERLEBNISSE
EREIGNISSE:

....

....

....

....

....

....

....

....

....

....

....

....

Empfangen und Loslassen, Zuwendung und Abneigung bezeichnen die Pole des Seelenlebens. Erst beide Blickrichtungen der Seele erlauben eine gefühlsmäßige Offenheit, welche über Alternativen und damit auch im seelischen Bereich über Unterscheidungs- und Orientierungs- vermögen verfügt.

Fruchtbare Gefühle, so ist auch die obige Abbildung zu betrachten, sind zugleich reichliche wie auch strukturier- te Gefühle! Ein fruchtbares Seelenleben ist ein vieldeutiges Seelenleben! Begrüßen Sie den Reichtum Ihrer Ge- fühle, aus dem Sie jetzt neue Energien schöpfen können.

Sechs Kelche (Waite-Tarot)

6. November

310. Tag. 15. Skorpion-Tag. Sonne in Skorpion.

Wir erreichen jetzt die Mitte des Skorpion-Monats und des Herbstes. Die märchen- und kindhafte Anmutung des obigen Bildes ist kein Zufall. „Wenn ihr nicht werdet wie die Kinder, werdet ihr nicht eingehen ins Himmelreich": Nicht erst die heutige Psychotherapie hat die überragende Bedeutung der Kindheit für die Reifung des Erwachsenenlebens erkannt. Jede wirkliche Wandlung in unserem Leben setzt einen Ausflug ins Land unserer tiefsten Erfahrungen und Träume voraus; bestimmte Erfahrungen müssen wir erinnern und neu durchspielen, korrigieren oder bestätigen. Es sind oft genug auch schmerzhafte Erinnerungen, die durchlebt und betrauert werden müssen, bis sie erledigt und abgeschlossen sind. Doch in ebenso vielen anderen Fällen ist es ein spannendes und bezauberndes Abenteuer, wie auf einer Zeitreise im Kinderland zu wandeln und „zurück in die Zukunft" zu fliegen.

PERSÖNLICHE TAGESKARTE:

....

....

ERLEBNISSE EREIGNISSE:

....

....

....

....

....

....

....

....

....

5. Tag der zweiten Skorpion-Dekade

7. November

311. Tag. 16. Skorpion-Tag.
Sonne in Skorpion.

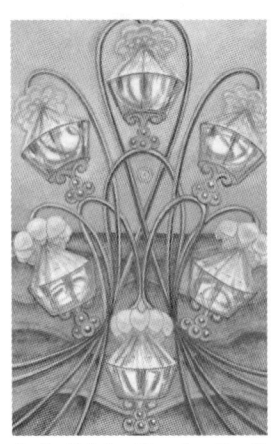

Sechs Kelche (Crowley-Tarot)

PERSÖNLICHE TAGESKARTE:

....

....

ERLEBNISSE EREIGNISSE:

....

....

....

....

....

....

....

....

....

....

....

....

....

- Sie sind immer in der Lage, seelisch die Weichen neu zu stellen.

  Trauen Sie Ihren Gefühlen - und den Gefühlen Ihrer Mitmenschen - im guten wie im schlechten einiges zu. Bauen Sie auf die verwandelnde Kraft der Seele, wie sie in den Worten des Märchens anklingt: „In den alten Zeiten, wo das Wünschen noch geholfen hat...“

Sechs Kelche (Waite-Tarot)

8. November

312. Tag. 17. Skorpion-Tag.
Sonne in Skorpion.

Die Beschäftigung mit Kindheitserinnerungen oder sonstigen Erfahrungen aus früheren Lebensabschnitten ist in diesen Tagen auch deshalb hilfreich, weil die persönliche Einstellung zum Thema Tod davon beinflußt wird. Auf der einen Seite haben wir vielfach als Kind eine wesentlich größere Selbstverständlichkeit im Umgang mit Leben und Sterben besessen, als dies heute im Erwachsenenleben der Fall ist. Auf der anderen Seite ist das „Kinderland" aber auch oft ein Ort und eine Zeit des Schreckens oder der Angst gewesen, und zahlreiche Ängste, die wir heute als Erwachsene mit dem Thema „Tod" verbinden, stammen weniger aus der heutigen Lebenslage als vielmehr aus diesen frühen Tagen.

Wenn Sie jetzt in diesen Tagen an den Tod und an Verstorbene denken, so erinnern Sie sich auch an die Figur des Sensemanns aus dem Jungfrau-Monat. Der Hauptpunkt ist die Ernte! Der Schnitter will ernten, will Früchte nach Hause tragen. Das ist der Beruf des Schnitters.

PERSÖNLICHE TAGESKARTE:

....

....

ERLEBNISSE EREIGNISSE:

....

....

....

....

....

....

....

....

....

....

....

7. Tag der zweiten Skorpion-Dekade

9. November

313. Tag. 18. Skorpion-Tag.
Sonne in Skorpion.

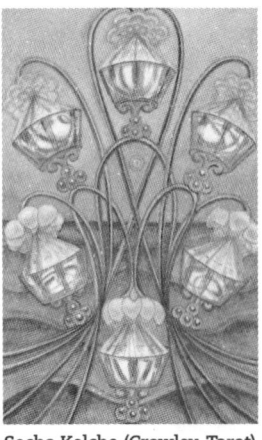

Sechs Kelche (Crowley-Tarot)

**PERSÖNLICHE
TAGESKARTE:**

....

....

**ERLEBNISSE
EREIGNISSE:**

....

....

....

....

....

....

....

....

....

....

....

Loslassen um zu ernten: Alles Überholte, Unechte, Nebensächliche, Unfruchtbare aufgeben oder erledigen, um jetzt und insgesamt in diesem Leben das zu ernten, was reif und fruchtbar ist.

Wenn ein Leben Früchte tragen soll, muß im passenden Rhythmus das Nötige für die gewünschte Ernte getan werden. Bis hin zur ständigen und zur letzten großen Aufgabe, die Ergebnisse eines Lebens für die Zukunft verwertbar zu machen.

Die Botschaft des „Sensemanns": Welche Früchte sind jetzt reif? Welche Resultate fehlen Ihnen noch? Was paßt nicht mehr zu Ihnen? Wie können Sie Ihren Wünschen Nachdruck verleihen?

Sechs Kelche (Waite-Tarot)

10. November

314. Tag. 19. Skorpion-Tag. Sonne in Skorpion.

Es gibt etwas zu erledigen in diesem Leben! Darin liegt die Botschaft des St. Martin-Tag, an dessen Vorabend heute vielerorts Feiern und Umzüge veranstaltet weden. Die Legende erzählt, wie Martin dem armen Bettler im Schnee begegnete und wie er mit dem Schwert seinen Mantel teilte, wodurch er den Bettler vor dem Erfrierungstod rettete. - Man soll sich nicht nur „bedeckt" halten; man darf bitten und auf Hilfe hoffen; und man muß etwas tun gegen das Erfrieren, gegen die menschliche Kälte, das Fehlen der Liebe.

Und St. Martin hat noch mehr mitzuteilen: Ewigkeit ist ein anderes Wort für eine bleibende Einmaligkeit. Sie ist weniger eine Frage des Glaubens als der Fähigkeit, ein bestimmtes einmaliges Leben zu führen und fruchtbar zu machen. Der Schnitter will ernten, und der Schnitter sind auch Sie selbst. Es gibt etwas zu erledigen in diesem Leben! Trauer ist dazu erforderlich, Sonne und Bewegungskraft sowie auch eine „Sense", erfaßte und begriffene Aggressionen sowie die Fähigkeit zu einschneidenden Veränderungen.

PERSÖNLICHE TAGESKARTE:

....

....

ERLEBNISSE EREIGNISSE:

....

....

....

....

....

....

....

....

....

....

11. November

315. Tag. 20. Skorpion-Tag. Sonne in Skorpion

Sechs Kelche (Crowley-Tarot)

PERSÖNLICHE TAGESKARTE:

....

....

ERLEBNISSE EREIGNISSE:

....

....

....

....

....

....

....

....

....

....

....

- Der 11.11. ist sowohl Martinstag wie auch
- ein Tag des „Narren" und des Anbruchs der
- Faschings- oder Karnevalssaison, die von
- heute um 11.11 Uhr bis zum Anfang des
- Aschermittwochs dauern wird. Die
- Symbolik des Narren stellt auf der einen
- Seite eine Warnung dar. Nämlich vor
- einem vertanen Leben, vor einem „Null-
- summenspiel" nach dem Motto „Außer
- Spesen nichts gewesen". Auf der ganz
- anderen Seite ist der Narr jedoch ein
- Symbol der persönlichen Freiheit, ein
- Zeichen für das Recht, aus Konventionen
- und fesselnden Verpflichtungen jederzeit
- auszusteigen. Schließlich symbolisiert der
- „Narr" einen Zustand, in dem Sie wunsch-
- los glücklich sind. Die Erfüllung wichtiger
- Wünsche und die Aufhebung treibender
- Ängste werden jetzt zur Tagesaufgabe.
- Im Bewußtsein der Endlichkeit zu leben,
- bedeutet eben nicht, in ständigen
- Gedanken an das (eigene) Sterben durchs
- Leben zu laufen; wohl aber, das Leben im
- Wissen darum zu gestalten, daß alles
- seine Zeit besitzt. So verlangt und gewährt
- es die Begegnung mit dem „Tod", daß Sie
- die Zeichen der Zeit für sich erkennen und
- selber Zeichen setzen.

Sieben Kelche (Waite-Tarot)

12. November

316. Tag. 21. Skorpion-Tag. Venus in Skorpion.

„Und solang du das nicht hast,/Dieses: Stirb und werde!/Bist du nur ein trüber Gast/Auf der dunklen Erde" (J.W.v. Goethe).

Es ist jetzt an der Zeit, einen Strich unter gewisse Erfahrungen zu ziehen. Sorgen Sie für einen endgültigen Abschied von alten „Rechnungen", von Selbstvorwürfen oder von Schuldzuweisungen, um sich und anderen eine neue Chance geben zu können.

PERSÖNLICHE TAGESKARTE:

....

....

ERLEBNISSE EREIGNISSE:

....

....

....

....

....

....

....

....

....

....

....

1. Tag der dritten Skorpion-Dekade

13. November

317. Tag. 22. Skorpion-Tag.
Venus in Skorpion.

Sieben Kelche (Crowley-Tarot)

PERSÖNLICHE TAGESKARTE:

....

....

ERLEBNISSE EREIGNISSE:

....

....

....

....

....

....

....

....

....

....

....

„Verzeihen - ja. Vergessen - nein!" Ziehen Sie einen Strich unter das, was war, und stellen Sie Ihre Erwartungen für die Zukunft auf den Prüfstand.

Gelebte Träume sind die besten Träume, wenn Sie damit erreichen, daß wichtige Wunschträume sich erfüllen und wesentliche Angstträume beseitigt und aufgehoben werden. Gelebte Träume sind aber auch des festesten und hartnäckigsten, wie ein Schlaf oder eine Nacht, welche auch am Tag, auch im Wachen nicht enden wollen. Schützen Sie sich vor der Macht der Gewohnheit, und befreien Sie sich von Wiederholungszwängen. Schaffen Sie Platz für Neues.

Sieben Kelche (Waite-Tarot)

14. November

318. Tag. 23. Skorpion-Tag.
Venus in Skorpion.

Tod und Wiedergeburt vollziehen sich in jedem Augenblick. Bei Licht betrachtet, führt es zu einer gesteigerten oder tieferen Lebendigkeit, wenn man sich seines Pulsschlages und der eigenen Zeitlichkeit bewußt wird. Nun liegt es aber in der Natur der Sache, daß Altern, Sterben und Tod die persönlichen Lebenskräfte mindern und aufzehren, so daß der Gedanke an den Tod oftmals - und nicht nur zu Unrecht - weniger als eine Steigerung der Lebendigkeit empfunden wird denn als eine Lähmung. In diesem Punkt jedoch unterscheidet sich der Skorpion von allen anderen Tierkreiszeichen:

„Was man nicht vermeiden kann, muß man betonen." Es ist das besondere Bewußtsein, ein ganz bestimmtes einmaliges Leben zu führen, das die sprichwörtliche Leidenschaft des Skorpions anfacht. Seine Definition „Ich begehre" drückt eine leidenschaftliche Beziehung zur eigenen Existenz und zur persönlichen Einmaligkeit aus.

PERSÖNLICHE TAGESKARTE:

....

....

ERLEBNISSE EREIGNISSE:

....

....

....

....

....

....

....

....

....

....

....

3. Tag der dritten Skorpion-Dekade

15. November

319. Tag. 24. Skorpion-Tag. Venus in Skorpion.

Sieben Kelche (Crowley-Tarot)

PERSÖNLICHE TAGESKARTE:

....

....

ERLEBNISSE EREIGNISSE:

....

....

....

....

....

....

....

....

....

....

....

Wesentliche Wünsche und Ängste, Vorwürfe und Schuldgefühle müssen immer wieder durchgespielt und durchgearbeitet werden, bis der Keller der Vergangenheit und das Firmament der Zukunft geklärt und gereinigt sind.

Erst dann bedeutet Wiedergeburt die Entdeckung einer neuen Lebensqualität, eine Transformation der alten. Ohne dieses „Erinnern, Wiederholen und Durcharbeiten" (Sigmund Freud) bedeutet jeder Neuanfang doch nur Wiederholung.

Werden Sie aktiv, um sich zu versöhnen und/oder um sich zu verabschieden.

Sieben Kelche (Waite-Tarot)

16. November

320. Tag. 25. Skorpion-Tag.
Venus in Skorpion.

Als Warnung zeigt das obige Bild, wie Sie sich in eine Traumwelt hineinsteigern, in ein Wolkenkuckucksheim, während Sie selbst in Wirklichkeit ein Schattendasein fristen. In diesem Fall sollten Sie aufhören, sich zu wünschen, daß die Dinge anders sein sollten als sie sind. Fangen Sie lieber mit dem, was da ist, etwas an.

Als Ermunterung stellt dieselbe Karte jedoch eine Situation dar, in der alle bisherigen Erfahrungen verblassen, weil jetzt der Übergang in eine „neue Welt", in einen größeren seelischen Rahmen und in ein erweitertes Lebensspektrum angesagt ist. In diesem Fall bedeutet die schwarze Schattengestalt eine positive Aufforderung, über den eigenen Schatten zu springen und Selbstbezogenheit und Egoismus zu verabschieden.

PERSÖNLICHE TAGESKARTE:

....

....

ERLEBNISSE EREIGNISSE:

....

....

....

....

....

....

....

....

....

....

5. Tag der dritten Skorpion-Dekade

17. November

321. Tag. 26. Skorpion-Tag.
Venus in Skorpion.

Sieben Kelche (Crowley-Tarot)

**PERSÖNLICHE
TAGESKARTE:**

....

....

**ERLEBNISSE
EREIGNISSE:**

....

....

....

....

....

....

....

....

....

....

....

....

....

● Wenn Sie Ihre Träume verwirklichen
● wollen, können Sie dies nicht im Traum!
● Ihre Aufgabe besteht jetzt darin, festzu-
● stellen, welche Träume und welche Äng-
● ste für Sie persönlich von wahrer
● Bedeutung sind. Wie in der obigen
● Bilddarstellung, so müssen überflüssige
● Erwartungen, Verheißungen oder Be-
● fürchtungen (!) abtropfen, bis im Kelch
● das zurückbleibt, was dem persönlichen
● Glück ein harmonisches Maß verleiht.

Sieben Kelche (Waite-Tarot)

18. November

322. Tag. 27. Skorpion-Tag.
Venus in Skorpion.

Die schwarze Gestalt in der obigen Abbildung warnt davor, daß Sie entweder sich selber und/oder einen anderen Menschen seelisch nicht anerkennen, sondern in den Schatten stellen. Diese Karte ist u.a. ein Sinnbild dafür, wie im guten Glauben oder im Vertrauen auf höhere Ideale die Wahrheit und Würde der eigenen Person verletzt, mißbraucht und somit verdunkelt wird. Wehren Sie sich gegen Selbstlosigkeit und Selbstanmaßung, und stärken Sie die seelische Immunität. Entwickeln Sie auch in Gefühlsdingen einen eigenen Maßstab.

Es gibt eine größere Realität zwischen Himmel und Erde (und auch das zeigt das oben wiedergegebene Bild). Es macht Sinn, sich in dieses größere Konzert des Lebens einzureihen. Aber es macht absolut keinen Sinn, die eigene Seele zu verdunkeln oder zu verraten, nur um an „höheren" oder „besseren" Werten teilzuhaben.

PERSÖNLICHE TAGESKARTE:

....

....

ERLEBNISSE EREIGNISSE:

....

....

....

....

....

....

....

....

....

....

7. Tag der dritten Skorpion-Dekade

19.November

324. Tag. 28. Skorpion-Tag.
Venus in Skorpion.

Sieben Kelche (Crowley-Tarot)

**PERSÖNLICHE
TAGESKARTE:**

● Die Seele jedes Lebewesens - und natür-
● lich auch von jedem Menschen, dem Sie
● heute begegnen werden - ist heilig.

....

....

**ERLEBNISSE
EREIGNISSE:**

....

....

....

....

....

....

....

....

....

....

....

....

....

Sieben Kelche (Waite-Tarot)

20. November

325. Tag. 29. Skorpion-Tag. Venus in Skorpion.

Lassen Sie sich nicht anspornen oder verführen zu Theorien oder Handlungen, die Ihnen entweder nichts bringen oder sogar schaden. Und führen Sie niemanden in Versuchung...

Nur ein eigenes, gewachsenes Bewußtsein, das auch die spirituellen und Herzensangelegenheiten einschließt, kann sich gegen falsche Freunde im Seelischen und Glaubensbereich wehren, ohne zugleich „das Kind mit dem Bade auszuschütten", d.h. ohne Gefühle und Glauben, Begehren und Verlangen dafür zu opfern.

PERSÖNLICHE TAGESKARTE:

....

....

ERLEBNISSE EREIGNISSE:

....

....

....

....

....

....

....

....

....

....

....

....

21.November

326. Tag. 30. Skorpion-Tag.
Venus in Skorpion

Sieben Kelche (Crowley-Tarot)

PERSÖNLICHE TAGESKARTE:

....

....

ERLEBNISSE EREIGNISSE:

....

....

....

....

....

....

....

....

....

....

....

● Die Seele gilt als Formgeberin. Wenn die
● Seele leidet, geraten innere oder äußere
● Gestaltungen aus der Form. Ihre
● Theorien, Ihr Körper oder anderes gera-
● ten Ihnen gleichsam „aus der Fassung“.
● Sie brauchen einen bewußten Glauben,
● ein bewußtes Begehren und insgesamt
● einen bewußten Umgang mit Gefühlen
● und seelischen Stimmungslagen.
●   Daß es Ihnen dabei gutgeht und Sie
● sich glücklich fühlen, ist der Maßstab im
● seelischen Bereich. Das seelische Wohl-
● behagen aber ist eine Frage der Erfül-
● lung von sinnvollen Wünschen und der
● Aufhebung von sinnlosen Ängsten.
● Verlangen Sie nicht weniger, und ruhen
● Sie nicht eher!

Schütze

22.11. - 20.12.

Empfohlene Auslage
„Blinder Fleck"

• Einen Blinden Fleck zu bemerken, ist keine Schwäche, sondern zeugt von persönlicher Stärke.
• In aller Regel „erfinden" die Tarot-Karten keinen Blinden Fleck. Sie spiegeln nur Sehgewohnheiten und Einstellungen, die auch im sonstigen Alltag gelten. Es ist also für alle Lebensbezüge viel gewonnen, wenn ein Blinder Fleck entdeckt wird.
• Die Karten für Blinde Flecken lassen sich nicht aussuchen oder ziehen (denn an den gezogenen oder ausgesuchten Karten würde man doch nur das Bekannte, nicht aber das Unbekannte, eben den Fleck in der Optik bemerken).
• Hinweise auf entsprechende Punkte geben alle Karten, bei denen Sie den Eindruck haben, hier habe sich der oder die Zeichner/in „vertan".
• Den eindeutigen Hinweis auf einen Blinden Fleck geben jedoch stets die Karten, die Sie nur-positiv oder nur-negativ wahrnehmen. Nehmen Sie sich Ihr Päckchen Karten, und blättern Sie diese durch. Sortieren Sie die Karte oder die Karten aus, die Ihnen vom Bild her einseitig nur schön oder nur schlimm erscheinen.

Die Dekaden

1. Dekade 22.11. - 1.12.
Merkur in Schütze
Tarot-Karte „Acht Stäbe"
Schütze bewegt viele Interessen und Absichten. Merkur koordiniert das Ganze.

2. Dekade 2. - 11.12.
Mond in Schütze
Tarot-Karte „Neun Stäbe"
Schütze hat sein Ziel im Visier. Mond gibt innere Bestätigung oder Aufregung.

3. Dekade 12. - 20.12.
Saturn in Schütze
Tarot-Karte „Zehn Stäbe"
Schütze verfolgt seine großen Ziele konsequent, läuft aber auch manchmal völlig an sich selbst vorbei. Spätestens dort trifft er Saturn.

22. November

326. Tag. 1. Schütze-Tag.
Merkur in Schütze.

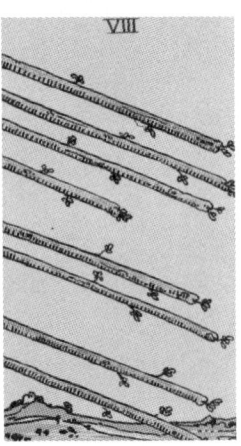

Acht Stäbe (Waite-Tarot)

**PERSÖNLICHE
TAGESKARTE:**

....

....

**ERLEBNISSE
EREIGNISSE:**

....

....

....

....

....

....

....

....

....

....

Betrachten Sie die obige Abbildung, und beobachten Sie sich selbst:

Vieles ist nun in Bewegung, dem Sie sich nur widmen können, wenn Sie sich persönlich ganz damit identifizieren. Zugleich ein Bild der Warnung davor, daß Sie sich wegen vielfältiger Aktivitäten selbst aus dem Blick verlieren.

Die Karte zeigt keine Bildfigur. Hüten Sie sich davor, sich selbst wie ein „Hansdampf in allen Gassen" zu gebärden und sich dabei abhanden zu kommen. Auf der anderen Seite stellt die Karte und die jetzt anbrechende Schütze-Zeit jedoch eine Ermunterung dar, jede Selbstbefangenheit aufzugeben. Wachsen Sie über sich hinaus. Bringen Sie sich ganz in Ihre Projekte ein. Identifizieren Sie sich mit dem, was Sie bewegt, und Sie werden vieles voranbringen und Ergebnisse auf vielen Ebenen zugleich erzielen.

Acht Stäbe (Crowley-Tarot)

23.November

327. Tag. 2. Schütze-Tag. Merkur in Schütze.

Sie erleben und erreichen Veränderungen auf vielen Ebenen. „Schnelligkeit" ist jetzt keine Hexerei, sondern steht und fällt mit einem erhöhten Energieumsatz, der vieles leichter und viel mehr möglich macht, als landläufigen Vorstellungen entspricht.

Die „Synergie", die zusätzlichen Vorteile und Energien, die sich aus einer verstärkten Koordinierung und Kombinierung Ihrer verschiedenen Bemühungen ergeben, setzen zunächst einen Zusammenhalt innerhalb Ihrer eigenen Person voraus. Je stärker die Einheitlichkeit und Verantwortlichkeit Ihres Handelns, umso effektiver können Sie sich auf vielen Ebenen oder zu vielen Richtungen hin gleichzeitig bewegen.

PERSÖNLICHE TAGESKARTE:

....

....

ERLEBNISSE EREIGNISSE:

....

....

....

....

....

....

....

....

....

....

2. Tag der ersten Schütze-Dekade

24. November

328. Tag. 3. Schütze-Tag.
Merkur in Schütze.

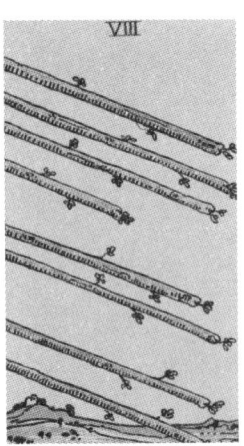

Acht Stäbe (Waite-Tarot)

PERSÖNLICHE TAGESKARTE:

....

....

ERLEBNISSE EREIGNISSE:

....

....

....

....

....

....

....

....

....

....

....

....

....

„Nix ist los, solang du alles festhältst" (Jo Enger). Viele Projekte scheitern nicht am Mut zum Neuen, sondern am mangelnden Abschied vom Alten!

„Liebe Gewohnheiten" und alte Vorstellungen können sich wie ein Bretterzaun darstellen, der die Welt vernagelt (s. Abb. oben). Wenn Sie aber von dem ausgehen, was Sie und andere wirklich wollen, können Sie sich ohne Schaden und ohne falsche Verluste von Hindernissen und Hemmungen befreien.

Acht Stäbe (Crowley-Tarot)

25. November

329. Tag. 4. Schütze-Tag. Merkur in Schütze.

Halten Sie Ihre Ziele im Auge. Lassen Sie sich nicht bremsen und nicht erschüttern. Akzeptieren und fördern Sie ein gleiches für Ihre Mitmenschen.

Reagieren Sie flexibel auf Anforderungen und Einwände. Sie besitzen und Sie brauchen ein größeres Maß an Verantwortung: An Antworten auf das, was Sie und andere tatsächlich bewegt.

PERSÖNLICHE TAGESKARTE:

....

....

ERLEBNISSE EREIGNISSE:

....

....

....

....

....

....

....

....

....

....

....

4. Tag der ersten Schütze-Dekade

26. November

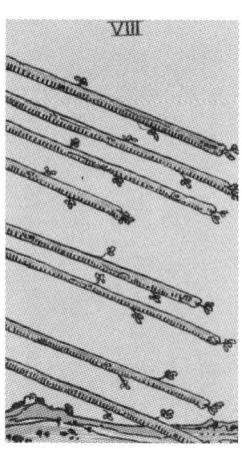

330. Tag. 5. Schütze-Tag.
Merkur in Schütze.

Acht Stäbe (Waite-Tarot)

**PERSÖNLICHE
TAGESKARTE:**

....

....

**ERLEBNISSE
EREIGNISSE:**

....

....

....

....

....

....

....

....

....

....

....

• Wenn Sie auf Hindernisse stoßen, dann
geschieht dies, weil Sie Energien einsetzen, die nicht aus Ihrer Mitte kommen
und/oder nicht auf die Mitte Ihrer
„Zielgruppe" gerichtet sind. Sobald Sie
diese Hindernisse abbauen, können Sie
auf einem neuen Niveau voranschrei-
ten. Sie kommen mit Erlebnissen und
Ereignissen in Berührung, die Ihr bishe-
riges Fassungsvermögen übersteigen.
Ihr Gesichtsfeld und Ihr persönlicher
Bezugsrahmen werden erweitert, und
wie auf einer Stufenleiter erreichen Sie
mit jedem Schritt neue Perspektiven
und Ausblicke.

Ihre Fähigkeit, diese neuen Eindrücke
aufzunehmen und zu verarbeiten, ist
das Geheimnis des Erfolgs, der jetzt für
Sie möglich ist.

Acht Stäbe (Crowley-Tarot)

27. November

331. Tag. 6. Schütze-Tag. Merkur in Schütze.

Wenn Sie etwas erreichen wollen, müssen Sie Kontakt damit aufnehmen. Möchten Sie etwas bewegen, dann nehmen Sie es in die Hand. Wollen Sie etwas verwandeln, dann müssen Sie es begreifen!

Je mehr Sie die Tatsachen anerkennen, umso besser können Sie Ihrem Willen zum Erfolg verhelfen. Jeder Versuch, die Dinge zu manipulieren, um dadurch den eigenen Willen „durchzudrücken", wird damit überflüssig, ja, sogar hinderlich.

Lockern Sie sich, und bringen Sie Bewegung in verhärtete Fronten. Machen Sie sich innerlich bereit, einen großen Schritt zu tun.

PERSÖNLICHE TAGESKARTE:

....

....

ERLEBNISSE EREIGNISSE:

....

....

....

....

....

....

....

....

....

....

....

....

6. Tag der ersten Schütze-Dekade

28. November

332. Tag. 7. Schütze-Tag.
Merkur in Schütze.

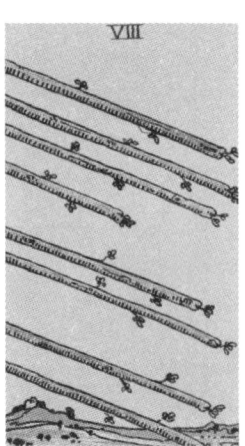

Acht Stäbe (Waite-Tarot)

PERSÖNLICHE
TAGESKARTE:

....

....

ERLEBNISSE
EREIGNISSE:

....

....

....

....

....

....

....

....

....

....

....

- Achten Sie in Ihren aktuellen Fragen darauf, daß Sie einen unerquicklichen Schwebezustand beenden. Werden Sie selbst aktiv, und teilen Sie Ihre Betroffenheit, Ergriffenheit und/oder Begeisterung mit anderen.

  Lassen Sie sich von niemandem das Gesetz des Handelns vorschreiben, genauso, wie Sie die Selbstverantwortung der anderen respektieren.

  Haben Sie Vertrauen in die Kraft Ihrer Energie-Reserven, und setzen Sie diese jetzt ein!

Acht Stäbe (Crowley-Tarot)

29. November

333. Tag. 8. Schütze-Tag.
Merkur in Schütze.

Sie besitzen vielfältige Neigungen und Interessen, die aus Ihrem Herzen kommen und zu den Herzen Ihrer Mitmenschen führen müssen, wenn Sie etwas bewirken und erreichen sollen. Diese verschiedenen Energien gleichzeitig zu bewegen, erfordert vor allem ein waches Bewußtsein in der Bewegung, eine gute Intuition.

Intuition heißt wörtlich: Etwas ansehen, (sorgsam) betrachten, erwägen, im Auge behalten, beachten und in sich bewahren. In einer Nebenbedeutung auch: Etwas (in sich oder für sich) schützen, womit im Deutschen der Schütze auch direkt angesprochen ist.

PERSÖNLICHE TAGESKARTE:

....

....

ERLEBNISSE EREIGNISSE:

....

....

....

....

....

....

....

....

....

....

....

8. Tag der ersten Schütze-Dekade

30. November

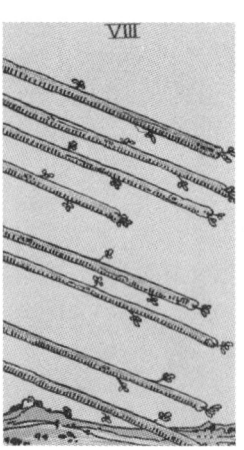

VIII

334. Tag. 9. Schütze-Tag.
Merkur in Schütze.

Acht Stäbe (Waite-Tarot)

PERSÖNLICHE
TAGESKARTE:

....

....

ERLEBNISSE
EREIGNISSE:

....

....

....

....

....

....

....

....

....

....

....

Der Schütze ist ein Urbild des Schauens und Zielens. Die astrologische Definition dieses Tierkreiszeichens lautet „Ich sehe". Damit sind u.a. die persönliche Optik und Ihre Visionen angesprochen, die Perspektiven Ihres Standpunktes, Ihre Sichtweisen und Lebensziele (auf die der „Schütze" in Ihnen seine Pfeile richten und schießen kann), die Wahrnehmung des Augenblicks, die Visualisierung von Ideen und Gedanken, die anschauliche Darstellung von inneren Gefühlen und Eindrücken und vieles mehr. Der ganzheitliche Aspekt der Intuition, der schützende Blick auf alles, das sich ereignet, und besonders auch die Doppeldeutung des Wortes Augenblick (der Zeitmoment und der optische Eindruck und Ausdruck) umschreiben die Bedeutungen des Schützen als Symbolfigur.

Der Bogen eines Schützen ist zugleich Sinnbild für den Lebensbogen sowie für die Spannungskurve einer Handlung. Zu den großen Aufgaben und Begabungen im Zeichen des Schützen gehört es, äußeren Anschein und inneres Wesen zu unterscheiden und miteinander in Verbindung zu setzen.

1. Dezember

335. Tag. 10. Schütze-Tag.
Merkur in Schütze.

Acht Stäbe (Crowley-Tarot)

Für den Schützen gilt der schöne Satz: „Wie kann ich wissen, was ich will, ehe ich sehe, was ich tue!" Sie können und müssen jetzt handeln, bevor Sie wissen, warum und zu welchem Resultat.

Das Innere nach außen tragen, innere Beweggründe in Aktionen umsetzen, Wünsche erfüllen und Ängste aufheben - das ist die Chance der Adventszeit. Wenn Ihre Ansichten mit Ihren Einsichten übereinstimmen, gewinnen Ihre Absichten gute Aussichten.

Schreiben Sie sich heute und in den kommenden Tagen Ihren Wunschzettel für Weihnachten und das Neue Jahr. Ziehen Sie in diesem Monat bewußt täglich eine Tarot-Karte als Spiegel Ihrer Wünsche und Ängste.

PERSÖNLICHE TAGESKARTE:

....

....

ERLEBNISSE EREIGNISSE:

....

....

....

....

....

....

....

....

....

....

10. Tag der ersten Schütze-Dekade

2. Dezember

336. Tag. 11. Schütze-Tag.
Mond in Schütze.

Neun Stäbe (Waite-Tarot)

„Advent" heißt Ankunft, und diese Ankunft wird im allgemeinen auf das bevorstehende Weihnachtsfest bezogen. Das ist sicherlich richtig, dennoch hat diese „Ankunft" auch noch mehr zu bedeuten. In der Symbolik des Schützen ist bereits das Thema angelegt, sein Ziel zu suchen, zu finden und zu treffen. Advent oder Ankunft bedeutet in diesem Sinne, „ins Schwarze zu treffen". Der Brauch, jetzt einen Wunschzettel zu schreiben, entpuppt sich auf diesem Hintergrund als eine sehr bedeutungsträchtige Angelegenheit. Die richtigen Wünsche zu formulieren, gleicht der richtigen Spannung eines Bogens; dies ist schon die „halbe Arbeit", um das gesuchte Ziel zu erreichen.

Ankunft heißt auch „Abenteuer". Die Wörter für Abenteuer (adventure, aventure usw.) leiten sich von eben dem lateinischen adventus (Advent) ab. Die richtigen Wünsche in die Tat umzusetzen, ist ein permanentes Abenteuer, zugleich aber auch eine ständige Ankunft.

Neun Stäbe (Crowley-Tarot)

3. Dezember

337. Tag. 12. Schütze-Tag.
Mond in Schütze.

Stellen Sie sich einmal Ihren Lebensweg als solchen vor. Wie groß seine Spanne an Jahren sein wird, kann niemand voraussehen. Aber die schließliche Lebensspanne als solche vorausgesetzt, besagt die Logik des Schützen etwa folgendes: Man kann diesen Lebensweg natürlich wie eine Rennstrecke schnell hinter sich bringen und versuchen, möglichst rasch und ohne großes Anecken von A nach Z zu kommen. Aber dieser Weg wäre viel zu platt und zu langweilig. Man kann die gegebene Strecke eben auch zu einem großen Bogen formen, zu einem Berg, der Mühe macht, der jedoch auch eine lohnende Aufgabe stellt und die beteiligten Energien auf einem großen Spannungsbogen vereinigt.

Dezember (wörtlich der Zehnte) beschließt zwar das Kalenderjahr. Doch für einen seelischen Jahresabschluß wäre es zumindest in diesen Tagen noch zu früh. Jetzt können und müssen noch einige wesentliche Dinge auf den Weg gebracht werden.

PERSÖNLICHE TAGESKARTE:

....

....

ERLEBNISSE EREIGNISSE:

....

....

....

....

....

....

....

....

....

....

....

2. Tag der zweiten Schütze-Dekade

4. Dezember

338. Tag. 13. Schütze-Tag.
Mond in Schütze.

Neun Stäbe (Waite-Tarot)

**PERSÖNLICHE
TAGESKARTE:**

....

....

**ERLEBNISSE
EREIGNISSE:**

....

....

....

....

....

....

....

....

....

....

....

....

- Der Pfeil des Schützen soll ins Schwarze
- treffen! Wo es am dunkelsten ist, wird am
- meisten Licht gebraucht. Wo der blinde
- Fleck der (eigenen) Optik liegt, ist am
- meisten zu lösen und am meisten zu ern-
- ten: Dort finden sich die größten Rätsel
- und bisher nur geahnte Wünsche und
- Ängste einer Person oder einer Gruppe
- von Menschen, die auf eine Lösung war-
- ten. ̄
- Dieses Andere, Fremde und Unbekan-
- nte, das es zu erkennen und dadurch zu
- erlösen gilt, schlägt sich auch in der
- Symbolik des heutigen traditionellen
- Barbara-Tages nieder. „Barbara" heißt aus
- dem Altgriechischen „die Ausländerin".
- Die Barbara-Zweige, die mitten im Winter
- blühen, stehen für die Erleuchtung der
- Dunkelheit. Nicht zufällig ist die Heilige
- Barbara die Patronin der Bergleute.
- Holen Sie Forsythien- oder Kirschzweige
- ins Haus, legen sie über Nacht in lauwar-
- mes Wasser und stellen sie am nächsten
- Tag in einen Krug mit Wasser. Alle drei
- Tage wird das Wasser gewechselt. In der
- Wärme des Hauses werden Knospen trei-
- ben, die um die Weihnachtszeit als
- Blüten aufgehen.

Neun Stäbe (Crowley-Tarot)

5. Dezember

339. Tag. 14. Schütze-Tag. Mond in Schütze.

Wenn Sonne und Mond an einem Strang ziehen, wie es das obige Bild illustriert, dann stimmt das, was Sie mit Ihrem Bewußtsein (Sonne) wollen, und jenes, was Sie unbewußterweise (Mond) wünschen, überein. Es ist, als ob der große Bruder und die kleine Schwester sich gegenseitig an die Hand nehmen!

Bewußter und unbewußter Wille, inneres Empfinden und äußeres Tun können sich gegenseitig behindern und blockieren oder aber gegenseitig aufbauen und bestärken. Auseinandersetzungen sind jetzt notwendig, damit diese und andere persönlichen Widersprüche zu einer produktiven Spannung verarbeitet werden. Eine besondere Chance, daß der „wahre Wille" zur Geltung kommt.

Bringen Sie Ihr Licht dorthin, wo es noch am dunkelsten ist.

PERSÖNLICHE TAGESKARTE:

....

....

ERLEBNISSE EREIGNISSE:

....

....

....

....

....

....

....

....

....

....

4. Tag der zweiten Schütze-Dekade

6. Dezember

340. Tag. 15. Schütze-Tag.
Mond in Schütze.

Neun Stäbe (Waite-Tarot)

PERSÖNLICHE TAGESKARTE:

....

....

ERLEBNISSE EREIGNISSE:

....

....

....

....

....

....

....

....

....

....

....

....

Nikolaus, der Wünsche erfüllt und belohnt, sowie Knecht Ruprecht, der bestraft und Wünsche versagt, spiegeln zum einen die Rivalität von Jupiter und Saturn, die in der 3. Schütze-Dekade noch weiter wichtig wird. Darüber hinaus sind sie ein Spiegel dafür, daß Sie „Glück" oder eben „Pech" in Ihrem Leben haben können und daß der entscheidende Unterschied zwischen Glück und Pech dergleiche ist wie der zwischen Nikolaus und Ruprecht: Ihr Glück, was immer Sie mit diesem Begriff auch verbinden mögen, hängt auf jeden Fall damit zusammen, daß es Ihnen gelingt, wesentliche von unwichtigen Wünschen zu unterscheiden und zumindest einige der wesentlichen Wünsche zu erfüllen plus berechtigte von unberechtigten Ängsten zu unterscheiden und wiederum wenigstens einige der unberechtigten Ängste aufzuheben.

„Glück ist keine Glückssache", auch keine Frage des Schicksals, sondern Ihres Geschicks, die richtigen Ziele zu finden und zu treffen.

Neun Stäbe (Crowley-Tarot)

7. Dezember

341. Tag. 16. Schütze-Tag.
Mond in Schütze.

Apropos Glück und Schicksal: „Schicksal" wird oft als Einschränkung verstanden. Noch in der hoffnungsvollen Ermutigung, man solle doch das eigene „Schicksal als Chance" begreifen, wird stillschweigend als erste Instanz ein Leiden am Schicksal vorausgesetzt. Damit tut man im allgemeinen dem Schicksal jedoch unrecht. Immerhin ist es ein Glück, überhaupt ein eigenes Schicksal zu besitzen.

   Die wesentliche Bedeutung des „Schicksal" besteht im Zeichen des Schützen tatsächlich darin, ob und wie die vitalen Triebe, die in der Symbolik u.a. durch die obigen Stäbe dargestellt werden, sich entfalten können. „Gebranntes Kind scheut das Feuer"; damit Sie jetzt neue Möglichkeiten für Ihr Feuer und Ihre Triebe finden, ist es gut, wenn Sie sich jetzt selbst an die Hand nehmen, als Ihr eigener Bruder und Ihre eigene Schwester!

PERSÖNLICHE TAGESKARTE:

....

....

ERLEBNISSE EREIGNISSE:

....

....

....

....

....

....

....

....

....

....

6. Tag der zweiten Schütze-Dekade

8. Dezember

342. Tag. 17. Schütze-Tag. Mond in Schütze.

Neun Stäbe (Waite-Tarot)

PERSÖNLICHE TAGESKARTE:

● Ein Schicksal hat jede/r - was man daraus macht, ist das Entscheidende.

....

....

ERLEBNISSE EREIGNISSE:

....

....

....

....

....

....

....

....

....

....

....

....

Neun Stäbe (Crowley-Tarot)

9. Dezember

343. Tag. 18. Schütze-Tag. Mond in Schütze.

Wenn Sonne und Mond einander gegenüberstehen, dann ist Vollmond. Und wie in einer Vollmondnacht, so bringt es möglicherweise einige Aufregung und Erregung mit sich, wenn Sie vom Bewußtsein her endlich erkennen, was ihr Unbewußtes tatsächlich will. Auch das gehört zum „Weg der Wünsche": Je mehr „Stäbe" (Triebe, Energien, Motive und Interessen) vorher dem Blick verborgen waren, umso größer ist jetzt die Ungewißheit, die Aufregung und die Verwunderung über das, was nun alles ans Licht kommt.

Das innere Feuer eines Menschen soll sich jedoch nach außen ausdrücken können, und das äußere Tun soll dem inneren Feuer Genüge schaffen. Unbewußtes und Bewußtes, Anschein und Wesen, Wunsch und Wirklichkeit sind für den „Schützen" in Ihnen wie Kimme und Korn: Sie müssen übereinstimmen, damit Sie Ihre Ziele erreichen.

PERSÖNLICHE TAGESKARTE:

....

....

ERLEBNISSE EREIGNISSE:

....

....

....

....

....

....

....

....

....

....

....

....

8. Tag der zweiten Schütze-Dekade

10. Dezember

344. Tag. 19. Schütze-Tag.
Mond in Schütze.

Neun Stäbe (Waite-Tarot)

PERSÖNLICHE TAGESKARTE:

....

....

ERLEBNISSE EREIGNISSE:

....

....

....

....

....

....

....

....

....

....

....

● Wenn die dargestellte Bildfigur all das mitbekommen möchte, was um sie herum und vor allem hinter ihr in Bewegung und Wachstum begriffen ist, muß sie lauschen, ihre Augen überall haben und rundum achtsam sein. Sie braucht eine allseitige Aufmerksamkeit, wie ein Jäger oder eine Katze auf der Pirsch, wie eine Forscherin oder ein Kundschafter bei der Arbeit. - Die Binde am Kopf der Bildfigur ist möglicherweise ein Verband und kündet von den Verletzungen eines einseitig orientierten Bewußtseins; oder dasselbe Band ist das Abzeichen eines Kriegers auf seinem Pfad und signalisiert eine allseitige Aufmerksamkeit. So ist Intuition nicht nur die Gabe der spontanen und ganzheitlichen Betrachtung, sondern auch der schützende Blick für alles, was sich in Bewegung und Entwicklung befindet.

Die Figur des Jägers im Märchen verkörpert viel von den positiven Eigenschaften des Schützen, die nun auch Ihnen zur Verfügung stehen.

Neun Stäbe (Crowley-Tarot)

11. Dezember

345. Tag. 20. Schütze-Tag. Mond in Schütze.

Nehmen Sie die Widersprüche Ihres Lebens selber in die Hand! Bauen Sie auf Ihre Kreativität. Prüfen Sie sich, ob Ihre Ziele und Methoden weiterhin für Sie stimmen. Wenn ja, dann engagieren Sie sich für Ihre Wünsche und Absichten von ganzem Herzen. Wenn nein, dann werfen Sie jetzt Ballast ab und halten sich an das Wesentliche.

Stimmige Ziele haben jetzt gute Chancen, auch wenn sie für andere ungewöhnlich kühn oder gewagt erscheinen sollten.

PERSÖNLICHE
TAGESKARTE:

....

....

ERLEBNISSE
EREIGNISSE:

....

....

....

....

....

....

....

....

....

....

....

10. Tag der zweiten Schütze-Dekade

12. Dezember

346. Tag. 21. Schütze-Tag.
Saturn in Schütze.

Zehn Stäbe (Waite-Tarot)

PERSÖNLICHE TAGESKARTE:

....

....

ERLEBNISSE EREIGNISSE:

....

....

....

....

....

....

....

....

....

....

....

● Alles im Griff? Falsche Zielvorstellungen, auch solche, die Sie schon lange vor sich her getragen haben, können hier an einen Punkt geraten, wo nichts mehr geht. Geeignete Wünsche und Absichten jedoch, die Sie mit konsequentem Nachdruck und hundertprozentigem Ansatz vorantragen, finden jetzt eine erfolgreiche Bestätigung.

Nehmen Sie aktuelle Aufgaben und Belastungsproben als Prüfstein. Setzen Sie sich voll und ganz für Ihrer Sache ein. So werden Sie feststellen, welche Ziele für Sie wirklich reif sind, welche Absichten Sie weitertragen und welche nicht.

13. Dezember

347. Tag. 22. Schütze-Tag.
Saturn in Schütze.

Zehn Stäbe (Crowley-Tarot)

Es gibt ein Licht am Ende des Tunnels, und in der Dunkelheit brennt ein Feuer, das nur darauf wartet, abgeholt zu werden. Der heutige Tag steht im Zeichen der Lichterkönigin Lucia. Der schwedische Brauch, daß Mädchen und junge Frauen mit einem Lichterkranz am frühen Morgen in Erscheinung treten, ist weithin bekannt. Das Wechselspiel von Licht und Finsternis ist dabei das generelle Thema der Tage vor und nach der Wintersonnenwende vom 20./21.12. Viele Bräuche für diese Tage handeln davon, böse Geister abzuwehren und gute Geister zu beschwören und zu wecken.

Lucia bedeutet: die Leuchtende, die Lichtbringerin. „Lucina" ist auch ein Beiname der Göttin und Jägerin Diana (ein weibliches Urbild des Schützen wie in anderem Zusammenhang auch die bogenschießenden Amazonen des Altertums). In manchen Punkten ist auch die germanische Perschta (später in „Berta" übergegangen) mit der Lucia verwandt. Perschta heißt ebenfalls die Lichte, die Glänzende und ist den Tagen „zwischen den Jahren" zugeordnet.

PERSÖNLICHE TAGESKARTE:

....

....

ERLEBNISSE EREIGNISSE:

....

....

....

....

....

....

....

....

....

2. Tag der dritten Schütze-Dekade

14. Dezember

348. Tag. 23. Schütze-Tag.
Saturn in Schütze.

Zehn Stäbe (Waite-Tarot)

**PERSÖNLICHE
TAGESKARTE:**

....

....

**ERLEBNISSE
EREIGNISSE:**

....

....

....

....

....

....

....

....

....

....

....

● Der Jahreswechsel und die Zeit um die
Wintersonnenwende zählen in der
Symbolik des Jahreskreises zu einer
besonders dramatischen Etappe. Jupiter
gehört zum Schützen und Saturn zum
Steinbock, die letzte Dekade des
Schützen wird vom Saturn regiert und
die erste Dekade des Steinbocks vom
Jupiter. In der Mythologie gibt es einen
unerbittlichen Kampf der Generationen,
wobei der jüngere Jupiter/Zeus den älteren Saturn/Kronos beseitigt. So sind im
Laufe vieler Jahrhunderte hauptsächlich
die Gegensätze zwischen Jupiter und
Saturn in der Symboldeutung gesehen
worden. Jupiter galt als jovialer Gönner
und Saturn als karger Miesling. Heute
hat dieser traditionelle „Generations-
konflikt" zwischen Jupiter und Saturn,
Schütze und Steinbock nicht nur an
Gewicht verloren, sondern sich auch in
seiner Bedeutung sehr gewandelt. An
die Stelle des früheren Titanenkampfes
zwischen Vater und Sohn (Ödipus läßt
grüßen) ist die „vaterlose Gesellschaft"
getreten...

15. Dezember

349. Tag. 24. Schütze-Tag.
Saturn in Schütze.

Zehn Stäbe (Crowley-Tarot)

Es gibt vor allem einen Berührungspunkt, der Saturn und Schütze, Jupiter und Steinbock miteinander verbindet. Dieser symbolische Bezugspunkt ist das Feuer im Innern der Erde. In ihrem Kern ist die Erde glühend-flüssig, und das bedeutet, die Sonne am Himmel besitzt ihre Entsprechung und ihr Spiegelbild im Innern der Erde. Damit ist die alte Vorstellung vom Kampf des guten Lichts gegen die böse Finsternis heute nicht mehr zeitgemäß.

Licht und Schatten sind am Himmel wie in der Erde jeweils enthalten. Lange, lange Zeit ist die Sonne angehimmelt und das Feuer in der Erde als Hölle verteufelt worden. Und doch gehört es auch schon zur christlichen Tradition, die Gegensätze zu versöhnen. In der Weihnachtsbotschaft heißt es u.a.: „Gott" ist Mensch geworden, d.h. Himmel und Erde sind nicht länger getrennte Welten. Wenn die Bedeutungen von Licht und Finsternis neu gesehen und neu definiert werden, wandelt sich ein ganzes Weltbild. Praktisch geht es dabei vor allem darum, „Himmel und Hölle", „Wille und Notwendigkeit" sowie „Roß und Reiter" im persönlichen Leben produktiv zu vereinen.

PERSÖNLICHE TAGESKARTE:

....

....

ERLEBNISSE EREIGNISSE:

....

....

....

....

....

....

....

....

....

....

....

4. Tag der dritten Schütze-Dekade

16. Dezember

350. Tag. 25. Schütze-Tag.
Saturn in Schütze.

Zehn Stäbe (Waite-Tarot)

PERSÖNLICHE TAGESKARTE:

....

....

ERLEBNISSE EREIGNISSE:

....

....

....

....

....

....

....

....

....

....

....

- Wären nicht bereits Feuer und Licht in der Erde, wie könnte sie erleuchtet werden?
- Das heißt konkret: In einem Problem ist stets auch der Keim einer Lösung enthalten. Neue Probleme signalisieren neue Lösungen. Die Rätsel von heute sind die Antworten von morgen... und die Irrtümer von übermorgen.
- Kein Mensch und keine Sache können aus einem einzelnen Moment heraus verstanden werden. Ihr Glück wird daher umso größer sein, je mehr Sie in der Lage sind, auch unterschiedliche Wahrheiten zu verarbeiten und zu einem größeren Ganzen zusammenzufügen. Sorgen Sie in persönlichen wie auch in sachlichen Angelegenheiten für bessere Lösungen, die mehr Alternativen als bisher in sich vereinigen. Schöpfen Sie den Rahmen Ihrer Möglichkeiten voll aus, und gehen Sie dann darüber hinaus.

17. Dezember

351. Tag. 26. Schütze-Tag.
Saturn in Schütze.

Zehn Stäbe (Crowley-Tarot)

Für die jetzige Jahreszeit ist es typisch, daß sich bisher versäumte Auseinandersetzungen bemerkbar machen. Sie geraten möglicherweise sogar an Widerstände, deren Ausmaß Sie überrascht. Vorher unterdrückte Zweifel lassen nun auf einmal - scheinbar plötzlich - Ihre gesamte Einstellung zu einem Menschen, zu einem bestimmten Projekt oder Vorschlag zweifelhaft erscheinen.

Holen Sie den ausstehenden Teil der Auseinandersetzungen nach. Lernen Sie die produktive Rolle des Zweifels kennen! Wenn Sie aber Ihren Willen und Ihre Notwendigkeiten kennen, dann dürfen kleinliche Zweifel durchaus unterdrückt werden, damit die großen Linien, der große Entwurf umso deutlicher hervortreten. Setzen Sie alle Ihre Energien ein. Lassen Sie „hundert Blumen" blühen.

PERSÖNLICHE TAGESKARTE:

....

....

ERLEBNISSE EREIGNISSE:

....

....

....

....

....

....

....

....

....

....

....

6. Tag der dritten Schütze-Dekade

18. Dezember

352. Tag. 27. Schütze-Tag.
Saturn in Schütze.

Zehn Stäbe (Waite-Tarot)

PERSÖNLICHE TAGESKARTE:

....

....

ERLEBNISSE EREIGNISSE:

....

....

....

....

....

....

....

....

....

....

....

....

• Jeder Mensch und jeder Sachverhalt
• besitzen eine eigene Logik, ein eigenes
• „Gesetz" und somit - im konkreten oder
• übertragenen Sinne - einen eigenen
• Willen. Erfolg oder Mißerfolg hängen
• jetzt ganz davon ab, ob Ihr eigener Wille
• und der Wille des anderen (der Wille
• einer anderen Person oder der „Wille"
• bestimmter Fakten) miteinander har-
• monieren oder gegeneinander arbeiten.
• Finden Sie heraus, wo Ihre Willenskraft
• zu schwach ist, und steigern Sie an die-
• sen Punkten Ihren Einsatz auf hundert
• Prozent. Aber dort, wo Sie versuchen,
• mit Gewalt oder Selbstverleugnung
• etwas zu erreichen, geben Sie Ihre ver-
• gebliche Mühe auf und lassen los!

19. Dezember

353. Tag. 28. Schütze-Tag. Saturn in Schütze.

Zehn Stäbe (Crowley-Tarot)

Die Tage der Wintersonnenwende stehen unmittelbar bevor. Licht und Finsternis kämpfen nach traditioneller Auffassung in diesen Tagen miteinander, bis das Licht wieder als neuer Sieger hervorgeht.

Die oben abgebildete Tarot-Karte stellt im Symbol der Zehn Stäbe das Maximum der Feuerenergie dar. Zehn Stäbe bedeuten größte Power, lebhafte Energien, größte Zuneigung und optimale Einsatzbereitschaft, aber möglicherweise auch größte Aggression, starke Hemmung oder Blockierung und gigantische Verzettelung. Die Feuerenergie produziert auch Irrlichter und Gewalttätigkeiten. Auch die Weihnachtstage in der Familie sind nicht immer nur ein Hort des Friedens und der Freude, sondern mitunter Anlaß zu bedrückenden Erfahrungen.

Der „Wunschzettel" sollte eben nicht am 24.12. erledigt sein. Die Aufgabe des „Schützen", die richtigen Wünsche ausfindig zu machen und zu verwirklichen, bleibt Ihnen auch als Erbe nach Abschluß der Schützen-Dekaden.

● PERSÖNLICHE
● TAGESKARTE:

● ....

● ....

● ERLEBNISSE
● EREIGNISSE:

● ....

● ....

● ....

● ....

● ....

● ....

● ....

● ....

● ....

● ....

8. Tag der dritten Schütze-Dekade

20. Dezember

354. Tag. 29. Schütze-Tag. Saturn in Schütze.

Zehn Stäbe (Waite-Tarot)

● Die Haltung der obigen Bildfigur kann sicherlich eine Warnung vor Überlastung, Bedrückung usw. ausdrücken. Wenn Sie den Wald vor lauter Bäumen nicht mehr sehen, so hilft jetzt nichts anderes, als komplett allen Ballast abzuwerfen und von Grund auf neuen Kontakt zu Ihrem Feuer aufzunehmen.

Auf der anderen Seite zeigt dasselbe Bild ganz anschaulich, was es heißt, mit aller Kraft den eigenen Neigungen zu folgen. Sie müssen sich nach vorne neigen, sich vorwagen und hineingeben. So haben Sie die Nase vorn. Erst dann verstehen Sie einen Menschen oder eine Sachfrage wirklich, wenn Sie ihn oder ihr Ihre ungeteilte Zuneigung schenken. Wie das Vorwärtskommen auf einem steilen Bergweg erleichtert wird, wenn man sich etwas nach vorne fallen läßt, so tragen Sie die Früchte Ihrer Bemühungen umso leichter nach Hause, wenn Sie sich den vorhandenen Wünschen und Aufgaben mit vollständiger Hingabe widmen.

---

9. Tag der dritten Schütze-Dekade

Steinbock

21.12. - 19.1.

Empfohlene Auslage
„Lösungsweg"

1 - Das werden Sie los
2 - Das erreichen Sie
3 - Das kommt mit
4 - Das bringt Ihnen Glück
5 - Das tritt Ihnen noch entgegen
6 - Diese Lösung bringt Ihnen Segen

Die Dekaden

21. - 30.12.
Jupiter in Steinbock
Tarot-Karte „Zwei Münzen/Scheiben"
Wenn Steinbock seine Talente begreift, beschert Jupiter Glück und Wohlstand.

2. Dekade 31.12. - 9.1.
Mars in Steinbock
Tarot-Karte „Drei Münzen/Scheiben"
Steinbock kennt seine Berufung. Mars erreicht hier seine stärkste Stellung.

3. Dekade 10. - 19.1.
Sonne in Steinbock
Tarot-Karte „Vier Münzen/Scheiben"
Wenn Steinbock seinen Kern kennt, trifft hier das Feuer des Himmels (Sonne) das Feuer aus der Mitte der Erde.

21. Dezember

355. Tag 1. Steinbock-Tag.
Jupiter in Steinbock.

Zwei Münzen (Waite-Tarot)

PERSÖNLICHE TAGESKARTE:

....

....

ERLEBNISSE EREIGNISSE:

....

....

....

....

....

....

....

....

....

....

....

Die Wintersonnenwende läßt uns heute den kürzesten Tag des Jahres erleben - und die längste Nacht. Grund genug, einmal bewußt zu betrachten, wie Sie ihre Nächte verbringen. Die Bildfigur in der obigen Darstellung hält die sprichwörtlichen „zwei Seiten der Medaille" in Händen. Sonnen- und Schattenseiten, Tagesbewußtsein und Nachtleben und andere Gegensätze und Ergänzungen in Ihrem Leben sollen hier zu einem größerem Ganzen zusammengefaßt werden. Das Kartenbild deutet auf unendliche Widersprüche hin, aber auch auf die Einheit hinter den Polaritäten (zwei Münzen und eine Person).

Die erste Steinbock-Dekade startet mit der „Wiederkehr des Lichts". Sie bringt eine Phase hoher Feiertage wie auch intensiven Arbeitens. Wie in einem Jahresabschluß müssen und können auch im persönlichen Sinne Einnahmen und Ausgaben, Gewinn und Verlust festgestellt werden. Damit die persönlichen Stärken˙ und Schwächen, Begabungen und Belastungen deutlich greifbar werden. Was für ein Glück, wenn man mit den zwei Seiten einer Medaille zur selben Zeit etwas anzufangen weiß!

1. Tag der ersten Steinbock-Dekade

384

Zwei Scheiben (Crowley-Tarot)

22.Dezember

356. Tag. 2. Steinbock-Tag. Jupiter in Steinbock.

Wenn neue Fakten, Werte oder Ergebnisse in den Vordergrund treten oder an Gewicht gewinnen, kann es geschehen, daß wie in der obigen Abbildung Ihre „Krone" etwas verrückt. Es kann vorübergehend für Verunsicherung sorgen. Ihr Ich-Bewußtsein bekommt einen „Stoß" - einen neuen Anstoß.

Was auch immer der Stein dieses Anstoßes sein mag, nehmen Sie es als ein erfreuliches Anzeichen dafür, daß Sie an dem jetzt fälligen Wechsel auch innerlich und persönlich Anteil nehmen. Der Jahresabschluß und die Zeit „zwischen den Jahren" ist wirklich gut dafür geeignet, einen „alten Hut" abzulegen und ein neues Selbstverständnis aufzubauen. Wenn Sie die vorhandenen Widersprüche (wie die zwei Münzen oder Scheiben in den Abbildungen) in die Hand nehmen und begreifen, werden Sie mit beiden Beinen im Leben stehen. Wenn Sie Ihre wesentlichen Widersprüche erfassen und aufheben, kann Ihnen nichts Wesentliches fehlen.

PERSÖNLICHE TAGESKARTE:

....

....

ERLEBNISSE EREIGNISSE:

....

....

....

....

....

....

....

....

....

....

....

2. Tag der ersten Steinbock-Dekade

23. Dezember

357. Tag. 3. Steinbock-Tag.
Jupiter in Steinbock.

Zwei Münzen (Waite-Tarot)

**PERSÖNLICHE
TAGESKARTE:**

....

....

**ERLEBNISSE
EREIGNISSE:**

....

....

....

....

....

....

....

....

....

....

....

Der Winteranfang und die dunkelste
Zeit des Jahres markieren gleichwohl im
Jahreskreis die höchste Stelle. Wir befinden uns am Zenit, am Höchststand und
am Scheitelpunkt im Reigen der
Tierkreiszeichen. Der Steinbock bezeichnet denn auch eine Kraft in uns allen,
die uns zu Gipfelerlebnissen befähigt.
Seine Heimat in den Höhen der Berge ist
der symbolische Ort, wo Himmel und
Erde einander berühren.

All die vielen praktischen Widersprüche und Gegensätzlichkeiten, die
mit den zwei Münzen oder Scheiben in
den Tarot-Karten gemeint sein können,
laufen auf dieselbe Frage hinaus, wie Sie
es schaffen, als „Bürger zweier Welten"
Ihre praktischen Notwendigkeiten und
Ihre geistigen und spirituellen
Bedürfnisse miteinander zu verbinden.
Es gibt eine große Sehnsucht nach dem
wahren oder „eigentlichen" Leben - und
eine ebenso große Angst davor. Doch
nur, wenn Sie sich diesen wechselvollen
Empfindungen stellen, werden Sie Ihre
persönliche „Spitze" erreichen und ganz
auf der Höhe sein.

24.Dezember

358. Tag. 4. Steinbock-Tag.
Jupiter in Steinbock.

Zwei Scheiben (Crowley-Tarot)

Mit dem christlichen Glauben ist die Erfahrung oder Einschätzung verbunden, daß nicht Weihnachten, sondern Ostern das höchste Fest im Jahr darstellt. Danach liegt auch der Symbolwert der jetzigen „Wiederkehr des Lichtes" nicht zuletzt in einer Vorbereitung des kommenden Frühling, in einer Vorwegnahme der Osterbotschaft: Das Licht ist stärker als die Dunkelheit, das Leben mächtiger als der Tod.

Diese bald 2000jährige Überlieferung ist heute zum Teil in den Hintergrund getreten. Nicht nur weil der christliche Glaube insgesamt an Bedeutung verloren hat, sondern vor allem auch, weil der „Rummel" um Weihnachten wesentlich größere Ausmaße annimmt als der zu Ostern.

Dennoch erscheint es wichtig, heute den Blick auf Ostern zu richten - auch, um nicht an Weihnachten unbewußt nur nostalgische Rückschau zu halten, sondern lieber bewußt die Weichen dafür zu stellen, auf neue, nämlich erwachsene Art „Kind" zu werden.

PERSÖNLICHE TAGESKARTE:

....

....

ERLEBNISSE EREIGNISSE:

....

....

....

....

....

....

....

....

....

....

....

4. Tag der ersten Steinbock-Dekade

25. Dezember

359. Tag. 5. Steinbock-Tag.
Jupiter in Steinbock.

Zwei Münzen (Waite-Tarot)

**PERSÖNLICHE
TAGESKARTE:**

....

....

**ERLEBNISSE
EREIGNISSE:**

....

....

....

....

....

....

....

....

....

....

....

Weihnachten, die Wintersonnenwende und der Steinbock betonen etwas Kindhaftes und zugleich sehr Vollendetes. Die beiden Seiten der Medaille, die in den Tarot-Karten als zwei Münzen und zwei Scheiben auftauchen, sind auch so zu verstehen, daß die Geburt eines jeden neuen Menschen den zuvor gegebenen Stand der Dinge ändert. Betrachten Sie im obigen Bild das Standbein als Darstellung des Bestehenden und das Spielbein als das bisher unbekannte, „grüne" Neugeborene. Es ist zunächst ein recht wackliges Verhältnis, dennoch ist sofort klar: Auf beiden Beinen geht es sich besser.

Jeder Mensch bringt etwas Neues und Wertvolles auf die Welt, das es zuvor und ohne ihn nicht gegeben hat. Wie an jedem Geburtstag, so machen wir uns auch an Weihnachten deshalb Geschenke: Weil jeder Mensch - zuerst und zuletzt - selber ein Geschenk darstellt!

26. Dezember

360. Tag. 6. Steinbock-Tag.
Jupiter in Steinbock.

Zwei Scheiben (Crowley-Tarot)

Jeder Mensch sieht die Welt mit eigenen Augen (wenn er sie denn aufmacht) und erkennt damit auch neue Details oder Zusammenhänge. Alte Gewohnheiten werden so infrage gestellt, und es stellt sich die große Aufgabe, die Macht des Bestehenden und den Wert der neuen Erkenntnisse in einem einheitlich Bewußtsein zu verarbeiten.

Davon handelt diese Dekade und die dazugehörigen, hier abgebildeten Tarot-Karten. Alle großen Wandlungsphasen des Lebens - wie Pubertät, „Midlife crisis", Wechseljahre, Ende des Berufslebens usw. - handeln, gleichsam in Etappen, von diesem Prozeß der Herausbildung des geeigneten Bewußtseins, das für das persönliche Leben „Spielbein und Standbein" zusammenbringt. All diese erlebten und bevorstehenden Wandlungsphasen Ihres Lebens können (und sollten auch) sich im inneren Erlebnis und in der persönlichen Gestaltung des Jahreswechsels niederschlagen.

PERSÖNLICHE TAGESKARTE:

....

....

ERLEBNISSE EREIGNISSE:

....

....

....

....

....

....

....

....

....

....

....

6. Tag der ersten Steinbock-Dekade

27. Dezember

361. Tag. 7. Steinbock-Tag.
Jupiter in Steinbock.

Zwei Münzen (Waite-Tarot)

PERSÖNLICHE
TAGESKARTE:

....

....

ERLEBNISSE
EREIGNISSE:

....

....

....

....

....

....

....

....

....

....

....

....

Nicht der Jahreswechsel (und auch nicht Silvester) ist der Grund, sich zu wandeln und ein neues Bewußtsein zu bilden. Sondern der Gipfelpunkt des Jahreskreises in der Zeit der Wintersonnenwende ist Anlaß dafür, verschiedene Widersprüche auf einen Nenner zu bringen und in einem höheren Standpunkt aufzuheben. Es ist jetzt die Zeit der Weiterentwicklung und Neubestimmung bisheriger Selbstverständlichkeiten, und es ist nur passend, daß im Lauf der Geschichte auch in unserem Kulturkreis der Jahresanfang auf diese Jahreszeit gelegt worden ist.

„Investieren" Sie jetzt in Ihre Persönlichkeitsentwicklung. Das tut Ihnen gut und fördert zugleich das wichtigste Kapital, das Sie besitzen. Welche (persönlichen) Werte haben sich bewährt und welche nicht? Welche Begabungen und welche Einschränkungen sind jetzt neu zu berücksichtigen?

Zwei Scheiben (Crowley-Tarot)

28.Dezember

362. Tag. 8. Steinbock-Tag.
Jupiter in Steinbock.

Jeder Mensch, wenn er nicht völlig an seinen Möglichkeiten vorbeilebt, bringt ein neues Licht in die Welt. So kann es geschehen, daß auch durch Sie bisher dunkle Bereiche und Lebensthemen in ein neues Licht getaucht werden. Und das bedeutet, daß Sie auch bisherige Tabubereiche berühren und neu beleuchten. Der Steinbock symbolisiert auch den „Tabuarbeiter" in uns.

Tabu-Arbeit bedeutet: Es gibt unsinnige Tabus, die Sie für Ihr Leben abschaffen sollten; und es gibt fehlende Tabus, die jedoch dringend nötig wären und die Sie in Ihrem Leben einführen sollten. Wie in anderem Zusammenhang auch die Symbolfigur des „Teufels", so lassen sich Tabus nicht durch pauschale Zustimmung oder Ablehnung regeln oder auflösen. Wertvolle und wertlose Tabus müssen genau voneinander unterschieden werden, und der Wandel in diesen Tagen handelt auch davon, daß mit veränderten Erfahrungen sich der Geltungsbereich von persönlichen Tabus verschiebt. Neue persönliche Möglichkeiten werden dadurch geboren.

PERSÖNLICHE TAGESKARTE:

....

....

ERLEBNISSE EREIGNISSE:

....

....

....

....

....

....

....

....

....

....

8. Tag der ersten Steinbock-Dekade

29. Dezember

363. Tag. 9. Steinbock-Tag.
Jupiter in Steinbock.

Zwei Münzen (Waite-Tarot)

PERSÖNLICHE
TAGESKARTE:

....

....

ERLEBNISSE
EREIGNISSE:

....

....

....

....

....

....

....

....

....

....

....

....

- Wenn die persönlichen Vorzüge und Nachteile, „Einnahmen und Ausgaben" in einem gewissen Verhältnis stehen, so finden wir dies normal. Diese Normalität bedeutet auch, die Dinge des Lebens zu nehmen wie sie sind und im positiven Sinne seinen Frieden damit zu finden.

    Nur von Zeit zu Zeit gerät eine vertraute Normalität aus dem Gleichgewicht. Das darf Sie aufregen, aber braucht Sie nicht zu beunruhigen. Denn das Unausgeglichene und Wechselhafte ist wiederum normal für die Wandlungssphase (und beinflußt in diesem Sinne auch die jetzige Etappe zwischen dem alten und dem neuen Jahr).

    Nur wenn Sie eine länger andauernde Unruhe feststellen und wenn Ihnen auf Dauer in Ihrem Leben so vieles „schief" oder ver-rückt vorkommt, daß Sie für Ihr Leben gar kein Gefühl der Normalität kennen, müssen Sie dies als dringenden Hinweis nehmen, daß es wesentliche Erfahrungsbereiche gibt, die in Ihrem Leben fehlen oder zu kurz kommen.

---

9. Tag der ersten Steinbock-Dekade

Zwei Scheiben (Crowley-Tarot)

30. Dezember

364. Tag. 10. Steinbock-Tag.
Jupiter in Steinbock.

Ein Tag des Abschieds und der Vorbereitung des tatsächlichen Jahreswechsels. Ein Tag der Rückbesinnung auf die „wahren Werte", die nicht immer nur in den sogenannten inneren Werten bestehen. Ganz realistisch geht es hier um die Extras, die Ihr tägliches Leben selbst-verständlicher, angenehmer und sinnvoller machen.

● **PERSÖNLICHE**
● **TAGESKARTE:**
●
● ....
●
● ....
●
● **ERLEBNISSE**
● **EREIGNISSE:**
●
● ....
●
● ....
●
● ....
●
● ....
●
● ....
●
● ....
●
● ....
●
● ....
●
● ....
●
● ....
●
● ....
●
● ....

10.Tag der ersten Steinbock-Dekade

31. Dezember

365. Tag. 11. Steinbock-Tag.
Mars in Steinbock.

Drei Münzen (Waite-Tarot)

**PERSÖNLICHE
TAGESKARTE:**

....

....

**ERLEBNISSE
EREIGNISSE:**

....

....

....

....

....

....

....

....

....

....

....

....

Räumen Sie auf, und werfen Sie Über-
holtes und Unnötiges buchstäblich aus
Ihrem Haus heraus. Seien Sie konsequent mit sich. Unterstützen Sie Ihre
Talente, folgen Sie Ihrer Sehnsucht,
auch gegen Widerstände und Zweifel.
Forschen Sie danach, worin Ihre
Aufgabe besteht und was Ihr unverwechselbarer Beitrag ist, von dem Sie
selbst und möglichst viele andere profitieren können.

Wie die Raketen in der Silvesternacht,
so bringen Sie Feuer und Farbe,
Dynamik und Begeisterung in die unbekannten Bereiche unseres Daseins!

IX

Neun Kelche (Waite-Tarot)

29. Februar

366. Tag. Zwischen 10.
und 11. Fische-Tag.
Jupiter in Fische.

In den Jahren 1996, 2000, 2004 usw. ist heute Schalttag. Dieser besondere Tag ist erstens Anlaß, über die Einmaligkeit nachzudenken, die in jedem Augenblick vorhanden ist. Das Einmalige besitzt stets eine Doppeldeutung: Es verkörpert einerseits das Unscheinbare, das, was nur einmal und vorübergehend geschieht. Auf der ganz anderen Seite stellt das Einmalige das Un-Scheinbare, das Wesentliche und Bleibende, das Herausragende und Besondere dar. In diesem Einmaligen ist der Augenblick Ewigkeit, weil in ihm eine gültige Wahrheit hervortritt. -

Jeder Moment und jeder Mensch sind - in diesem doppelten Sinne - einmalig.

Zweitens weist der Schalttag auf den Aufbau unseres Kalenders hin. Weltweit gibt es aber mehr als 100 Kalendarien und ebenso viele verschiedene Arten, sich die Zeit und das Leben einzuteilen. Viele diese Kalender unterscheiden sich von unserer Zeitrechnung enorm. Genau so, wie es auch Sprachen gibt, die zum Beispiel keine Vergangenheit oder Zukunft kennen. - Vieles ist doch nicht so selbstverständlich wie es scheint.

PERSÖNLICHE
TAGESKARTE:

....

....

ERLEBNISSE
EREIGNISSE:

....

....

....

....

....

....

....

....

....

....

....

11. Tag der zweiten Fische-Dekade

Schlußbemerkung

Die Verknüpfung von Tarot und Astrologie bietet interessante Perspektiven. Sie können sich dadurch buchstäblich ein Bild von astrologischen Begriffen und Vorstellungen machen. Und der Bedeutungsgehalt der einzelnen Tarot-Karten wird um eine weitere Dimension bereichert, eben das Erfahrungsspektrum der Astrologie. Beide Symbolsprachen, Tarot und Astrologie, besitzen aber auch ein Eigenleben. Als Allegorie, als bloße Illustration astrologischer Prinzipien würden die Tarot-Bilder verkümmern, und die Astrologie würde verkürzt, wenn sie sich in der Erläuterung der Tarot-Symbolik erschöpfen sollte. Jede Symbolsprache vertritt eine eigene Logik, eine eigene Wahrnehmungs- oder Darstellungsweise; je deutlicher die Unterschiede, desto fruchtbarer die Gemeinsamkeiten.

Bei den Dekaden werden hier die traditionellen Dekane oder Dekadenherrscher aus der sogenannten „hellenistischen Astologie" angegeben. Diese war und ist in Europa am einflußreichsten, daneben gibt es die etwas anders verteilten Dekadenherrscher der sogenannten „indischen Astrologie".

Außer dem System des Golden-Dawn-Ordens zur Verbindung von Tarot und Astrologie existieren in der Literatur noch mehrere Kombinationsversuche, die jedoch jedesmal unvollständig geblieben sind. Die hier benutzte Zuordnungsweise ist weithin üblich, sie entspricht im übrigen den astrologischen Zuordnungen, die im Crowley-Tarot direkt in den Bilden als astrologische Zeichen angegeben sind und die inhaltlich auch im Waite-Tarot vorhanden sind.

Aus dem weiten Feld der Zusammenhänge zwischen Tarot und Astrologie werden in diesem Buch die unmittelbaren Bezüge zu den Dekaden des Jahreskreises ausgesucht und dargestellt. Für weitere Informationen zum Thema Tarot und Astrologie empfehlen wir Ihnen die Tierkreiszeichen-Bücher von Johannes Fiebig. Die 12 Bände unter dem Titel „Der Widder in uns", „Der Stier in uns" usw. sind jeweils auch einzeln im Buchhandel erhältlich. Ein großes Nachschlagewerk von Johannes Fiebig unter dem Titel „Tarot und Astrologie" wird demnächst im Königsfurt Verlag erscheinen und kann mit der Nr. ISBN 3-927808-18-0 bestellt werden.

Zur Deutung von Tageskarten verweisen wir auf die beiden Titel von Evelin Bürger und Johannes Fiebig: Tarot - Wege des Glücks. Die Bildersprache des Waite-Tarot; sowie Tarot - Wege der Wandlung. Die Symbolsprache des Crowley-Tarot.

Weitere Literaturhinweise

Karlfried Graf Dürckheim: Der Alltag als Übung. Vom Weg zur Verwandlung. 1966/1987

Wilhelm Gundel: Dekane und Dekansternbilder. Glückstadt und Hamburg 1936

Haage, Bernhard D. (Hrsg.): Sternzeichen aus einem alten Schicksalsbuch - 12 Bände von Widder bis Fische. Jeweils mit einer Einleitung von Christiane von Wiese. Frankfurt a.M. 1982

Iso Karrer: Tierkreis und Jahreslauf. Astrologie in Mythos und Volksbrauch. Basel 1985

Evelin Bürger/Johannes Fiebig (Hrsg.): Tarot-Calender. Verschiedene Jahrgänge. Trier 1990 ff.

Evelin Bürger & Johannes Fiebig
Tarot für Einsteiger/innen
140 Seiten, Paperback, ISBN 3-927808-19-9, DM 14,80

Das ist neu: Eine Einführung in das selbständige Tarot-Kartenlegen
für alle gängigen Arten von Tarot-Karten.
Was ist Tarot? Für welche Karten soll man sich entscheiden?
Wie beginnen beim Kartenlegen?
Welche bisherigen Bedeutungen besitzen die einzelnen Karten?
Wie kann man selber die Symbole deuten?
Praktisch und anschaulich:
Was Tarot leistet und wie es zu nutzen ist.

Das gleiche Buch in einem schönen Set mit praktischer Schachtel:

Mit den Tarot-Karten von A. Crowley
ISBN 3-927808-34-2.

Mit den Tarot-Karten von A. E. Waite
ISBN 3-927808-33-4.

Evelin Bürger & Johannes Fiebig
Tarot - Wege des Glücks.
Die Bildersprache des Waite-Tarot - neu entschlüsselt.
240 Seiten, ISBN 3-927808-00-8.

Tarot - Wege der Wandlung.
Die Symbolsprache des Crowley-Tarot - neu entschlüsselt.
240 Seiten, ISBN 3-927808-16-4.

„Selber Tarot-Karten zu legen, bringt ein Stück 'Traumzeit' in Ihr
Leben - schöpferische Pause, Besinnung auf die persönliche
Kreativität und Jogging für die Seele zugleich. Evelin Bürger und
Johannes Fiebig zählen nicht nur zu den bekanntesten Tarot-Auto-
ren; seit einem Jahrzehnt stehen sie auch für eine 'andere' Art des
Tarot: Die hat wenig mit traditioneller Wahrsagerei zu tun, aber viel
damit, sich selbst der (eigenen) Wahrheit zu öffnen".
                                        Susanne Peymann, Wegweiser Berlin.

Die berühmten Tarot-Karten von A.E. Waite in neuer Edition.

78 Karten und 2 Textkarten.
Standardgröße: ISBN 3-927808-13-X.
Pocket-Ausgabe: ISBN 3-927808-15-6.

Originalkarten von Arthur E. Waite und Pamela Colman Smith wurden für diese Ausgabe neu aufgenommen und in authentischer Form reproduziert. Mit deutschen Untertiteln. Kartenrückseiten mit Darstellung des Rosenkreuzes auf blauem Grund.

Königsfurt Verlag
Königsfurt 6 · D-24796 Post Bredenbek